新三板挂牌是要事，但其毕竟只是入门，基于资本运作的价值治理才是根本。

岁在丙申（2016年），与读者共勉 作者王骥撰书

新三板资本裂变③

投资者关系与财经公关

王骥 编著

電子工業出版社
Publishing House of Electronics Industry
北京•BEIJING

内容简介

作为首部新三板投资者关系与财经公关专著，本书极大地扩展了相关概念的内涵与外延，从而使投资者关系更能匹配其作为资本与裂变的生命之源，以及企业、机构等组织吸金、资本运营最基础、最重要、最具魅力的战略与技能。

本书的推出，不仅为新三板市场相关理论体系的建立打下了基础，更重要的是从相关概念、流程、操作，制度设计与内涵，实践环节与细节问题的解决，以及对最热门与实操性极强的有关专题进行了深入探讨与实务解读，并配以大量的实战案例予以剖析和验证（案例与图表合计多达 200 余个），为市场参与者、关注者充分利用资本市场资源以开展深度资本运营，实现资本与财富的倍增甚至裂变提供了各类投资与关系的匹配梳理、挖掘与整合等一系列一体化解决思路与方案，是一本前瞻性与操作性极强的实务图书。

本书适合中小微企业，券商、基金、资管、信托、风投（创投）、天使投资、银行和各类投融资公司（集团）等金融或类金融机构或公司，律师事务所、会计师事务所、评估机构等相关从业者和个体投资、融资者，以及财、经、学、研等有关人群阅读。

图书在版编目（CIP）数据

新三板资本裂变. 3，投资者关系与财经公关 / 王骥编著. —北京：电子工业出版社，2017.1
（中小微企业资本运作精读系列）
ISBN 978-7-121-30162-9

Ⅰ. ①新…　Ⅱ. ①王…　Ⅲ. ①中小企业－投资管理－研究－中国　Ⅳ. ①F279.243

中国版本图书馆 CIP 数据核字（2016）第 254844 号

策划编辑：高洪霞
责任编辑：徐津平
印　　刷：北京天宇星印刷厂
装　　订：北京天宇星印刷厂
出版发行：电子工业出版社
北京市海淀区万寿路 173 信箱　邮编：100036
开　　本：787×980　1/16　印张：22.25　字数：422 千字
版　　次：2017 年 1 月第 1 版
印　　次：2017 年 1 月第 1 次印刷
定　　价：79.00 元

凡所购买电子工业出版社图书有缺损问题，请向购买书店调换。若书店售缺，请与本社发行部联系，联系及邮购电话：（010）88254888，88258888。
质量投诉请发邮件至 zlts@phei.com.cn，盗版侵权举报请发邮件至 dbqq@phei.com.cn。
本书咨询联系方式：（010）51260888-819，faq@phei.com.cn。

前言　新三板分层后时代需着力三大软实力

2016 年 6 月 27 日，新三板正式分为基础层和创新层，开启了新三板 2.0 分层后时代。这是新三板发展史上具有标志性的重大事件。

成长与乱象都是神话

新三板中关村试点 7 年，挂牌公司仅 102 家，投资者 3658 人，年换手率约 3%。而从 2014 年 1 月 24 日新三板实质性扩容至全国，到 2016 年 10 月底，在两年多的时间里，挂牌企业数量爆增约 93 倍达到近 9500 家，合格投资人账户剧增 63 倍超过 23 万，融资额度累计 2000 多亿元。这种发展速度，几乎可以说是创造了中国资本市场的神话。

伴随着新三板爆发性成长，市场上的各种乱象也此起彼伏，诸如垫资开户、包办挂牌、操纵股价、恶意砸盘、唯利做市、虚假交易、自买自卖、乌龙指，以及疯狂占资、虚增业绩、逃避债务、虚假融资、掉包套现、利益输送、放血贱卖、胡乱信披和明星造富，等等。出现过 0.01 元/股的交易、99999.99 元/股的天价报单及一天之隔股票暴涨 99900%的奇迹，出现过串联账户群连续推高股价和股东之间超低或超高价格成交的情况，也出现过私募动辄百亿定增和大额融资举牌 A 股的事情，还出现过同次定增不同投资者价差达44倍的极端故事，更出现过高管集体辞职让退休阿姨接管董事长兼总经理、董事会秘书的奇葩现象，等等。单就交易事项来说，有关数据统计，2015年1月1日至2015年12月11日，就有1004家新三板挂牌公司发生过异常交易，累计次数高达30602次，交易股数达到36亿股，交易金额高达120多亿元，甚至还出现过交易230天却异动达100天的“神奇”公司……这些奇迹般的乱象，让你不得不承认这也是新三板过去所创造的一幕幕神话。

以上乱象严重影响新三板市场的正常监管、交易秩序和价格形成机制，加大了投资和市场运行的风险，监管层对此先后进行了规范和严厉打击，如今的新三板市场正逐步走向健康和平稳的发展轨道。当然，这些乱象的发生跟新三板正处在全国性扩容初期又如此爆发式成长，制度跟不上、监管跟不上、行业自律乏力等众多缺陷有关。同时，这些乱象在一定范围内也符合市场前期的粗犷性发展形态和早期场外市场的一贯性特点与风格。

分层后时代与三大软实力

当投资者从疯狂的冲动与盲从中清醒过来开始趋向价值追求的时候，当制度从漏洞随现的粗糙框架渐渐被细化、被丰满和全面完善起来的时候，当监管从稚嫩与被诓骗的不成熟走向老练与系统性成熟的时候，当各方参与者与媒体及社会都成为信息真实的自发捍卫者和揭露者的时候，新三板市场就会从粗放的“丛林”博弈中走进规范、价值与实力展示的阳光之中，一切虚假和侥幸都将“原形显露”……这一切的发生时期就是新三板2.0分层后时代，临界点就是分层。所以，包括中小微企业、各类投资者（机构与个体）、中介等各方参与者，必须有一个清醒的意识，那就是不能再沉浸在过去两年来旧的思维与方式去挂牌或去运作资本事项了，即便是过去非常成功，也需转变观念和思路，早突破早获益。这里需要强调三大软实力，即战略升级下挂牌、价值治理内坐实和资本运作中裂变。

软实力之一：战略升级下挂牌。此实力有两个方面，一是由于企业战略升级了才去挂牌，二是挂牌后借助资本市场促进战略的升级甚至转型。对于广大的中小微企业，不管之前你所熟知的挂牌企业是带着什么样的目的进入新三板市场的，成功或不成功，这都不重要了，所谓此一时彼一时。在分层后时代，进入新三板一定要放到一个完整的、全面的和升级的战略框架中去运作。

战略升级需要注意三个方面的内容：一是战略要让新三板市场看得懂，一方面战略是一个需要语言表达与传递的概念，另一方面新三板等资本市场又自成体系，其中的投研机构、中介与监管者等有自己的逻辑和语言，企业需要学会把企业的战略用资本市场的逻辑和语言进行翻译，这样才能让资本市场看懂你的企业；二是战略能够让新三板市场接受，能不能被接受，取决于企业是否符合资本市场联动实体产业的期待，企业的商业模式、运作实力是否符合眼下和下一轮商业、资本竞争的趋势；三是战略能够通过新三板乃至更高层次的市场得以实现，这个是根本，企业只有实实在在把自己的产业做好，在此基础上才能更好地利用资本市场资源，这是实体产业与虚拟产业对接的关键所在。

与未挂牌的公司不同，在新三板市场上，挂牌公司完全可以利用资本市场给予的系统背书和游戏规则，去设计并升级企业的发展战略。设计与升级是基于资源的多少和能力的大小的，而资源是可以整合的，能力是可以培育的，人才也是可以培养与招聘的。所以，在分层后时代，企业需要在新三板挂牌的准备和具体实施过程中有意识、有目的地将如上三个方面的战略升级内涵一项一项地规范与落实，这正是资本市场联动实体产业的微妙之处，也是本系列书关注与探索的实务所在。

软实力之二：价值治理内坐实。价值治理是一个非常广泛、深沉和实在的概念，之前的众多理论和著述似乎都集中在价值的创造与提升上，这或许是远远不够的，所以，本系列书特别提出并强调一个概念，就是对“价值运作”的治理，其核心就在“治理”上。这是一个非常复杂的过程，至少包括价值的发现、创造与价值联动资本市场的合理资源配置、运作与资本市场的再认识与再发现，这是企业创造价值、升华价值与再生价值的现代性理念和实践的一个过程。如有可能，本系列书或将以专著的方式对这个概念和实务进行深层次诠释和解读。这里仅从价值治理中的一个片段即价值创造来简单诠释一下这个主题。

按照经典理论，价值创造就是指企业生产、供应满足目标客户需要的产品或服务的一系列业务活动及其成本结构。影响企业创造价值的因素有四个方面的内容：一是投资资本回报率，二是资本成本，三是增长率，四是可持续增长率。这四大因素归结到一个公式就是：企业的价值创造（约等于企业市场增价值）=企业资本市场价值-企业占用资本。

注意：公式中的“企业资本市场价值”是权益资本和负债资本的市价，企业如登陆了新三板则是企业的股票和债券在市场上的价格，该数额不难获得；如果企业没有挂牌，则市场价值需要用其他办法予以评估；公式中的“企业占用资本”是指同一时点估计的企业占用的资本数额，包括权益资本和债务资本。如上两项指标就把企业价值与资本市场联系了起来，坐实价值创造，首先要在影响价值创造的四大因素上坐实，同时又要与资本市场进行巧妙的联动。

另外，企业的市场价值最大化并不等于价值创造，这是因为企业的市场价值由占用资本和市场增价值两部分组成。股东或债权人投入更多资本，即使没有创造价值，企业总的资本市场价值也会变得更大。比如，在新三板市场上，一个大公司的市值很大，一个小公司的市值较小，我们不能认为大公司创造了更多价值，也不能认为小公司创造了更少的价值，关键要看企业投入的资本是否由于企业活动增加了价值。这个辩证关系显然又把坐实价值创造与各类资本因素在价值链中的合理配置联系了起来。

由上对价值治理片段即价值创造的简单分析，便可以看出价值治理所涵盖内涵的广泛性，以及与企业在新三板 2.0 分层后时代坐实相关事项的重大意义。本系列书便是专门为参与者如何立足于相关实践，依托新三板等资本市场坐实价值治理提供实务与操作而设计的。

软实力之三：资本运作中裂变。这个软实力必须要以前两项软实力为基础，主要是围绕企业的实体业绩，通过资本市场一系列的资源整合和升华操作极大地发挥企业潜质和展示企业魅力，吸引并形成企业价值的再创造，甚至达到倍增或裂变的效果。

新三板等资本市场资本运作的一般方式包括发行股票、发行债券（包括可转换债、公司债券、私募债等）、配股、增发新股、转让股权、派送红股、转增股本、股权回购（减少注册资本），以及对企业的资产进行剥离、置换、出售、转让、风险投资或对企业进行合并、托管、收购、兼并、分立的行为等，这些方式和内容主要目的是达成资本结构或债务结构的改善，并在奠定一定基础的情况下实现企业资本运营的根本目标。

资本运作各种方式的组合需要综合放在企业的行业生态、战略、商业模式、核心竞争力、资源与整合能力、主体概念与风格、投资者关系及企业治理、激励与资本市场的合规原则等因素和条件下，着眼于企业长效的持续成长动力的打造上，这样才会得到成功、高效甚至裂变的资本运营效果。

本系列书正是在综合各类因素与模式的情况下对形成企业资本裂变的各主题内容从理论到实践进行了详尽、系统的归纳与创新探讨，以便形成实实在在的能够引导中小微企业、中介、机构及投资者等进行实际资本运作的操作手册。

图书立意与实务特色

资本市场发展到今天，互联网经济、大数据经济和各类新媒体的产生与日益创新，已经彻底颠覆了二三十年前的资本市场的外围环境，甚至在某些重要的方面已经很大程度地改变了资本市场的运行模式、轨迹及参与者的组成结构和操作方式。所以，这之前的投资者关系的定义和内涵已经变得很狭隘，不再适应如今的市场环境和运行规律。由此，本书较大程度地扩展了投资者关系管理的内涵与外延。就本书而言，主要立足于新三板 2.0 分层后时代，着力于三大软实力的培植，全书可分为投资者关系管理的常规工作和信息披露等基本实务、媒体与危机公关管理专题实务，以及财经公关与路演专题实务三大部分，其特色简介如下。

本书上篇对投资者关系的概念和内涵进行了扩展，将业界普遍的定义与内涵界定为投资者关系管理的狭义概念。在此概念下，投资者关系管理主要有 5 大部分内容，即信息披露（公告、媒体、网站、终端）、制度完善（投资者关系制度、公司治理制度与危机管理制度等）、感情沟通（推介、研讨、接待、交流）、理念认同（通过信息披露、反馈等一系列互动来实现）和素质提高（投资者及其关系管理的工作者，含公司内外人员），这些内容本书将其定义为投资者关系管理的常规或日常工作。

与狭义概念相对应，在广义概念下，投资者关系管理不仅包括如上狭义概念（常规或日常类投资者关系管理）下的5大内容，而且还包括更重要的范畴，主要有媒体关系管理（媒体公关，包括传统媒介、互联网，以及微博、微信等终端媒体管理等）、危机管理、路演（融资、发行等资本运作）和财经公关的部分内容。

另外，笔者认为，美国对财经公关“投资者关系顾问”的定义最为深刻，极富想象空间和实用价值。依照这个定义来讲，“投资者关系管理”与财经公关存在大面积的重合。所以，本书按照广义概念来设计篇章、安排内容，并将财经公关的很大一部分内容纳入投资者关系管理范畴。这样布局，笔者认为不仅符合资本市场的发展现状、趋势及近年来企业、机构等的实际情况，而且从理论上来说也找到了合理的理由。但是，为了谨慎起见，笔者还是将该书命名为“投资者关系与财经公关”。同时，为了支持这个书名，笔者在本书下篇专门用了三章对财经公关所涉及的6大领域中的5大领域进行了详尽的解读，即IPO财经公关（针对沪深股市）、挂牌财经公关（针对新三板）、专项财经公关（并购、重组、再融资等）、媒体关系活动管理与危机管理、常年投资者关系管理（与财经直接相关事项）和市值管理（本书不展开，如有机会，将单独以专著方式解读）。

本书上篇在厘清投资者关系的狭义和广义概念之后，首先分析了投资者关系如何产生于资本市场信息不对称现象及对此现象的矫正所形成的相关制度、机制与监管，进而在投资者关系发展历程与我国实践的阶段性状况、发展趋势等剖析的同时，阐明了其功能、理念、目标及其价值作用。

接下来聚焦到投资者关系的常规管理和日常工作（传统内涵，本书的狭义概念），详细地解读了投资者关系管理的常规工作框架与内容、渠道沟通与平台建设、各类服务与活动，主要从三个方面来展开：一是投资者关系对象及机构投资者与新三板的匹配；二是投资者关系的各类主体及其他利益相关者的阐述；三是新三板投资者关系的基石和重要内容——信息披露。第一方面内容从企业成长的阶段性要求着手，结合新三板的条件与要求，逐一对应地分析了多达40类机构投资者的特征与匹配要求，同时对中小微企业的重要投资者VC、PE和天使投资，以及新三板定增或挂牌股份投资的另外 4 类机构进行了重点讲解。之后，为了让读者更加深入地理解各类投资者，笔者分别对机构投资者中的战略投资者、财务投资者投资的一惯性动机、特性，以及个体投资者的行为、心理及风险偏好等进行了详细梳理，并将其融汇到企业股权结构的内涵、类别优劣及其对投资者的影响与吸引上来，从而加深了读者对企业股东的识别技能与投资者结构、特性的认识。第二方面内容详细解读了企业投资者的管理部门、董监高（董事、监事和高级管理人员）、董事会秘书、证券事务代表等人员、机构及其他诸如监管机构、授权代表、合格会计师、法务顾问、财务顾问、协会与评奖机构、评级机构、督导和保荐机构等利益相关者的角色定位及其对投资者关系工作的影响与作用。第三方面内容从新三板信息披露内涵、原则、特点与作用，披露制度与政策规则体系，信息披露主体、职责与流程操作，挂牌公司持续披露内容、要求及操作，以及新三板信息披露的券商督导与监管处罚等众多维度深刻地解读了这个基础性工作的实务与操作。

中篇与下篇是投资者关系的专项实务（专题实务），也是投资者关系管理广义概念下的主要内容。中篇主要讲述了媒体公关与危机公关的实务与操作，这两项专题实务是紧密联系在一起的。企业的危机往往引发媒体的关注，媒体的传播又往往引导危机向两级转化，所以媒体公关很重要，特别是在近年来如互联网向着手机等终端模式的转换，自媒体如微博、微信等的兴起更加彰显媒体公关的特殊性和重要性。中篇首先从新媒体的全民演化展开，切入到新三板网络舆情的监测和管理上来，对网络舆情概念、特点及影响，舆情监测系统及其功能、分析与预警，媒体公关中的媒体、舆情监测与操作等进行了较深刻的解读；接下来从企业被关注的渠道、主体与媒体公关的缘由和境界等展开新三板媒体公关规划、法则及操作技能的讲解，其中涉及到媒体行事的 12 条法则、媒体公关的规划与平台投放、15 种操作技能及媒体公关的 5 类常规模式实务与操作等；最后过渡到企业的危机管理，主要从企业危机的概念、特点、类型、组织和处理原则着手，结合公众公司信息传导引发危机传播与连锁反应的原理和途径，详尽地讲解了危机演化的 4 个阶段、危机管理的 4 个步骤、化解危机的 8 大策略，以及所涉及的 7 类群体的危机公关技能和技巧，同时还介绍了危机管理的 5S、5B 与“五度”策略，以及公众攻略的 4S、危机管理 6C

和模块等内容。

下篇是本书的另一个重头戏，即财经公关与路演。对于被业界评价为“高大上”的重要公关实务——财经公关，一直以来由于它是企业资本项目运作推进过程中通道经营（突破关卡：逢山开路、过水搭桥）的重要角色及链接并整合重要投资者（主要是机构投资者）的“红娘月老”，所以在投资者关系管理中，财经公关具有重要的和特殊的地位与作用。财经公关和投资者关系管理中很重要的一个途径就是路演，所以笔者将这两项实务放在一起讲解，因为它们之间有着重大、密切的内在联系。

对于财经公关来说，本书尽可能地从操作层面去揭开其神秘的面纱，主要讲述了三个方面的内容：一是财经公关概述及政府沟通流程与实务，包括财经公关的概念、服务领域及作用、影响，财经公关的核心价值、沟通及其操作注意，财经公关项目政府审批及其沟通与操作，政府会审、签字及跨区域审批项目及其沟通，政府监督、监管部门及其财经公关，以及政府职能主管部门及其财经公关等内容；二是财经公关中投行、机构与各类中介沟通与操作，包括财经公关中的投资银行及其沟通实务，新三板定增与券商、监管机构的财经公关，财经公关中会计师事务所、律师事务所及其沟通实务，财经公关中非盈利性和第三方机构及其沟通实务，以及财经公关中授信商业银行、媒体及其沟通实务等；三是财经公关涉及的20类资本项目简要解读，包括触发企业改制的3类资本项目，企业并购事件中的5类资本项目，企业融资事件中的6类资本项目，以及企业重组事件中的6类资本项目等内容。

对于路演，本书分为两章进行讲解，从新三板等企业资本运作项目路演概述、思路、准备工作与注意着手，详细地解读了路演特点、作用与操作，路演前期、中期、后期等各阶段的操作、细节及其市场乱象、监管及新三板路演的演进趋势，另外还讲解了企业反向路演、预路演与境外路演等内容与操作。

在新三板进入2.0分层后时代后，面对资本市场的外围环境重大改变，我国多层次资本市场的壮大与发展，特别是新三板市场近三年来的飞跃式成长，以及投资者结构及其意识的重大改变，投资者关系管理和财经公关将会越来越彰显其重要地位及价值。本书作为及时推出的第一部新三板相关主题的专著，不仅为新三板市场相关理论体系的建立打下了基础，更重要的是本书从相关概念、流程、操作，制度设计与内涵，实践环节与细节问题的解决，以及对最热门与实操性极强的有关专题进行了深入探讨与实务解读，并配以大量的实战案例予以剖析和验证（案例与图表合计多达200余个），为中小微企业、机构、中介、投融者和财、经、学、研等市场参与者、关注者，如何充分利用资本市场资源开展宏大而磅礴的一系列资本运营，以实现资本与财富的倍增甚至裂变提供了一套实用性与操作性极强的实务图书。

本书所涉及的新三板2.0最新政策、制度和规范，操作流程、案例原始资料等均参考来自于全国股转系统官网，以及相关券商、中介与服务机构的官网和互联网所公开披露的大量信息资料，并经笔者及其团队整理、归纳和提炼，这里特作说明和感谢，不在书中单列。另外，笔者对本人家属和所有支持过该套图书编撰、出版的单位及朋友致以深切的谢意！同时，书中的纰漏、不当与谬误，敬望业界同仁予以批评、指正！

王 骥

2016年10月19日

目　录

上篇　基本实务：常规工作与信披

中篇　专项实务：媒体与危机公关

下篇 专项实务：财经公关与路演

上篇　基本实务：常规工作与信披

第 1 章

1

投资者关系管理的内涵扩展与价值形成

1.1 新三板投资者关系管理概念、目标和原则

1.1.1 投资者与公众（上市）公司的关系

1. 企业经营中的舟水关系

对于新三板挂牌企业等公众公司、沪深 A 股企业等上市公司来说，它们背后往往存在着少则数位（新三板挂牌的少数小微企业，发起人股东或战略投资者）、多则成千上万的大小股东等投资者，这些投资者来自于五湖四海、大江南北，对企业的持续与发展常常形成很大的影响，甚至决定着企业的命运。

而对于数量庞大的中小微企业特别是小微企业来说，投资者尤其是在特定环境下的某些战略投资者，则更显重要，他们往往成为企业生死攸关或跨越式成长或“乌鸡变凤凰”的关键所在。所以，企业与投资者之间的关系有如“舟水关系”，“水能载舟，亦能覆舟”，如图 1-1 所示。

投资者关系及其管理可以说是沪深上市公司、新三板挂牌公司、广大的中小微

企业及众多金融机构最基础、最根本与最具魅力的战略、工作、职责和技能，是它们吸金、资本运作的生命之源。

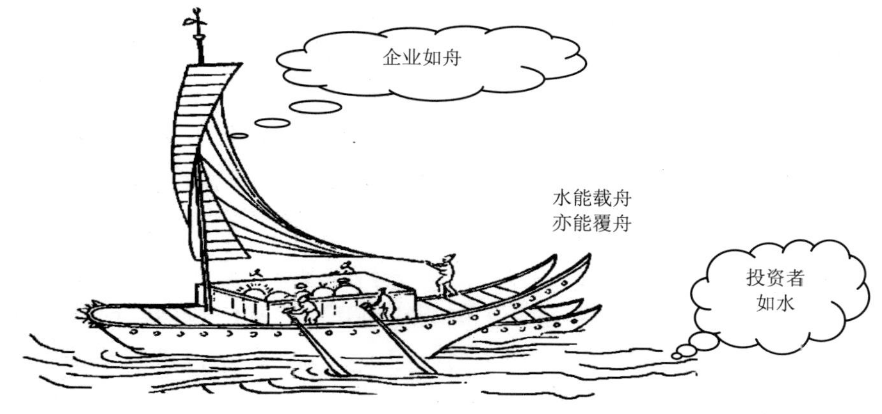

图 1-1　投资者与公司的关系

2. 资本运作中的均衡关系

新三板挂牌企业等公众公司、沪深 A 股上市公司及广大的中小微企业，它们在资本运作的过程中，需要发掘和平衡发行或投融资等资本运作人（包括集团、机构、基金、中介等）与投资者（包括个人投资者、机构投资者；财务投资者、战略投资者）之间的关系，这种关系发掘得越多、维护得越好，企业及其相关者获得的利益就越多。这两者之间需要找到一个很好的均衡点，如图 1-2 所示。这个均衡点的发掘与维护就是投资者关系管理。

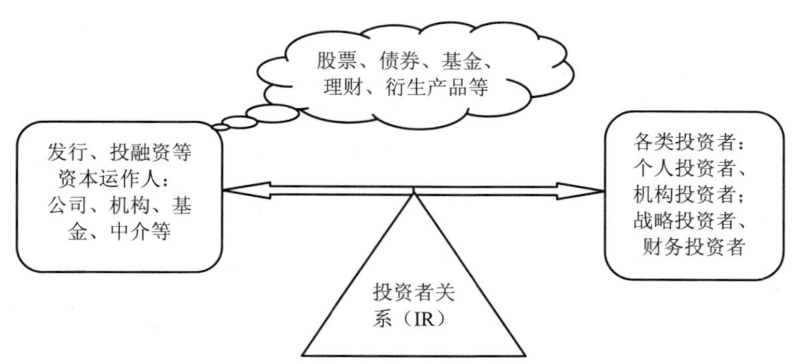

图 1-2　新三板挂牌等公众公司资本运作与投资者之间的关系

1.1.2 投资者关系的狭义概念

关于投资者关系及其管理，数年来，鉴于笔者对实践的广泛观察，一直认为其定义和所涵盖的内容应该更为广泛和丰富，所以本书将其分为狭义概念和广义概念。

投资者关系的狭义概念，即目前业界的普遍性定义，是指投资者关系管理人员在规范、充分的信息披露基础上，与投资者、证券分析师等就公司的战略规划、公司治理、经营业绩、财务状况和发展前景等进行沟通，以消除公司股票的市场价值与内在价值之间的差异，保持股票的合理流动性，增强公司在资本市场中的竞争力。

同时通过投资者关系管理，向公司决策层和管理层反馈来自市场和投资者传递的信息，以提升公司治理水平和企业价值的双向互动式持续战略管理行为。

在狭义概念下，投资者关系管理主要有五大内容，即信息披露（公告、媒体、网站、终端）、制度完善（投资者关系制度、公司治理制度与危机管理制度等）、感情沟通（推介、研讨、接待、交流）、理念认同（信披、反馈等一系列互动来实现）和素质提高（投资者及其关系管理的工作者，含公司内、外人员）。本书将其定义为投资者关系管理的常规或日常工作。

1.1.3 投资者关系的广义概念及其内涵扩展

投资者关系管理（Investor Relations Management，英文缩写为 IRM），有时也简称为投资者关系（Investor Relations，英文缩写为 IR），诞生于美国 20 世纪 50 年代后期。这个名称包含相当广泛的意义，它既包括新三板、沪深股市等证券市场上的公司与股东、债权人和潜在投资者之间的关系管理，也包括挂牌或上市公司在资本市场所涉及的各类投行、基金等机构和中介之间的关系管理。

在广义概念下，投资者关系管理不仅包括狭义概念（常规或日常类投资者关系管理）下的五大内容，而且包括更重要的范畴，主要有媒体关系管理（媒体公关，包括传统媒介、互联网，以及微博、微信等手机终端媒体管理等）、危机管理、路演（融资、发行等资本运作）及财经公关的部分内容。本书将其定义为专项类或专题类投资者关系管理，如图 1-3 所示。

投资者关系还涉及财经公关的部分内容，这是因为财经公关在美国被称为“Investor Relations Consultant”，即“投资者关系顾问”。

笔者认为，美国对财经公关“投资者关系顾问”的定义最为深刻，极富想象空间和实用价值。按照这个定义来讲，“投资者关系管理（IRM）”中的“管理”一词就涵盖了“顾问”的内容。显然，“管理”强调的是全面、一体性的内涵，而“顾问”凸显的是集中、有侧重（侧重于与财经直接相关的事项）的内涵。前者的外延较后者广泛而没有后者更专业，后者的外延较前者专注而没有前者的庞杂和综合。这样解读，我们应该能够大致理解广义投资者关系管理与财经公关的联系且能够将其大体区别开。

本书按照广义概念来设计篇章和安排内容，并将财经公关的部分内容纳入投资者关系管理。这样布局，笔者认为不仅符合近年来企业、机构等的实践情况，而且从理论上来说也找到了合理的理由。但是，为了谨慎起见，笔者还是将该书的书名定为“投资者关系与财经公关”。

财经公关主要服务 6 大领域，即 IPO 财经公关（针对沪深股市）、挂牌财经公关（针对新三板）、专项财经公关（针对并购、重组、再融资等）、媒体关系活动管理与危机管理、常年投资者关系管理（与财经直接相关事项）和市值管理（本书不展开讲解），将在本书的相关篇章详细讲解。

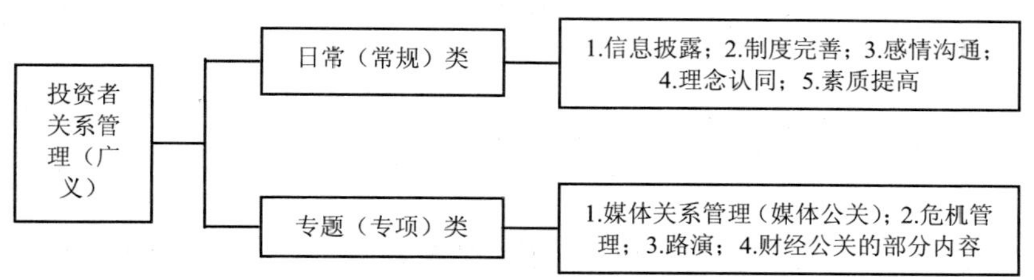

图 1-3　投资者关系管理的日常类工作与专项类工作

1.1.4　方式、思想与关注

1. 借用方式

投资者关系管理往往运用特定的操作方式，与财经界和其他各界进行信息沟通，以实现相关利益者价值最大化的一项战略性管理工作。它涉及金融、财经、大众传播、市场营销和公共关系等专业，旨在通过信息披露、媒体公关、危机管理等互动与交流，促进挂牌或上市公司与投资者及其管理者之间的良性关系，倡导理性投资，并在投资公众中建立公司的诚信度，实现公司价值最大化和股东利益最大化。

2．三个重要思想

思想之一：投资者关系是信息从公司传递到投资者或潜在投资者的活动，所以这个活动必须依据投资者的需求来考虑各种手段、方法的使用。

思想之二：投资者关系不是一个单向的信息传递过程，公司向投资者传递信息，同时在沟通的过程中也向投资者收集信息。

思想之三：投资者关系不仅针对投资者或潜在投资者，而且应该将其纳入企业、机构，包括信息管理、媒体与危机管理、财经公关等在内的范畴且上升到战略高度，并作为一种系统工作和执业技能来打造。

3．投资者关注的信息

公司新股发行、再融资、资本运作、并购重组、股权变更、高层变动、财务状况、经营管理、诉讼纠纷、投资和市场决策、高管减持或增持、股价波动、分红送股等一系列重大事项，已经或者将会影响投资者权益和市场价格的信息，都是投资者关注的重点。这些也大多是投资者关系管理中需要重点处理和解决的内容。

1.1.5　投资者关系管理的5大原则

依据实践总结，投资者关系管理主要依据5大原则，如表1-1所示。

表1-1　新三板等市场企业投资者关系管理遵循的5大原则

1	充分披露信息原则	除强制的信息披露以外，公司可主动披露投资者关心的其他相关信息，要客观地介绍公司，令人信服
2	合规披露信息原则	公司应遵守国家法律、法规及证券监管部门包括新三板在内的证券交易场所对公司信息披露的规定，保证信息披露真实、准确、完整、及时。在开展投资者关系工作时应注意尚未公布信息及其他内部信息的保密，一旦出现泄密的情形，公司应当按有关规定及时予以披露
3	投资者机会均等原则	公司应公平对待公司的所有股东及潜在投资者，避免进行选择性信息披露
4	诚实守信原则	公司的投资者关系工作应客观、真实和准确，避免过度宣传和误导，以高效低耗为原则。选择投资者关系工作方式时，公司应充分考虑提高沟通效率，降低沟通成本
5	平等对待原则	公司对各类投资者，不论是机构还是个人，都要平等对待

1.1.6　投资者关系管理的目标

投资者关系管理的目标是指导投资者关系管理实践的基础，可分为短期目标和长期目标两种。

短期目标：（1）通过充分的信息披露加强与投资者的沟通，促进投资者对公司的了解和认同；（2）推动公司与投资者之间的良性互动，营造诚信、互利的氛围。效益主要集中在两点上：一是通过有效管理投资者的预期，使公司股票获得公平的市场定价；二是保障公司股票合理的流动性。

长期目标：通过运用多种有效措施建立挂牌公司或上市公司投资者关系管理体系，在树立公司良好的资本市场形象、形成尊重投资者和对投资者负责的企业文化的过程中，实现投资者与经营层对公司发展规划、运营的高度协同。获得的持续效益有三点：一是实现公司内在价值和市场价值长期的不断提升；二是为公司未来融资、并购等资本运作提供便利；三是实现公司、股东价值的最大化和投资者利益的最大化，维护资本市场稳定。

1.2　新三板投资者关系管理的功能理念与价值作用

1.2.1　投资者关系管理的功能

对投资性资本的竞争，是投资者关系管理（IRM）产生的直接原因。就全球证券市场甚至某个发达地区证券市场来看，基金经理、做市商、经纪人及个人投资者可做出的投资选择非常多。显然，对挂牌或上市公司管理层而言，只在管理、业绩、财务状况等层面达到相应目标，已不再是能够足够吸引投资者的条件。公司管理层还应积极向现有及潜在投资者、合伙人、销售商等相关主体主动提供有关公司竞争力及发展潜力的信息。从更深层次上讲，除了内生于投资品种相对过剩的资本市场结构外，投资者关系管理的产生、发展还与以“股东至上主义”为核心的公司治理在全球如火如荼的发展不无相关。

对于新三板挂牌企业等公众公司或沪深上市企业等公司来说，国内外的经验已经证明，积极提供一贯而专注的投资者关系计划，是挂牌或上市公司管理层用以改善公司形象、提高公司对投资者吸引力的理想方式之一。不仅如此，挂牌或上市公司管理层还可借此设立证券研究部门、扩大投资者基础、增强股票流动性、提升股票价值，进而为公司未来再融资夯实基础。

【案例】国际巨头 GE 对投资者关系的重视

韦尔奇在 GE 公司当 CEO 时有一个副总裁叫贝尔格，是负责 GE 投资者关系的主管，他长期追随韦尔奇。每当 GE 公司有重大事情时，韦尔奇都会跟贝尔格商量。韦尔奇每天都会跟贝尔格进行电话联络，了解投资者的兴趣。韦尔奇本人对华尔街的 GE 股票表现出极大的热情，几乎每天都要询问股票的价格，以及公司股票持股者的变化。投资者关系这个部门在 GE 公司的组织结构里面位置是很高的，贝尔格直接对韦尔奇负责，所以当更多的投资者开分析会时，贝尔格基本上就代表了韦尔奇的观点。

1.2.2 投资者关系管理理念

对于新三板挂牌企业或沪深上市公司来说，投资者关系管理涉及金融、大众传播、市场营销等专业，是一项营销事业，是由市场驱动的，这一点与建立公众关系形成公司 CI 系统进而促进产品销售有相似之处。不同的是，投资者关系管理应着眼于吸引投资者购买并持有公司的股票或债券。在这个意义上，挂牌或上市公司管理层应具备这样的观念：把整个公司当做产品来运营，尊重该产品“消费者”或投资者的现行选择，即商品市场上的“消费者主权”理念在资本市场上的反映，投资者关系管理应秉承“投资者主权”理念。

1.2.3 投资者关系管理的价值创造

对于新三板挂牌企业等公众公司来说，投资者关系管理的价值主要体现在公司的业绩因素和非财务指标因素两大方面，具体如图 1-4 所示。对公众公司来说，良好的投资者关系管理是完善公司治理结构、提升公司价值和股东价值的重要途径；同时，投资者关系管理也有利于强化公司诚信建设，提高公司核心竞争力。

1.2.4　投资者关系管理的作用和意义

对于新三板挂牌企业等公众公司来说，投资者关系管理（IRM）的作用和意义具体表现在如下几个方面。

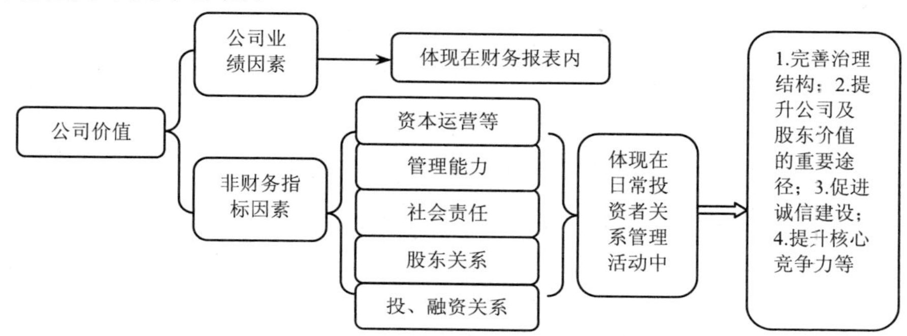

图 1-4　投资者关系管理与公司价值创造的关系

（1）有利于公司证券公允价值的体现、无形资产价值的提升。

（2）能够加强公司与投资者的有效沟通，增强公司与投资者之间的相互信任与支持，提升公司的投资价值。

（3）有利于增强投资者对公司的认同、信心和忠诚度，有利于公司保持持续的再融资能力、抗风险能力。

（4）有利于管理投资者预期，防止和降低负面分析、报道及传言对公司产生的不良影响，减少股价异常波动，维护股东利益。

（5）有利于公司治理机构的完善与经营的自律。

1.3　信息不对称与投资者关系管理的产生

投资者关系管理（IRM）理念的产生与市场信息不对称有着密切的关系，甚至在某种意义上，可以说投资者关系管理产生于资本市场对信息不对称现象的自发（市场调节）或强制性（监管者诸如强制信息披露等政策的制定与执行）纠正。

1.3.1　有效市场与真实市场

在经济学中，有一种理想状态的市场即为有效市场，在这个市场上，所有信息都会很快被市场参与者领悟并立刻反映到市场价格之中。这个理论假设参与市场的投资者有足够的理性，能够迅速对所有市场信息做出合理反应。有效市场假设认为在一个充满信息交流和信息竞争的社会里，一个特定的信息能够在股票市场上迅速被投资者知晓。然后，股票市场的竞争会驱使股票价格充分且及时地反映该组信息，从而使得该组信息所进行的交易不存在非正常报酬，而只能赚取风险调整的平均市场报酬率。证券的市场价格能充分、及时地反映全部有价值的信息，市场价格代表着证券的真实价值，这样的市场被称为有效市场。

然而，在现实中，有效市场是根本不存在的。不过有效市场的状态可以作为一个参照系，各类监管与自律可以以此为终极目标进行相应的制度建设以尽可能地实现市场的效率和公平。

在真实市场中，信息是不对称的。所谓信息不对称，是指在市场经济活动中，各类人员对有关信息的了解是有差异的；掌握信息比较充分的人员，往往处于比较有利的地位，而信息贫乏的人员，则处于比较不利的地位。市场中卖方比买方更了解有关股票、基金、期货等金融产品及实物商品的各种信息；掌握更多信息的一方可以通过向信息贫乏的一方传递可靠信息而在市场中获益；买卖双方中拥有信息较少的一方会努力从另一方获取信息；市场信号显示在一定程度上可以弥补信息不对称的问题。

在现实经济中，信息不对称的情况如此普遍，其影响如此之大，以至于影响了市场机制配置资源的效率，造成占有信息优势的一方在交易中获取太多的剩余，出现因信息量对比过于悬殊导致利益分配结构严重失衡的情况。因此，纠正以上问题，减少信息暴利、维护资源分配的效率及相对公平应该成为信息管理的主要任务。

1.3.2 逆向选择与信息披露

信息不对称广泛存在于各类市场中，由此引发逆向选择和道德风险。不仅如此，信息不对称也会导致管理者激励的短期化（由于信息不对称，管理者往往会通过取得短期利润的决策尽快提高声誉，从而促使其工资的增长，这样会出现以牺牲股东的长期利益为代价而追逐短期利益的情况）。所谓逆向选择，就是指这样一种情况，市场交易的一方如果能够利用多于另一方的信息使自己受益而对方受损时，信息劣势的一方便难以顺利地做出买卖决策，于是价格便随之扭曲，并失去了平衡供求、促成交易的作用，进而导致市场效率的降低。

新三板等证券交易市场作为一个特殊的市场，其信息不对称问题更为严重。这些信息不对称主要体现在公众公司与投资者之间信息不对称、公众公司与监管机构之间信息不对称及机构投资者与个人投资者之间信息不对称。在这些关系中，公众公司与投资者之间的关系被公认为是包括新三板在内的证券市场中最基本的关系。由于信息不对称使得投资者在做出投资决策之前，不可能完全了解企业的质量信息。为缓解信息不对称问题，内部人士必须通过适当的方式向市场传递有关信号，使外部投资者了解企业的真实价值。

为保障新三板、沪深交易所等证券市场的公平性，充分保障投资者的利益，证券市场的监管一般都采用强制信息披露制度来解决两者的信息不对称问题。新三板市场就是将信息披露作为监管核心的“准注册制”证券交易市场。

1.3.3　信息披露衍生投资者关系管理

在资本市场发展的早期，作为投资者关系管理基础和核心的信息披露仅仅是作为监管机构的强制要求而存在，并没有投资者关系管理的概念。上市、挂牌等公众公司的管理层往往对此既没概念，也没有什么动力，他们要做的只是维护好与那些有长期合作关系的银行、投资银行和保险公司的关系。到了 20 世纪五六十年代，社会公众开始大量参与股票市场，虽然这些个人投资者的单个持股量不太高，但是其群体很大，潜力无穷。现在，金融市场的各类产品及衍生产品极大丰富，中小投资者们越来越成为资本市场的重要力量，甚至主导力量。由此，投资者关系管理的范围也从强制性信息披露逐渐拓展开来。

1.3.4　信息披露与投资者注意

既然投资者关系管理与信息披露有如此重要的关系，那么这里有必要强调：投资者了解投资者关系管理披露信息时，应注意以下问题。

（1）明确投资者关系管理披露的定位。

投资者关系管理披露仅仅是强制性信息披露的补充，并不能代替强制性信息披露。对于所有对新三板等公司股票及衍生品种交易价格可能产生较大影响的信息，投资者仍应通过监管机构指定的信息披露媒体详细了解。

（2）完整阅读投资者关系管理的披露。

投资者关系管理披露中，投资者的提问也许是市场传闻的求证，也可能是投资者个人的想法。因受专业知识及信息量等因素的影响，可能不太准确。投资者在了解此类问题时，应完整地阅读所有披露的内容。

（3）加强学习，充分利用投资者关系管理披露平台。

投资者关系管理的披露，极大地丰富了投资者可获取的信息量，及时响应和满足了投资者的各种信息需求，提高了信息的实用性。但是其中也存在一些信息噪声，比如反复提问、不阅读公告直接提问，甚至个别投资者将此作为情绪的发泄地。信息噪声淹没了真正有价值的信息，因此，建议投资者加强学习，充分利用投资者关系管理平台，发现公司的价值。

【案例】关联交易与信息不对称

企业关联交易的关联人是一般性法人，应与其他法人一样享有同等的市场条件和交易权利，但是，关联交易具备很多造成信息不对称现象的优势和条件，所以应当引起投资人的注意。这里以某上市公司曾经的情况（现早已整改）进行分析。

A上市公司成立于1993年，公司的主要经营单位为改装车间、零部件生产车间和某汽车配件批发市场。公司1996年上市之后经过两次配股融资扩建和大股东的资产置换，车轮成为其主营方向。根据A上市公司公开的年报信息披露，发现该公司经营有两大特点：

其一，该公司基本上属于两头在外的加工厂，大股东B集团控制了上市公司大部分的采购与销售；

其二，上市公司从1993年成立至今，公司很大一部分固定资产来自于动用募集资金收购大股东资产或与大股东资产进行资产置换得到。

从财务报表可以看出，A上市公司的产品主要是销售给大股东B集团公司。如此大的关联交易其价格如何确定？公司年报只用了“按市场价格协议定价”来进行披露。当控制了上市公司的采购和销售后，大股东在决定上市公司的利润时就显得游刃有余。从公司某年公告情况来看，在16名董事、监事和高级管理人员中，其中一名董事、一名监事和两名副总经理在上市公司任职，其余 12 人在大股东单位任职并领薪，与“三分开”政策相去甚远。在分析董事会人员构成时，我们发现第一大股东中有 5 人任职于上市公司的董事长、董事及监事职务，其中 B 集团的副总经理兼任 A 上市公司的董事长，B 集团的纪律检查委员会副书记任上市公司监事。

从上述董事会结构我们不难看出，董事会人员在集团的任职状况及集团在上市公司的董事会构成比例都使得集团通过人事作为控制的途径牢牢地控制了上市公司。

存在如此大的关联交易的同时没有进行充分的披露，从而可能导致公司的业绩并不是对公司的真实价值的反映，这也导致了股票价格对公司业绩信息反映不足。

1.4　投资者关系管理历程、现状转换与发展趋势

1.4.1　投资者关系管理的萌芽与发展

投资者关系管理归根结底是源于资本市场的日趋成熟。20 世纪 50 年代，随着经济的发展，股东关系日益受到重视，投资者关系管理开展起来。1953 年，GE 公司率先设置了正式的 IRM 部门；1969 年，美国成立了全国性的 IRM 组织——美国投资者关系协会（NIRI）；20 世纪 80 年代到 90 年代，经济蓬勃发展，英国、加拿大、芬兰、德国、法国、日本、巴西先后成立了投资者关系协会。1990 年，各国的会员代表联合起来成立了国际投资者关系联合会，总部设在伦敦。

在萌芽阶段，投资者关系管理尚未形成广泛认可的内涵和科学高效的运作手段。这个阶段的投资者关系管理大多仅仅被作为宣传和促销的代名词，实施目的也只不过是保持公司良好的对外形象，并没有对公司与投资者之间的良性沟通做出贡献，也没有实现关系协调的作用。

我国对投资者关系管理的广泛关注则是从 20 世纪末开始逐渐兴起的。2001 年以来，国际知名公司安然、世通造假，国内也不断传出股市操纵的会计丑闻，致使股市低迷、融资困难，监管部门意识到应加大力度监管，上市公司实施系统的投资者关系管理的需求增强，投资者关系管理在我国逐渐受到重视。

现今，无论是在理论还是实践方面，投资者关系管理都已经取得了实质性的发展，尤其是在起源较早而且资本市场更加完善的欧美国家，投资者关系管理已成为

发达资本市场中绝大多数公司必不可少的日常管理工作，此行业得到了长足发展。

1.4.2 国内投资者关系管理起步的4个阶段

1. 第1阶段（1990—1998年）

这个阶段上市公司的股票发行大多实行严格的计划和“审批制”，供不应求。同时，由于广大中小投资者处于弱势地位，缺乏了解公司信息更为广泛的渠道，维权意识十分淡薄，所以该阶段尚未形成真正意义上的投资者关系管理。

2. 第2阶段（1999—2002年）

这个阶段，上市公司开始出现路演、网上推介等财经方面的公关行为，典型的如1999年6月，科龙电器首开国内新股发行路演之先河，先后在北京、深圳召开路演推介会；1999年年底，中国证监会规定，所有上市公司的年报必须同时在互联网上发布；2000年3月31日，首创股份首家进行网上路演；1999年1月，华夏证券研究所与里昂证券有限公司共同发起，组织国内各大证券公司分析师及境内外基金公司代表共同到深圳方大实业股份有限公司进行联合调研，并举行了说明会。

在20世纪90年代末，发行市场化已使得路演成为上市公司在发行时普遍采用的投资者关系管理行为。此期间，联想、中石化等海外上市公司开始实施投资者关系管理。2000年以来，一些上市公司陆续开展联合调研、业绩推介等具有投资者关系管理性质的活动。

随后，国内证券市场也出现了如“银广厦”、“郑百文”等一批虚假陈述的案件，对市场形成了极大的震动和影响。之后伴随着上市公司损害中小股东权益案件的曝光，股价大幅下跌。根据中国证券登记结算公司的材料，截至2002年11月底，在3452万个沪市A股账户中，持有股票的仅为1466万个，有1986万个账户被闲置，闲置率高达57%。此时，我国上市公司投资者关系空前紧张，人们才真正开始意识到与投资者之间交流的巨大作用。

3. 第3阶段（2003—2007年年初）

在政策方面，2004年1月国务院发布了《关于推进资本市场改革和稳定发展的若干意见》，提出要重视资本市场的投资回报等，诸多方面都体现出对投资者利益的保护，这些意见为上市公司开展投资者关系管理提供了纲领性的指导文件。同年 12 月，中国证监会又发布了《关于加强社会公众股股东权益保护的若干规定》，赋予了中小投资者对上市公司重大事项的发言权和表决权，提高了上市公司信息披露的质量要求，这就从客观上对上市公司广泛开展投资者关系管理起到了直接的推动作用。

在实践方面，随着我国证券市场的日趋成熟，上市公司为了适应不同市场的监管，开始重视投资者关系管理活动。投资者关系管理进入起步阶段。中石化、联想、中国移动等上市企业开展投资者关系管理在市场上就取得了良好效果，也得到了市场认可。

4．第 4 阶段（2008—2013 年）

在这个阶段，股权分置改革完成之后，投资者关系管理真正被上市公司纳入到企业经营管理的范畴。由于大股东利益诉求的变化、监管层的要求、激励机制的完善、国内证券市场日益成熟和规范化，这个时候，投资者关系管理就真正成为上市公司管理的一部分，得到企业管理层的高度重视。

此阶段，上市公司将更多的与公司的生产经营和战略经营相关的信息传递给投资者，使他们全面了解公司，在持续的信息披露中建立与投资者之间的理解与信任，从而提高投资者的忠诚度。同时，自愿信息披露所带来的良好的投资者关系，还可以改善上市公司的公众形象，提升公司的无形资产，对公司的综合影响力及公司在资本市场、产品市场、人才市场等各方面的竞争力都起到了提升的作用。

在实践取得较大发展的同时，投资者关系的理论研究也取得了较大的进步。如 2009 年，叶建芳等关于基于遗留变量和互为因果的内生性检验认为，机构持股对信息透明度有显著正作用，而透明度对公司吸引更多机构投资者并不显著；2010 年王秀对 29 家评选出的 2008 年 A 股上市公司投资者关系管理百强公司及其配比公司进行分析，最终得出投资者关系管理能够提高企业盈利能力的结论；2012 年黄智丰将网站投资者关系管理细分为 6 个维度 35 个指标；2013 年马连福等对 2006—2009 年沪市钢铁板块发生的 40 起并购事件进行了实证研究，结果表明公司实施并购的短期价值效应受到市净率的影响，而投资者关系对于市净率影响公司短期价值具有调节作用，等等。

1.4.3　投资者关系管理在新时期的背景与转换

投资者关系管理的发展主要是基于资本市场的发展和风格转换而成长与逐步趋向成熟的，早期我国只有单一的沪深 A 股市场（上海证券交易所、深圳证券交易所分别于 1990 年 11 月、12 月成立），该市场内后来产生了中小板（2004 年 5 月成立）和创业板（2009 年 10 月运行）两个层次。2001 年 7 月老三板产生，2006 年 1 月新三板形成，2013 年 12 月新三板全国扩容，截至 2016 年 8 月底挂牌企业近 9000 家。在此期间，区域性股权交易市场（四板）也得到长足发展，目前至少达到 33 家以上。我国多层次资本市场已经初步建立。

如今，我国资本市场各类金融及衍生产品层出不穷，个人及机构投资者跨越式增长，投资者权益意识愈发强烈，目前大有全民股权的热情与意识。在此背景和趋势下，投资者关系管理显得越来越重要，越来越需要战略性考量、精心的策划与细心的维护。其发展与转换关系如图 1-5 所示。

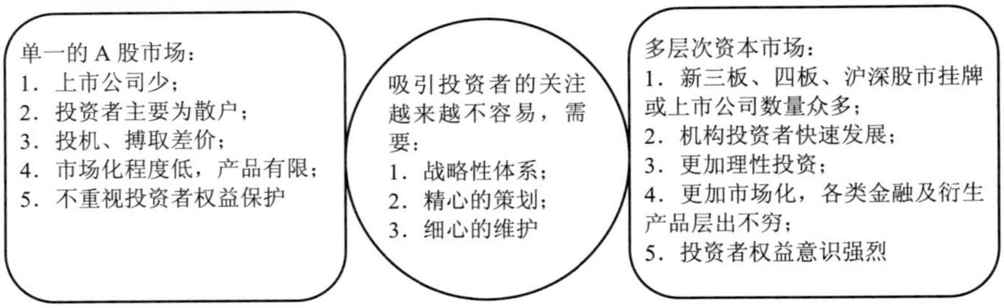

单一的 A 股市场：
1. 上市公司少；
2. 投资者主要为散户；
3. 投机、搏取差价；
4. 市场化程度低，产品有限；
5. 不重视投资者权益保护

吸引投资者的关注越来越不容易，需要：
1. 战略性体系；
2. 精心的策划；
3. 细心的维护

多层次资本市场：
1. 新三板、四板、沪深股市挂牌或上市公司数量众多；
2. 机构投资者快速发展；
3. 更加理性投资；
4. 更加市场化，各类金融及衍生产品层出不穷；
5. 投资者权益意识强烈

图 1-5　投资者关系管理的背景转化

1.4.4　国内投资者关系发展的 6 大方向和工作

（1）提高人们对 IRM 的认识和理解。我国的投资者关系管理工作虽然开展多年，但是人们对其认识仍然不深，需要提高与深入。投资者关系概念不仅触及沪深上市公司、新三板挂牌企业等公众公司的利益，而且与各类投资机构、基金等金融单位与中介的利益也密切相关。

（2）完善与其他工作部门的协作关系。不论是公众公司、上市公司，还是相关机构，投资者关系工作不是孤立进行的，必须加强与其他领域的协作关系。增强透明度，保护投资者利益，革除报喜不报忧的弊病，加强督导监督作用。

（3）提升 IRM 工作的规范化。投资者关系管理涉及最为广泛的问题是市场秩序的规范化，其 IRM 工作的完善必须与时代的发展相适应，广泛吸取互联网朝手机终端发展大趋势的情况，加强相关工作的规范化进程。

（4）加强相关法规的制定。在实践中，受巨大利益驱使，从事 IRM 工作的挂牌公司、上市公司或专业代理公司都可能存在弄虚作假、误导投资者的行为。我国法律法规部门应加强对 IRM 工作领域的监督，及时制定相关法规，以打击违背自身职业操守、欺骗误导投资者的行为。唯有如此，才能从根本上保障投资者关系管理工作的健康发展，同时保证投资者特别是中小投资者的利益。

（5）改变专业性 IRM 型人才匮乏的局面。投资者关系管理是一项系统而长期的工作，涉及到多方面的专业知识。尽管在国内有许多财经公关公司在负责投资者关系管理的事务，但这些公司都不够专业，虽然善于包装却缺乏足够的金融专业的理论知识，缺乏专业的投资者关系管理方面的人才。正因为投资关系管理服务机构水平的参差不齐和专业人才的匮乏，使得企业在管理中始终存在改进的问题。

【案例】全美投资者关系协会（NIRI）推出首个专业认证计划

据美国商业资讯中文网 2015 年 11 月 18 日报道："全美投资者关系协会（NIRI）目前已开始接受投资者关系特许认证考试的申请。

2016 年 3 月，NIRI 举行了首次投资者关系特许认证（Investor Relations Charter，简称 IRC）考试。申请人通过访问 NIRI 网站 www.niri.org/certification 的相关入口进行申请。

由 NIRI 开发和管理的新 IRC 项目不仅为确定投资者关系职业的内涵树立了通用框架，同时也通过其最高标准的考试，为投资者关系职业人士提供了展示其知识、专长和敬业精神的机会。

NIRI 董事会主席兼 Impax Laboratories，Inc.投资者关系和企业传播业务副总裁 Mark Donohue 表示，"这对于 NIRI 来说是一个巨大的成就，我对参加这个项目的众多主题事务专家和志愿者表示感谢，他们为 IRC 的开发无私地奉献了大量的时间"。

NIRI 总裁兼首席执行官 Jim Cudahy 指出，"IRC 满足了市场中明确存在的需求，也十分符合 NIRI 推动投资者关系事业、提升投资者关系职业人士竞争力和水平的宗旨"。

如何获得 IRC

IRC 认证项目对申请人有具体的工作经验要求。申请人不仅要掌握相关知识、对概念的应用理解，也必须拥有该行业的实际工作经验。获取认证有以下三个步骤。

（1）IRC 考试备考。阅读由投资者关系主题事物专家开发的 IRC 能力大纲（IRC Competency Framework），并学习相关资源，包括 NIRI 的投资者关系知识体系（Investor Relations Body of Knowledge）。作为核心的 IRC 资源，知识体系是一本 180 页的教科书，根据全面的投资者关系职业人士工作任务分析而编写，而且基于能力大纲中所提到的 10 个科目。

（2）通过 IRC 考试。申请人在 IRC 项目中所面临的终极考验是一个时长 4 小时、200 道问题的综合考试，它衡量了申请人在投资者关系实践中运用其基础知识和技能的能力。在全球范围内，NIRI 每年将在计算机测试中心举办两次考试，测试窗口为期一周。可登录 NIRI 网站 www.niri.org/certification/FAQ 了解具体信息，例如考试资格、申请截止日期和费用。

（3）满足 IRC 职业发展要求。IRC 展示了投资者关系职业人士对该职业的敬业精神。这个精神不断地补充 IRC 能力大纲中所列出的知识和技能。在获得 IRC 认证之后，IRC 证书持有者每三年必须参加资质教育和持续实践活动，且不低于 30 个职业发展单位。

关于全美投资者关系协会（NIRI）

NIRI（www.NIRI.org）成立于 1969 年，是企业高管和投资者关系顾问的职业协会，负责企业管理层、股东、证券分析师和其他金融界职业人士之间的传播业务。NIRI 是全球最大的职业投资者关系协会，拥有来自 1600 家上市公司的 3300 多名会员，这些公司的市值达到了 9 万亿美元。

（6）培育专门的 IRM 服务机构、筹建 IRM 协会等。从整个世界范围来说，特别是欧美国家，近年来投资者关系管理方面的专业服务机构已经成为该产业链中的一个重要环节，而且发挥着举足轻重的作用。这类专业的服务机构，其优势在于专业性及规模效应能够给企业带来更低的成本。而在国内，大多数的投资关系管理服务都是依靠“财经公关”的公司来负责提供，主要包括股票发行及增发路演等工作内容，但这只是其中很小的一个部分。随着国内证券市场逐渐走向多层次化，投资关系管理的专业服务也必定会拥有一个更为广阔的发展平台。另外，IRM 协会作为行业性的自律组织，在我国的工作迅猛发展，逐渐形成一个行业也是必要的。

第 2 章 新三板投资者关系的常规管理和日常工作

2.1 新三板投资者关系管理常规工作框架与内容

第 1 章讲过，广义的投资者关系管理（IRM）由常规工作（狭义类）与专项工作（拓展类）组成。专项工作如媒体公关、危机公关、路演与财经公关等相关内容将在本书的中篇和下篇专门讲述，本章主要讲述投资者关系管理的常规（日常）工作。

2.1.1 投资者关系管理常规工作框架

对于新三板挂牌企业等公众公司来说，投资者关系管理常规工作的构建是比较复杂的，需要综合考虑企业文化与社会责任，联动企业战略、企业品牌建设、企业经营与资本运作等因素，主要通过信息披露、制度完善、感情沟通、理念认同与素质提高 5 大维度予以实现，具体如图 2-1 所示。

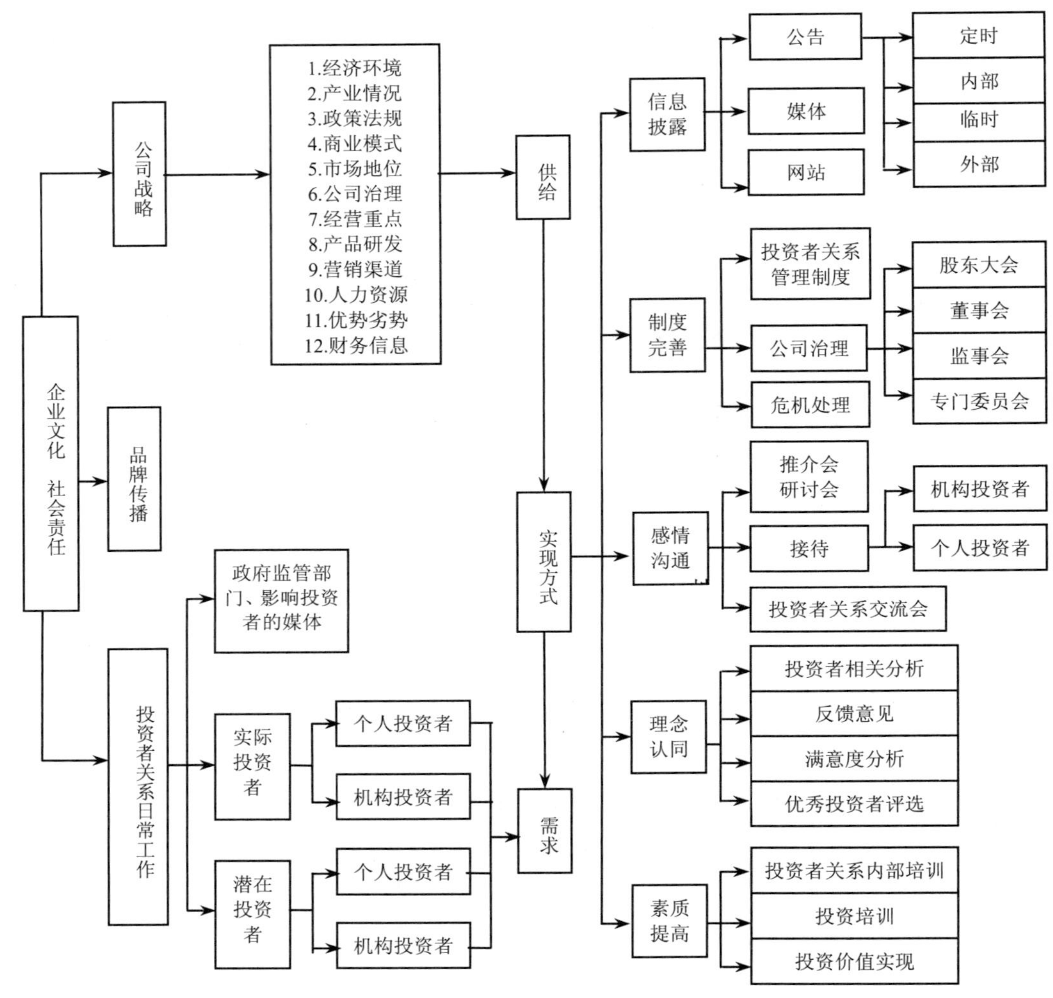

图 2-1 投资者关系管理常规（日常）内容构建框架

2.1.2 常规工作内容

这里依据图 2-1 中投资者关系常规管理实现的 5 大维度，即信息披露、制度完善、感情沟通、理念认同与素质提高来简略地分解一下新三板挂牌企业等公众公司投资者关系日常管理的具体工作和内容，如表 2-1 所示。

表 2-1　新三板挂牌企业等公众公司投资者关系日常管理的内容和工作

类　别	内　容	具 体 工 作
信息披露	公告	在及时、准确披露的前提下，引入公告模板，将公司战略渗透于公告中，正确引导投资者
	证券媒体	定期向证券媒体发布宣传稿，包括重要活动宣传稿，并与媒体建立稳定合作关系，长期向证券媒体发送公司简讯
	网站（互动平台）	设立投资者关系管理子网或互动平台。其中，公告、简报、产销快讯、问题解答、新闻稿和公司相关情况等力求上网公布，还要定期或非定期召开网络视频会议等
制度完善	公司治理	“三会”独立，建立董事会秘书制度、独立董事与独立监事制度（如有必要）等，提高法人治理水平
	投资者关系	细化投资者关系管理办法，制定投资者关系操作手册
	危机处理	制定危机处理相关制度、流程
感情沟通	个人投资者接待	主动并长期向投资者发送政策、行业及公司情况的分析资料，通过互动平台互动
	机构投资者接待	定期组织机构投资者到公司现场调研，主动向行业研究员发送政策、行业及公司情况的分析资料
	推介会、行业研讨会	每年定期或非定期开展推介会，举办行业产业研讨会（如有必要）
	投资者关系交流会	举办投资者关系交流会（如有必要，小范围或大范围定期或非定期举行），旨在加强与监管部门、行业内挂牌或上市公司和投资者一起研讨如何进一步提高投资者关系管理水平
理念认同	投资者相关分析	开展年报受众分析、对投资者等的动态分析，每季度或半年（依照公司具体情况选定）形成一份投资者分析报告
	投资者意见反馈	定期将投资者的合理化建议以报告的形式向经营层汇报
	满意度分析	建议每年第一季度调查分析投资者对上一年投资者关系工作的满意度
	优秀投资者评选	每年第一季度在上一年度热切关心公司的投资者中进行评优活动（如有必要）
素质提高	投资者关系管理培训	在对董事和监事的培训中加入投资者关系管理的内容
	投资者培训课程	定期或非定期组织监管部门或投资专家为投资者讲课
	投资价值实现	实现公司价值稳步提升，投资者长期投资获益，并使公司获得投资者的全面支持

2.1.3　常规工作关系及特点

投资者关系日常管理有 5 大方面的工作，它们之间的关系和特点可以简单地概括为：

（1）充分的信息披露是投资者关系管理的前提和基础；

（2）沟通是投资者关系管理的主要手段；

（3）提高投资者对公司的认同度，进而提高公司价值是投资者关系管理的目标。

2.1.4 常规工作重点

投资者关系管理的常规工作重点有：

（1）通过媒体的宣传工作和投资者沟通工作结合公司战略有序进行；

（2）通过投资者关系管理工作的配合，提高公司新股发行的治理水平；

（3）在投资者关系宣传中突出公司管理层的经营能力和敬业精神，使投资者建立起对公司的信心；

（4）通过投资者关系宣传，建立公司良好的资本市场形象；

（5）通过投资者关系工作，应对其他随时可能发生的资本事件。

【案例】国际巨头投资者关系的滚动沟通交流计划

GE 公司搞了一个 12 个月的滚动沟通交流计划，另外还有季度会议。滚动沟通就是每个月投资主管不定期亲自出面沟通，同时要求副手、属下职员、整个投资者关系部门都出动，每个月都在外面跑，拜访跟 GE 公司有关的股东，同时邀请他们到 GE 公司来参观工厂，安排大股东听 GE 老板伊迈尔特讲故事，介绍公司的业务情况。通过邀请，投资者感到很兴奋，分析师也高兴，投资者大量购入公司的股票，所以 GE 公司在美国华尔街道琼斯市场是一个晴雨表。GE 公司的股价一动，就影响道琼斯指数，很多散户和中小企业都购买 GE 公司的股票。

2.2 投资者关系常规研究与工作职责和建议

投资者关系研究一般有股价异动分析、跟踪分析报告和股权结构分析。在讲述投资者关系研究之前，本节先归纳一下投资者关系管理的工作职责和建议。

2.2.1 工作职责

投资者关系管理的工作职责如下。

（1）整合公司内部信息流程，通过建立适当的制度规范，跟踪研究公司的发展战略、经营状况、行业动态及监管部门的法规，及时、准确、完整、合规地披露与投资者投资决策相关的信息。

（2）定期或针对重大事件组织分析师会、网络会议、路演等活动，与投资者进行沟通。

（3）在公司网站中设立投资者关系管理专栏，在网上披露公司信息，方便投资者查找和咨询。

（4）与机构投资者、证券分析师及中小投资者保持经常联系，提高市场对公司的关注度。

（5）加强与财经媒体的合作关系，引导媒体的报道，安排高级管理人员和其他重要人员的采访、报道。

（6）与监管部门、行业协会、交易所等保持接触，形成良好的沟通关系。

（7）与其他公众公司或上市公司的投资者关系管理部门、专业的投资者关系管理咨询公司、财经公关公司等保持良好的合作、交流关系。

2.2.2 工作的建议

联系实践，本书归纳了对投资者关系管理工作的建议，如表 2-2 所示。

表 2-2　投资者关系管理工作的建议

日常工作	日常的投资者关系管理工作是量变到质变的积累过程，也是公司在资本市场建立长期形象、维持股价长期稳定的基本工具。同时，只有在日常的投资者关系工作基础上，面对资本市场事件的投资者关系工作才会更加有效和得力
工作方式	主动的投资者关系管理工作方式比起被动的信息披露投资者关系管理工作方式有着更深刻的内涵和延伸
特殊事件	融资、引入战略投资者、限售流通股等是未来发展过程中必然要面对的资本事件，如何顺利实施这些资本市场事件，需要投资者关系管理工作的配合，并通过它来取得投资者与媒体的支持和认同
应对危机	资本市场上的危机事件是经常发生的，且有着不确定性，只能通过持续、有效的投资者关系管理工作避免和解决这些问题

2.2.3 股价异动分析

新三板挂牌公司或沪深上市公司，其在证券市场上的股票可能出现异动的情况。在发生过大的异动时，往往会引起媒体、第三方中介（如卖方证券分析师等）的注意，媒体、中介等很可能对公司股票的异常走势原因、有关公司重大事件等发表独立意见。遇到这类事件，公司要配合媒体、中介及时并积极地披露相关事项，适时引导舆论向着有利于公司的方向发展。同时，如有必要，可以委托第三方中介对公司股价异动进行投资者的广泛调研，获取客观信息，以采取合理的应对措施。

【案例】新三板又现“乌龙指”，同济医药股价异动

2016 年 7 月 6 日，新三板挂牌公司同济医药股价出现异动，当天晚上 9 点 36 分，同花顺金融服务网新三板频道的第一路演便对此事件进行了报道，并采用了专业人士（一般为卖方分析师）的判断，同时对照新三板之前出现的类似情况进行了详细的分析，具体内容如下。

第一路演讯：7 月 6 日上午 10 点 20 左右，同济医药股价出现异动，快速上升后迅速回落，专业人士表示这种异动疑似“乌龙指”，如图 2-2 所示。

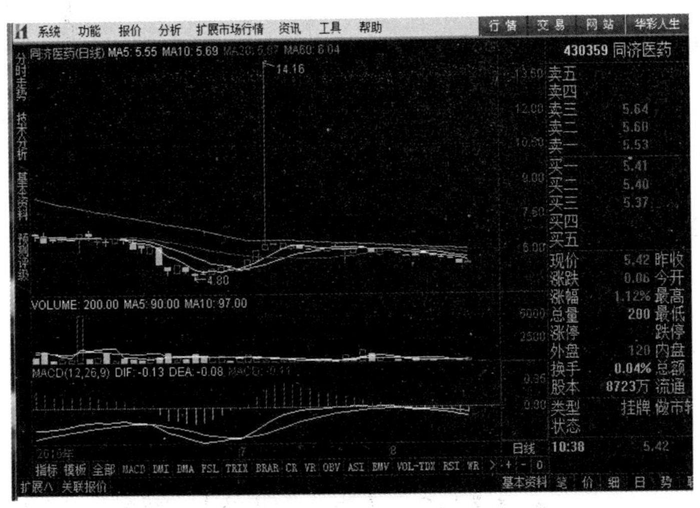

图 2-2 同济医药 2016 年 7 月 6 日股价异动 K 线图

以史鉴今，各级市场都发生过“乌龙指”，新三板市场上也不例外。2015 年 3 月 20 日，新三板发生了首起“乌龙指”，上市仅 3 天的新三板指数之一——三板做市指数，就遭遇令人质疑其指数编制的情况。天风证券员工误将其做市股票红豆杉 6.8 元的价格输入成 68 元，仅成交了 1000 股，就让三板做市指数盘中大涨 18%。为何会出现误操作，天风证券的风控系统是否有漏洞？天风证券表示，公司十分重视此次事件，现已成立了专项小组进行了详细核查，对相关交易员暂停交易，并做出了处理措施和后续防控方案，日后将加派交易员对实时报单每笔进行二次复查后再申报。

就在“红豆杉乌龙指”事件的同一天，新三板第一大市值股“九鼎投资（600053）”也出现了一笔疑似“乌龙指”。当天 14 点 48 分，本来上一笔交易还在 9 元/股的九鼎投资，突然出现一笔 99 元/股的报价，股价瞬间涨幅达到 1017.38%，“估计本来要报 9.9 元，结果报成了 99 元”。有 PE 系公募公司投资经理说，但因为不在做市股票名单中，所以当时没有引起做市指数涨跌幅变动。一日内两起乌龙指事件的发生，除了券商风控不严外，也说明了新三板交易系统存在着许多漏洞。

另外，2016 年 7 月 4 日，三板做市指数早盘开盘后低位震荡，临近午盘长针探底疑似出现“乌龙指”，最低报 1133.00 点，随后股指瞬间拉升。天地壹号在“事发”当时曾出现 4 手低价成交，成交价从 20.20 元跌至 10.24 元，跌去 49.31%，而一分钟后又有 1 手交易，交易价格恢复至 20.20 元。当天总成交 69 手，总成交额 170 万元，振幅达 49.43%。

2.2.4　跟踪分析报告

新三板挂牌企业、沪深上市公司等公司的行业研究报告跟踪，也是投资者关系研究的一项重要内容。行业跟踪研究，如能预期重大政策调整、行业环境改变的情况，这种研究则更显重要。

这些研究可以从诸如 wind 咨询、同花顺、清科研究中心等研究机构或投资银行、大型基金等处有偿获得（机构的专业性、预测能力与分析能力的差别与水准不一，对投资者来说，需认真甄别）。这些研究不仅针对行业企业，更多的是针对投资者进行投资参考而用的。当然，对投资者投资也有着一定的引导和影响作用。

【案例】新三板挂牌企业跟踪分析报告（大汉三通 430237）

大汉三通（430237）新三板公司跟踪分析报告：国内流量经营龙头地位持续巩固，短信业务增速向行业龙头看齐。

报告名称：大汉三通（430237）新三板公司跟踪分析报告：国内流量经营龙头地位持续巩固，短信业务增速向行业龙头看齐。

报告类型：深度分析

报告日期：2016-05-05

研究机构：XX 证券

研究员：XXX

股票名称：大汉三通

股票代码：430237

页数：18

简介：

公司流量业务：单季收入突破 1.4 亿元，市场龙头地位进一步巩固。自 2015 年 9 月份开始发力，2015 年大汉三通流量经营业务实现营收 1.2 亿元，2016 年 Q1（第一季度）营收上升至 1.42 亿元，继续保持爆发式增长。同时公司在运营商资源、平台能力、下游客户渠道方面快速推进，和 BAT、京东等主要互联网企业均建立了流量业务合作关系。流量业务和短信业务具有明显的相似性，体现为先进入的企业更有可能借助行业的规模效应持续做大做强。我们判断，大汉三通借助在流量经营领域的先进入优势及市场领先地位，叠加自身较强的业务执行力，公司在流量经营领域的龙头地位有望长期保持。

公司短信业务：短信业务实现同比翻番，毛利率向行业龙头看齐。严厉的市场整治带来国内企业短信市场集中度快速提升，行业排名靠前的企业成为市场主要受益者，业绩实现高速增长。大汉三通作为国内企业短信市场领先企业之一，2015 年企业短信发送量近 40 亿条，营收达到 1.29 亿元，同比增长近一倍，毛利率提升至 30%左右，和行业第一的梦网科技（34.4%）基本处于同一个水平。2016 年 Q1（第一季度）公司短信收入达到 0.5 亿元，发送量同比增长 140%。

公司财务分析：业绩高速增长，流量业务毛利率短期可能维持较低水平。在成长能力方面，大汉三通短信业务、流量业务继续保持高速增长，同时考虑到短信业务、流量业务自身的规模效应，我们判断公司后续利润的增幅将显著快于收入增幅；运营能力方面，受益于公司聚焦优质行业大客户策略，公司应收账款周转率在 2015 年提升至 5.31，较 2014 年（周转率 2.31）呈现明显改善；毛利率方面，预计短信业务毛利率有望在 30%附近平稳小幅上移，受公司为扩大市场份额而在流量业务上采取激进市场策略影响，流量业务毛利率短期仍将大概率处于 20%以下的较低水平。

风险因素：行业风险（宏观经济下滑风险、运营商行业政策风险和竞争持续加剧风险）；公司风险，主要是公司核心人员流失风险。

盈利预测、估值及投资评级。公司作为国内流量经营领域龙头企业，长期有望受益于短信业务、流量业务的高速增长，整体业绩空间广阔。我们预测公司 2016 年、2017 年、2018 年 EPS 分别为 0.64 元、1.48 元、2.66 元。根据 wind 一致业绩预测，选取 4 月 29 日收盘价格，目前国内主板流量经营相关公司股价对应 2015 年、2016 年、2017 年的平均 PE 分别为 106 倍、48 倍、32 倍。目前三板信息技术行业 PE（TTM，整体）为 45 倍，较主板的 77 倍折价约 42%，考虑到三板市场的流动性折价，我们给予公司 2016 年 28 倍的估值（较主板可比公司折价 42%），对应市值为 15.68 亿元，对应股价为 17.79 元，给予“买入”评级。

正文（介于篇幅太长，略）

2.2.5　股权结构分析

股权结构是指股份公司总股本中，不同性质的股份所占的比例及其相互关系。股权即股票持有者所具有的与其拥有的股票比例相应的权益及承担一定责任的权力。基于股东地位而可对公司主张的权利是股权。股权结构是公司治理结构的基础，公司治理结构则是股权结构的具体运行形式。不同的股权结构决定了不同的企业组织结构，从而决定了不同的企业治理结构，最终决定了企业的行为和绩效。

一般来说，挂牌公司或上市公司，对基金的持股结构分析每年进行两次，分别在基金二季度、四季度报告后，了解基金对公司所在行业的配置情况与公司股东结构分析相对照，以明确潜在投资者。这里不再展开，具体可参见 4.3 节的内容。

2.3 投资者关系常规管理中的渠道沟通与平台建设

新三板挂牌企业、拟挂牌企业的投资者关系管理中的沟通一般包括渠道沟通、平台搭建、会务服务和会议活动等。其中，渠道沟通包括沟通形式、业绩推介会、反路演和IR网站建设。

2.3.1 投资者关系管理的常规沟通形式

投资者关系管理的常规沟通形式如图2-3所示。

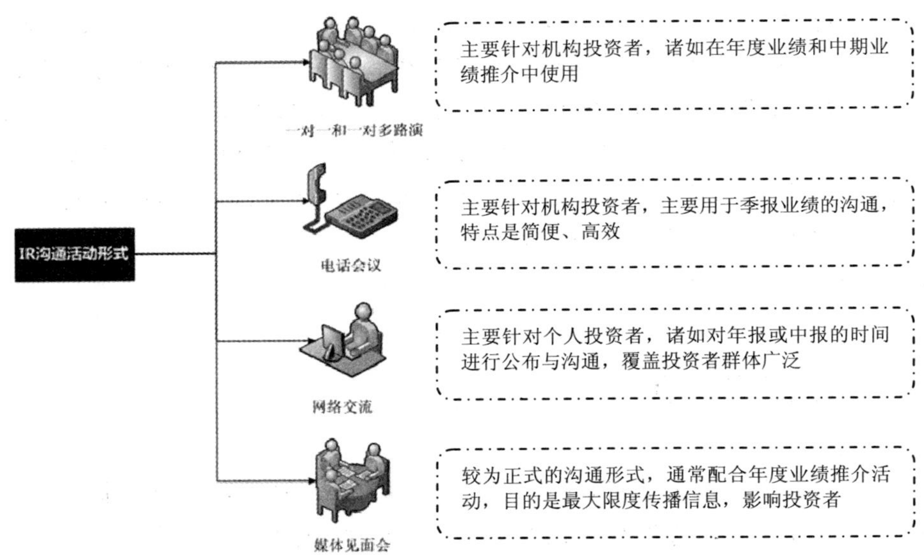

图2-3 投资者关系管理的常规沟通形式

2.3.2 业绩推介会

1. 活动背景

活动背景有以下两点：

（1）业绩推介活动是上市公司跟投资者保持持续性沟通的最佳途径之一，此外对于不断新进场的投资者也需要加强沟通、增进共识；

（2）宣传公司经营发展取得的最新成绩，消除投资者的疑虑，明确市场的预期。

2. 活动目的

活动目的是使机构投资者及时、全面了解公司的经营状况并对公司发展前景充满信心。

3. 活动内容

活动内容有：

（1）制定活动主题；

（2）策划活动形式、组织实施；

（3）邀请投资者；

（4）调研机构反馈意见。

2.3.3　反向路演

反向路演将在“路演”相关章节进行讲解，这里重点强调如下内容。

1. 活动背景

（1）上门调研是机构投资者经常采用的一种调研方式，通过近距离接触和实地调研不仅可以获取活动背景的信息，还可以拉近与公司高管的距离。

（2）对于具有此类需求的投资者，可以选择恰当时间，集中组织起来进行反向路演，这样可以大大提高沟通工作的效率。

2. 活动目的

活动目的是向现有的机构投资者及潜在机构投资者展示企业文化、企业运转实际情况，使机构投资者对公司有进一步感性的认识，同时加强交流、密切关系。

3. 活动内容

活动内容有：

（1）机构反向路演意向调研；

（2）建议机构邀请范围，落实邀请情况；

（3）提供反向路演策划方案并组织实施。

2.3.4 IR 网站建设

随着信息化时代的到来，网络成为企业宣传的主要渠道，可以为企业设计适合行业特点的官方网站和 IR 网站，如图 2-4 所示。

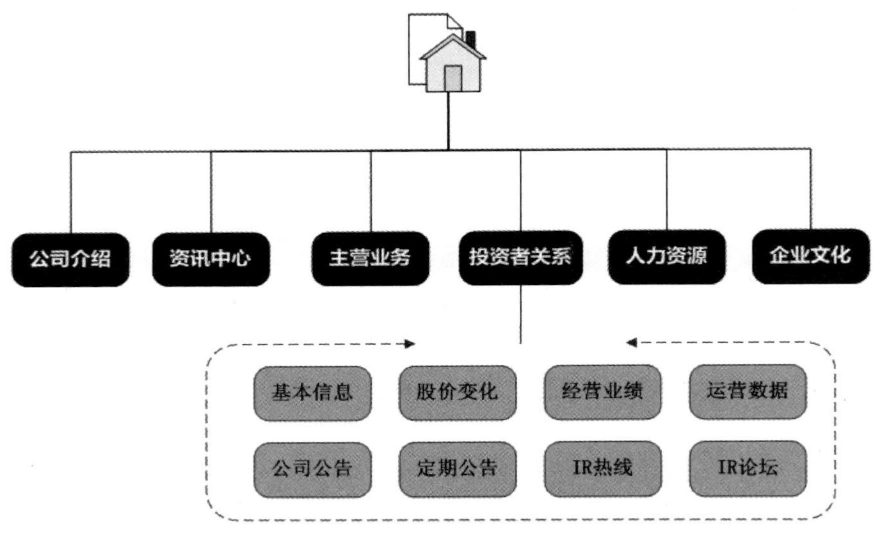

图 2-4　投资者关系（IR）网站简图

2.3.5 平台搭建

一般来说，企业可根据需要搭建信息管理平台，主要有如下内容：

（1）建设相应网站；

（2）设立相关微博、微信并获得认证；

（3）关联各可控论坛、信息发布渠道等；

（4）建立信息自动收集检索系统。

2.4　投资者关系常规管理中的会务服务与活动

新三板挂牌企业、拟挂牌企业的投资者关系管理中的会务服务与活动互动也是投资者关系日常管理中的重要内容。一般来说，会务服务主要有“三会”服务（董事会、监事会和股东大会）、分析师会议、非上市路演和会议活动。

2.4.1　“三会”服务

1．会议背景

（1）挂牌或上市公司“三会”所涉及的议题和内容均关系到企业治理发展的重要问题，备受股东及广大投资者的关注。

（2）会议相关工作的缜密安排及细致执行不仅能显示公司完善的治理工作及良好的企业形象，而且体现了公司对股东和投资者的尊重和重视。

2．时间和频率

时间和频率的要求如下：

（1）年度股东大会是法规的强制要求，至少每年召开一次；

（2）董事会一般一年要召开两次，而且一般情况下，监事必须列席董事会；

（3）监事会一般一年至少要召开两次。

3．重要意义

机构投资者往往愿意参加重要的股东会议，发表自己的意见和建议，并就关心的问题向管理层问询。因此，股东大会也成为了投资者关系沟通的重要渠道之一。

同时，股东大会也是上市公司获取投资者反馈的绝好机会。

2.4.2　分析师会议

1．活动背景

活动背景如下：

（1）业绩推介活动是上市公司跟投资者保持持续性沟通的最佳途径之一，此外对于不断新进场的投资者也需要加强沟通、增进共识；

（2）宣讲公司经营发展取得的最新成绩，消除投资者的疑虑，明确市场的预期。

2．活动目的

活动的主要目的是使机构投资者及时、全面了解公司的经营状况，使投资者对公司发展前景充满信心。

定期业绩公布后举行分析师会议，投资者可以准确把握公司的实际情况。

3．活动内容

活动内容如下：

（1）制定活动主题；

（2）策划活动形式，组织实施；

（3）邀请投资者；

（4）调研机构反馈意见。

2.4.3 非上市路演

1．活动背景

在定期报告结束后（一般是半年报和年报），举行非上市路演，宣传企业的最新成果，增进投资者和上市企业之间的良好关系。

2．活动目的

活动目的如下：

（1）鼓励机构投资者长期关注企业的发展；

（2）半年报和年报公布后举行非上市路演，投资者可以准确把握公司的实际情况。

3．活动内容

活动内容如下：

（1）策划活动形式；

（2）安排活动行程；
（3）预订会场、酒店和住宿；
（4）邀请基金、券商等机构投资者参加；
（5）投资者调研和整理。

2.4.4　会议活动

这里根据新三板挂牌公司的实际情况，参考上市公司，给出一个建议的会议活动安排，如表 2-3 所示。

表 2-3　新三板挂牌企业等公众公司会议活动参考安排

会议名称	时间	会期	参加人员	会议内容
第一次临时股东大会	2 月底、3 月初	半天	股东、董事会成员、高级管理人员、相关部门人员	审议议案
全年业绩发布会	4 月	半天	高级管理人员、相关部门人员、投资者、分析师、财经媒体人员	全年业绩公布
投资者分析师见面会	4 月	半天	高级管理人员、相关部门人员、投资者、分析师	介绍公司经营发展情况，回答投资者、分析师的问题
年度股东年会	5 月底、6 月初	半天	股东、董事会成员、监事会成员、相关部门人员、高级管理人员	审议议案
路演推介会	5 月底	5 天	高级管理人员、相关部门人员、投资者、分析师	介绍公司经营发展情况，回答投资者、分析师的问题
半年业绩发布会	8 月底	半天～1 天	高级管理人员、相关部门人员、投资者、分析师、财经媒体人员	中期业绩公布
投资者反向路演见面会	10 月底	半天	高级管理人员、相关部门人员、投资者、分析师	介绍公司经营发展情况，回答投资者、分析师的问题
投资者日	11 月底	1 天	高级管理人员、相关部门人员、投资者、分析师	介绍公司经营发展情况，回答投资者、分析师的问题
备注	新三板挂牌企业等公众公司差异很大，如上内容可根据公司实际按需求和时间节点增减，仅作为参考			

第3章

投资者关系对象及机构投资者与新三板的匹配

3.1 投资者关系对象及其权责与好处

3.1.1 投资者关系工作的对象

对于新三板挂牌企业、拟挂牌企业及广大中小微企业来说，投资者关系工作的对象是投资者，包括现有投资者和潜在投资者、机构投资者和个体（自然人）投资者。由于机构投资者的分析师和基金经理等是机构投资者的工作人员，因此他们也是投资者关系工作的对象。

此外，关于证券投资分析师，按照人们的习惯可分为“买方分析师”和“卖方分析师”，前者是指投资者（主要是指购买股权、债券等证券及各类证券类产品的个体或机构）的分析师，而后者指的是投资银行（诸如大型证券公司、证券投资的公募基金等产品开发方或独立第三方权威金融咨询公司）的分析师。

这两类分析师，尤其是卖方分析师，其研究分析报告起到了对投资者进行教育的功能，对投资者有重大影响，因此，尽管卖方分析师不是投资者，但一般也将其作为投资者关系工作的对象看待。

3.1.2　投资者概念与证券投资

1. 投资者概念

投资者是一个宽泛的概念，它包括已有的投资者和潜在的投资者，是指投入现金购买某种资产以期望获取利益或利润的自然人和法人。广义的投资者包括公司股东、债权人和利益相关者。狭义的投资者指的就是股东。在金融市场中，投资者是指在金融交易中购入金融工具、融出资金的所有个人和机构，包括存款人，出资人在验资时也称为投资者。在资本市场上，投资者被定义为在证券市场上从事证券认购和交易的自然人、法人或其他组织。

就机构投资者来说，也有广义和狭义之分。广义的机构投资者不仅包括各种证券中介机构、证券投资基金（投资公司）、养老基金、社会保险基金、保险公司，还包括企业投资者、各种私人捐款的基金会、社会慈善机构甚至教堂宗教组织等，内涵十分广泛。而狭义的机构投资者则主要指各种证券中介机构、证券投资基金、养老基金、社会保险基金及保险公司。

新三板的投资者具备的条件较高，被称为合格投资者，全国股转系统自从 2013 年年底制定了合格投资者认定标准后，在实行的过程中出现过一些弄虚作假的现象。在 2016 年 4 月，全国股转公司要求券商自查近一年来新三板开户和为客户垫资的情况，同时，在原来的基础上提高了新开户投资者的标准。

2. 证券投资者

证券投资者可分为机构投资者和个人投资者两大类，其中机构投资者主要有以下几种。

（1）政府机构。

政府机构进行证券投资的主要目的不是为了获取利息、股息等投资收益，而是为了调剂资金余缺和实施公开市场操作，进行宏观经济调控。

（2）金融机构。

① 证券经营机构，主要为证券公司，它们是证券市场上最活跃的投资者，以其自有资本、营运资金和受托投资资金进行证券投资。

② 银行业金融机构，包括商业银行、城市信用合作社、农村信用合作社等吸收

公众存款的金融机构及政策性银行。它们可用自有资金买卖政府债券和金融债券，除另有规定外，不得从事信托投资和证券经营业务，不得向非自用不动产投资或向非银行金融机构和企业投资。

③ 保险经营机构。保险公司可以设立保险资产管理公司从事证券投资活动，还可运用受托管理的企业年金进行投资。

④ 合格境外机构投资者（QFII），是指经中国证监会批准投资于中国证券市场，并取得国家外汇管理局额度批准的中国境外基金管理机构、保险公司、证券公司及其他资产管理机构。

⑤ 主权财富基金，主要是利用大量的官方外汇储备，代表国家进行投资的机构。中投公司于 2007 年 9 月成立，是专门从事外汇资金投资业务的国有投资公司，以境外金融组合产品为主，开展多元投资，实现外汇资产增值保值，被视为中国主权财富基金的发端。

⑥ 其他金融机构，包括信托投资公司、企业集团财务公司、金融租赁公司等。

（3）企业和事业法人。

企业投资者主要是一些富豪财团、大型企业集团等。

（4）各类基金。

① 证券投资基金。

② 社保基金。在我国，社保基金主要由两部分组成，一部分是社会保障基金，另一部分是社会保险基金。

③ 企业年金，是指企业及其职工在依法参加基本养老保险的基础上，自愿建立的补充养老保险基金。

④ 社会公益基金，如福利基金、科技发展基金、教育发展基金和文学奖励基金等。

3.1.3 了解投资者关系对象的好处

对于投资者关系管理的工作者来说，对其对象的了解很有必要。

（1）研究投资者，了解投资者的类型、分布和偏好，可以使投资者关系工作有的放矢，避免盲目行动，所以了解投资者，可以使公司更有针对性地开展投资者关系工作。比如，如果公司希望增加价值投资者数量，那么公司可以在以后的信息披露中加强对财务指标如市盈率、现金流或无形资产及公司管理或治理质量等的披露，因为这些正是价值投资者关注的内容。

（2）投资者拿着真金白银来投资常常也是极为慎重的，他们的看法不乏真知灼见。认真听取他们的意见并传达给决策层，有利于决策的科学化，也有利于改进公司管理。因此，投资者关系工作是一个双向的沟通，了解投资者的看法，有可能使公司借机发现自身存在的问题。

（3）了解投资者，了解他们的权利、行为，并在此基础上尊重投资者，减少和杜绝违法违规行为，切实保护投资者的权利。同时，这也是减少和防范公司法律风险的需要。做好投资者关系工作，应对突发事件，化解不良新闻报道对公司的负面影响，减少公司的名誉损失和市值损失，甚至可以将一些投资者的“敌意”行为消除于萌芽状态（如沪深股市中某些A股企业自顾圈钱，损害投资者利益，中小股东与上市公司对簿公堂日益增多等的“敌意”现象）。

（4）了解投资者，才能使公司的投资者关系工作水平跃上新的台阶。

3.1.4　投资者的权利和义务

对于新三板挂牌企业等公众公司、沪深上市公司等股份制企业，其投资者的基本权利与义务如表3-1所示。

表3-1　公众公司、上市公司投资者的基本权利与义务

权利	投资者不论投入多少资金，作为公司股东享有的权利主要有： （1）依照其所持有的股份份额获得股利和其他形式的利益分配； （2）参加或者委派股东代理人参加股东会议； （3）依照其所持有的股份份额行使表决权； （4）对公司的经营行为进行监督，提出建议或者质询； （5）依照法律、行政法规及公司章程的规定转让、赠与或质押其所持有的股份； （6）依照法律、公司章程的规定获得有关信息，包括缴付成本费用后得到公司章程、缴付合理费用后有权查阅和复印、本人持股资料、股东大会会议记录、中期报告和年度报告、公司股本总额和股本结构； （7）公司终止或者清算时，按其所持有的股份份额参加公司剩余财产的分配； （8）法律、行政法规及公司章程所赋予的其他权利

续表

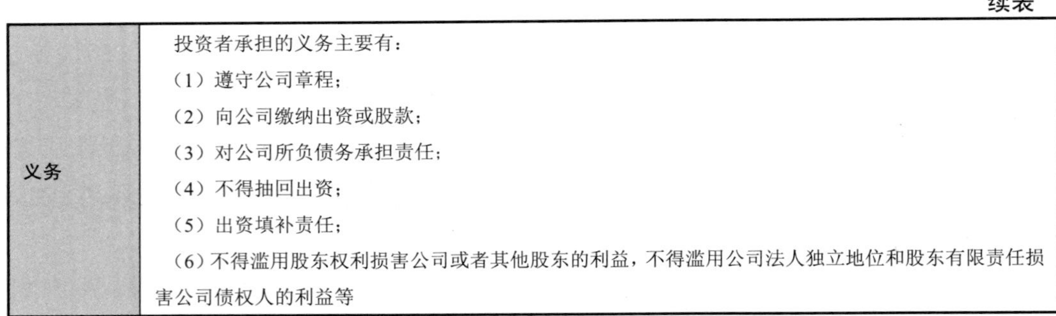

义务	投资者承担的义务主要有： （1）遵守公司章程； （2）向公司缴纳出资或股款； （3）对公司所负债务承担责任； （4）不得抽回出资； （5）出资填补责任； （6）不得滥用股东权利损害公司或者其他股东的利益，不得滥用公司法人独立地位和股东有限责任损害公司债权人的利益等

3.2 投资者分类、特征及其新三板的条件与要求

新三板的自然人投资者门槛高，人数达23万人，数量也不少。但是新三板定位依然是以机构投资者为主导的证券交易市场，所以，下面从机构投资者的投资范围、特点及类型说起。

3.2.1 机构投资者投资范围与特征

机构投资者分类及投资证券市场的范围及特点如表3-2所示。

表3-2　机构投资者分类及投资证券市场的范围及特点

分　类	投资范围	机　构	投资行为特征
专业证券投资队伍	股市与债市	国内基金公司	是目前国内最理性的投资群体。其规模在快速扩张，信奉价值投资理念，大多以多元化组合投资为主。拥有业内最高层次的研究水平，拥有较严密的投资决策体系，其投资取向在一定程度上代表着市场的主流观点
		中外合资基金公司	理性、客观，研究与投资合二为一。在投资决策模式上有较明显的突破
		QFII	目前投资规模较小，崇尚价值投资
		券商	因回归中介商的角色，所以目前多数券商投资品种已陷入流动性不足的境地。在证券投资领域中的地位和市场份额从长期看将呈下降趋势
		少数投资公司	投资灵活性较大，敢作敢为，嗅觉敏锐，如猎手般胆大心细，逐利于证券期货市场。目前处于较为隐蔽的状态

续表

分　类	投资范围	机　构	投资行为特征
稳健的投资者	稳健型投资（债市与基金市场投资为主）	保险基金	规模扩展、潜力巨大，但投资量和范围受限，主要以债券和基金投资为主
		社保基金	以社会保险、养老保险基金结余部分投资证券市场，以中长投资为主。规模扩展、有较大潜力，目前投资量较小，在较长时间内以投资债券和基金为主。地方社保基金主要投资稳健型股票，市场份额较小，未来在总量上可能不会有大的突破
		财务公司、信托投资公司、一般实业	利用自有或借贷资金，以委托理财、直接投资等为主，短期投资居多。其中许多企业拥有或本身即是旨在资本运营的投资管理公司
		债券运营机构	除收取交易佣金外，可开展股票自营，中、长、短线结合
复杂的综合体	在各市场中套利	私募基金	私募基金的职业层次丰富，部分稳定性相对弱于专业型投资机构，但最具冒险精神和独创精神

3.2.2　新三板机构投资者

符合以下任意一个条件的机构投资者可以认定为新三板市场的合格投资者（如图 3-1 所示）。

（1）实缴资本（2016 年 4 月之前是注册资本）500 万元人民币以上的法人机构，需要企业提供经审计的财务报表或验资报告。

（2）实缴出资总额 500 万元人民币以上的合伙企业，需提供经审计的财务报表或会计事务所出具的验资报告，不承认合伙企业协议、银行存款回单、未经审计的报表等形式。

（3）集合信托计划、证券投资基金、银行理财产品、证券公司资产管理计划，以及由金融机构或者相关监管部门认可的其他机构管理的金融产品或资产。

（4）不满足参与挂牌公司股票公开转让条件，但《全国中小企业股份转让系统投资者适当性管理细则》发布前（2013 年 2 月 8 日以前）已参与挂牌公司买卖交易的机构投资者。

注意：新三板是一个以机构投资者为主体的市场，这个市场主体的方向在未来很长的时间内不会改变。

根据 2015 年 11 月 20 日由中国证监会制定并发布的《关于进一步推进全国中小企业股份转让系统发展的若干意见》的要求，目前新三板正在研究制定公募证券投资基金投资挂牌证券的指引，支持封闭式公募基金及混合型公募基金投资全国股转系统挂牌证券。支持证券公司、基金管理公司及其子公司、期货公司子公司、商业银行等机构，开发投资于挂牌证券的私募证券投资基金等产品。正在研究落实合格境外机构投资者及人民币合格境外机构投资者参与全国股转系统市场的制度安排。拟推动将全国股转系统挂牌证券纳入保险资金、社保基金和企业年金等长期资金投资范围。或许不久的将来，从新三板市场的流动性出发，封闭式基金或将会成为率先的行动者。

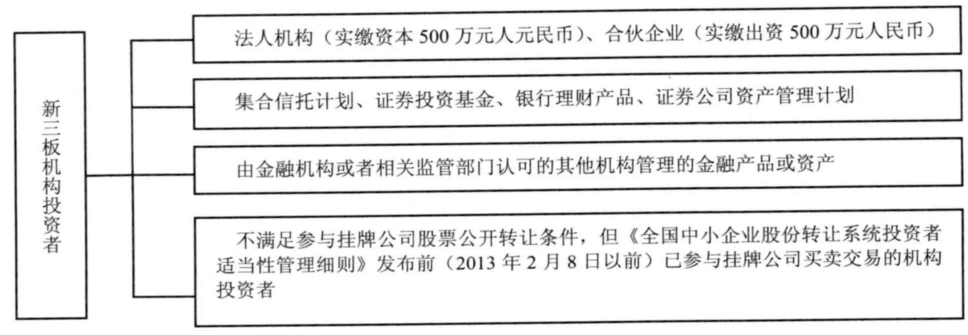

图 3-1　目前新三板合规的机构投资者

3.2.3　新三板自然人投资者

符合以下任意一个条件的自热人投资者可以认定为合格投资者。

（1）证券类资产市值 500 万元人民币（名下前一个交易日日终）以上且交易经验达到 2 年以上的个人客户。

（2）具有会计、金融、投资、财经等相关专业背景或培训经历，且证券类资产市值达到 500 万元人民币以上的个人客户。

新三板自然人投资者的认定条件需注意以下两点。

（1）资产计入范围包括客户交易结算资金、在沪深交易所和全国股份转让系统挂牌的股票、基金、债券等场内资产。按照证监会最新口径（2016 年），证券类资产计入范围不含信用账户资产、场外基金、理财产品、私募产品和 OTC 资产。

（2）按照证监会最新要求（2016 年），上述“相关专业背景或培训经历”仅指国家承认的高校相关专业毕业证书，或考取的国家承认的会计证、CPA、CFA、经济师、审计师、证券、银行、保险的从业资格。不承认非官方创办的职业学院证书、社会机构培训经历、公司的职业经历证明等。

【案例】发行认购与自然人投资者身份确认（创通信息 831470）

2016 年 8 月 5 日，山东创通信息技术股份有限公司（创通信息 831470）发布《股票发行情况报告书》的临时公告，披露了公司近期股票的发行情况。

（1）发行对象及认购数量。

本次发行的认购对象为自然人杨 X，认购数量为 1 200 000 股。

（2）发行对象基本情况。

根据本次股票发行方案，公司拟向 1 名投资者发行股份不超过 1 200 000 股。

本次股票发行中，发行对象按照公司《股票发行认购公告》的要求缴纳认股款。

本次股票发行对象及其认购股份数量情况如表 3-3 所示。

表 3-3　股票发行对象及其认购股份数量

序　　号	认购人名称	认购数（股）	金额（元）	占本次增资股本比例
1	杨 X	1 200 000	1 680 000.00	100.00%
合计		1 200 000	1 680 000.00	100.00%

（3）合格投资者证明。

公司本次股票发行对象为 1 名自然人杨 X，具体情况如下：

杨 X，女，中国国籍，新增自然人投资者，1985 年 5 月 10 日出生，毕业于中国某大学，本科，工商管理专业，无境外永久居留权。2008 年 1 月至 2010 年 1 月，就职于北京某资产管理中心（有限合伙），任副总经理；2010 年 2 月至 2011 年 1 月，就职于北京某财富咨询中心（有限合伙），任总经理；2011 年 2 月至今，就职于北京某投资管理有限公司，任董事长。

杨 X 首次参与深圳证券交易所股票交易时间为 2008 年 3 月 12 日，具有两年以上证券投资经验；海通证券股份有限公司青岛杭州路证券营业部 2016 年 5 月 10 日开具证明，截止 2016 年 5 月 10 日，其资产账户内资金超过 500 万元。

综上所述，本次发行的发行对象符合《非上市公众公司监督管理办法》第 39 条和《全国中小企业股份转让系统投资者适当性管理细则》的有关规定，可以认购本次发行股票。

3.2.4 新三板特殊投资者

特殊情形可参与挂牌公司报价转让买卖交易的投资者主要有：

（1）《全国中小企业股份转让系统投资者适当性管理细则》发布前（2013 年 2 月 8 日以前）已参与挂牌公司买卖交易的自然人投资者，不满足参与挂牌公司股票公开转让条件的；

（2）《全国中小企业股份转让系统投资者适当性管理细则》发布前（2013 年 2 月 8 日以前）的挂牌公司股东；

（3）通过定向发行持有公司股份的股东，不满足参与挂牌公司股票公开转让条件的；

（4）因继承或司法裁决等原因持有挂牌公司股份的股东，不满足参与挂牌公司股票公开转让条件的。

【案例】未成年人继承股东身份与投资者适格性（平原非标 830849）

问题概况：河南平原非标准装备股份有限公司（平原非标 830849）2014 年 8 月挂牌。公司股东姚若辰出生于 2001 年，属于未成年人，是否符合新三板规定的特殊投资者要求？

解决思路：

（1）根据新三板合格投资者要求中关于“特殊投资者”的规定，要证明姚若辰的“投资者”身份的适格性，只需证明姚若辰属于合格股东就可以了。所以，问题发生了转移，即首先要阐明姚若辰继承公司股东身份合法合规，再证明股东身份具备适格性。

（2）从两个方面来证明姚若辰股东身份的适格性：一是父亲去世，子女继承财产法规列示并履行相关程序；二是其母做出“作为其监护人及法定代理人代理其行使公司股东权利及承担股东义务”的承诺书。

方案详解：

经核查，孙振文先生于 2012 年 1 月 16 日因病在河南省郑州市去世。根据河南省郑州市黄河公证处于 2012 年 3 月 16 日出具的〔2012〕郑黄证民字第 2737 号、第 2738 号《公证书》：孙振文生前持有的公司 7 001 400 股的股份属于其遗留的个人财产，其配偶姚征表示自愿放弃对该遗产的继承权。因此，孙振文持有的公司股份由其子女孙罡、孙睿、姚若辰共同继承。根据孙罡、孙睿、姚若辰（姚征代）于2012年3月16日签署的《析产协议》和河南省郑州市黄河公证处出具的〔2012〕郑黄证民字第2739号《公证书》，孙罡、孙睿、姚若辰（姚征代）经协商一致签订了《析产协议》，约定由姚若辰继承平原非标3 361 400股股份，孙睿继承平原非标2 000 000股股份，孙罡继承平原非标1 640 000股股份；河南省郑州市黄河公证处确认：当事人在订立协议时具有法律规定的民事权利能力和民事行为能力，签订的《析产协议》意思表示真实，协议内容符合《中华人民共和国民法通则》的规定。

2012年3月，公司及平原集团分别召开股东大会，根据上述股份继承结果修改了其各自的《公司章程》，并办理了工商备案手续。

截至本《补充法律意见书》出具之日，公司股东姚若辰已满10周岁但未满18周岁，为限制民事能力人。由其母姚征作为其监护人及法定代理人代理其行使公司股东权利及承担股东义务。

2014年6月6日，姚征出具《承诺书》："姚若辰尚未成年，本人为姚若辰之母，根据《中华人民共和国民法通则》的相关规定为其监护人及法定代理人。本人代表姚若辰行使其作为河南平原非标准装备股份有限公司股东的权利不存在任何障碍，对河南平原非标准装备股份有限公司历次股东大会所做决议之程序及效力均无任何异议，亦不存在任何法律纠纷。

本人将继续严格依照《中华人民共和国公司法》及《河南平原非标准装备股份有限公司章程》的规定代表姚若辰行使其作为河南平原非标准装备股份有限公司股东的权利并承担相应的股东义务。"

综上，在孙振文先生去世后，根据《中华人民共和国继承法》的有关规定，其法定继承人姚若辰依法享有继承公司股份中属于其应当继承股份的权利，不存在法律、法规规定的不得为公司股东的情形。姚若辰作为限制民事能力人，由其母作为其法定代理人代理其行使公司股东权利、承担股东义务符合《中华人民共和国民法通则》的有关规定。姚征作为姚若辰法定代理人行使其股东权利的具体行为合法合规。

根据有关条件要求，姚若辰属于新三板的特殊投资者，特殊情形可以参与公司股份的报价转让与买卖交易。

3.3 与企业成长阶段逐一匹配的机构与投资

3.3.1 与企业成长阶段的匹配

对于新三板挂牌企业、拟挂牌企业等广大中小微公司，其成长阶段一般可分为种子期、初创期、发展期、扩展期、成熟期（含 Pre-IPO、新三板业界所称的“小 IPO”和 IPO 之后的 PIPE 等）。目前，除种子期外，其他任何阶段的企业新三板都有。

根据以上各个时期的企业所获得的投资，相关机构的资本按照不同企业所在阶段可划分为创业投资（Venture Capital）、发展资本（Development Capital）、并购基金（Buyout/Buyin Fund）、夹层资本（Mezzanine Capital）、重振资本（Turnaround）、Pre-IPO 资本（如 Bridge Finance），以及其他如上市后私募投资（Private Investment in Public Equity，即 PIPE）、不良债权（Distressed Debt）和不动产投资（Real Estate）等。这些投资一般都是机构投资（天使投资者除外）者参与和实施的，所以，这些不同类别的投资也可以作为不同性质的投资机构的一种划分方式，如图 3-2 所示。

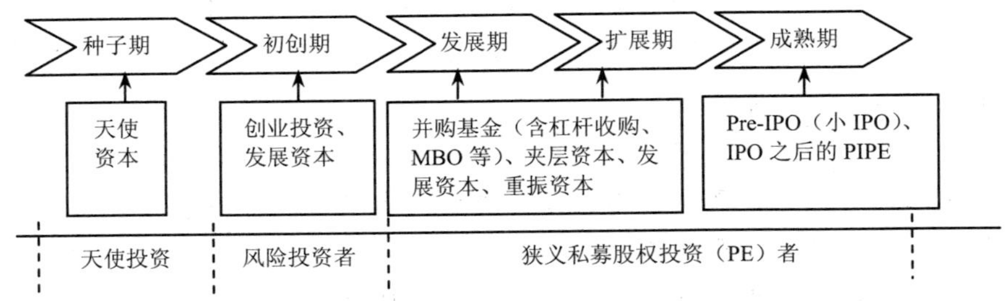

图 3-2 企业不同成长阶段的匹配投资和对应的投资机构

3.3.2 天使投资与创业投资

创业投资（国内专有称谓），实际上就是国际惯行的风险投资（VC），一般是企业创业中后期、发展初期的资本，是一种风险和回报均非常高的资本。天使投资主要是个人行为，一般投资于种子期的企业（严格地说，此时还不能叫做企业）。这里暂不展开，本章 3.4 节将详细讲解。

3.3.3　发展资本与重振资本

发展资本又称成长资本，主要投资于正在进行资本扩张或经营重组的企业，也包括进入新的市场或在控制权不发生变化下的并购融资等。一般认为成长资本不同于创业资本，其投资的企业处于发展期和扩张期，能够产生收入但尚不能盈利或难以为未来发展提供足够的现金流。在许多情况下，成长资本与创业资本难以区分，因而在有些国家与地区（例如美国）的统计中被直接计入创业资本的范围。

重振资本是指向业绩不佳的企业投资，改善企业的经营状况。这类企业一般处于传统行业，出现财务危机或者处于重组当中，但仍具有长期的市场生存能力。

【案例】黑石集团首笔中国重振资本投资

2007 年 9 月，黑石集团正式宣布出资 6 亿美元购入蓝星集团 20%的股权，这是黑石集团对中国企业的首笔投资，也是当时私募股权投资基金在中国非金融类企业的最大一笔单笔投资，在 2008 年 1 月 10 日经由发改委审批通过。

3.3.4　并购基金与管理层收购

并购基金是专注于对目标企业进行并购的基金，其投资手法是，通过收购目标企业股权，获得对目标企业的控制权，然后对其进行一定的重组改造，持有一定时期后再出售。

并购基金经常出现在管理层收购（MBO）和管理层换购（MBI）中。

管理层收购（Management Buy-Outs，简称 MBO）。经济学者给 MBO 的定义是，目标公司的管理者与经理层利用所融资本对公司股份的购买，以实现对公司所有权结构、控制权结构和资产结构的改变，实现管理者以所有者和经营者合一的身份主导重组公司，进而获得产权预期收益的一种收购行为。由于管理层收购在激励内部人员积极性、降低代理成本、改善企业经营状况等方面起到了积极的作用，因而它成为 20 世纪七八十年代流行于欧美国家的一种企业收购方式。

【案例】新三板挂牌企业的 MBO（帝联科技 831482）

上海帝联信息科技股份有限公司（帝联科技 831482）在 2012 年 12 月实施管理层收购（MBO）。

北京电信通将其持有的帝联科技 1800 万股股份全部转让给峪捷科技，帝联科技实际控制人由杨学平、陈玉茹变更为康凯。变更前，康凯为帝联科技的总经理，变更后职位未变。变更后，帝联科技实现管理层与所有者的统一，产生了良好的激励效果。MBO 完成后，帝联科技管理层在 2013 年年底制定了公司发展规划：以 CDN 全内容加速产品为帝联科技的拳头产品，持续扩大其业务规模，2014 年及未来多年内企业的发展方向为加大 CDN 技术服务收入比重。由于 CDN 行业扩张迅速，公司规模进一步扩大，公司营业收入在 2013 年和 2014 年分别增长 18.83%和 12.89%。营业利润和净利润在 2013 年分别增长 205.10%和 567.75%，在 2014 年则分别增长 130.91%和 97.19%。可以看出，经过这次 MBO 后，帝联科技加快发展，其经营状况大大改善。

在本次案例中，康凯虽然并非大股东，但他通过 MBO 取得了公司的控制权进而实现管理者和所有者的统一。而对于作为管理者的大股东而言，也可以通过 MBO 进一步提高自己的控股股份，掌控公司的控股权，从而实现管理者和所有者的统一。

3.3.5 杠杆收购

杠杆收购（Leveraged Buyout，简称 LBO）是一种战略型的股权资本，通过使用财务杠杆对外借债的方式来收购一家公司、商品实体或资产，被收购的公司一般处于成熟期且能够产生足够的现金流，在收购完成后，可以利用被收购公司的现金流来偿还杠杆收购的债务，并最终卖出，从而取得投资差价的收益。它具有一般并购交易的所有特征，又被称为融资收购。

【案例】国内最大规模的海外杠杆收购

2010 年 3 月 28 日，我国吉利控股集团宣布与瑞典福特汽车签署最终股权收购协议，以18亿美元的代价获得沃尔沃轿车公司100%的股权和包括知识产权在内的相关资产。此项交易预计于2010年三季度完成，当然此交易还要符合通常交易完成的条件，包括获得相关监管部门的批复。此次交易得到中国、瑞典两国的高度重视。当时，中国原工信部部长李毅中和瑞典副总理兼企业能源部长 Maud Olofsson 出席了签署仪式。作为中国汽车业最大规模的海外杠杆收购案，吉利上演了中国车企“蛇吞象”的完美大戏。

3.3.6 夹层资本与投资

夹层资本的目标主要是已经完成初步股权融资的企业。它是一种兼有债权投资和股权投资双重性质的投资方式，其实质是一种附有权益认购权的无担保长期债权。这种债权总是伴随相应的认股权证，投资人可依据事先约定的期限或触发条件，以事先约定的价格购买被投资公司的股权，或者将债权转换成股权。

【案例】信托夹层融资的股权投资模式

信托公司通过设立信托计划将募集到的信托资金以股权方式进入具有良好破产隔离的特殊目的公司（SPV），特设目的公司负责项目运作，并最终获取投资收益。

2006年3月1日，上海国际信托投资有限责任公司发行“丽水馨庭房产投资信托计划”。

（1）产品名称：丽水馨庭房产投资信托计划。

（2）发行规模：52 000万元（其中优先受益权2亿元，一般受益权3.2亿元）。

（3）信托时间：2.25年（其中A类优先受益权预计会在信托成立后的24个月内提前结束）。

（4）信托方式：股权投资。

（5）资金运用方式：本信托计划集合资金用于受让上海阳龙投资咨询有限公司持有的上海新宏大置业有限公司（简称“新弘大公司”）85%的股权。

（6）收益来源及分配：信托收益权分为A类（优先受益权）和B类（一般受益权）。A类（优先受益权）向社会投资人与机构投资人募集；B类（一般受益权）向沿海地产公司定向募集。其中，优先受益权项下的信托利益范围为优先受益权部分的信托资金与按照年 5.5%的预期收益率计算的收益额之和。

（7）风险控制：沿海绿色家园有限公司（香港上市公司，简称“沿海集团”）对股权溢价回购事宜提供不可撤销连带责任担保。

夹层投资的风险和收益低于股权投资、高于优先债权。在公司的财务报表上，夹层投资也处于底层的股权资本和上层的优先债（高级债）之间，因而称为“夹层”。与风险投资不同的是，夹层投资很少寻求控股，一般也不愿长期持有股权，更倾向于迅速的退出。当企业在两轮融资之间，或者在上市之前的最后冲刺阶段，资金处于青黄不接的时刻，夹层投资者往往就会从天而降，带给企业最需要的现金，然后在企业进入新的发展期后全身而退。这也是它被称为“夹层”投资的另一个原因。夹层投资的操作模式风险相对较小，因此寻求的回报率也低一些，一般在 18%～28%左右。

3.3.7 Pre-IPO（小 IPO）投资

Pre-IPO 投资主要投资于企业上市前的阶段，在这个阶段，企业的规模与盈利已达到可上市的水平，其退出方式一般为上市后从公开资本市场上出售股票。

一般而言，Pre-IPO 投资者主要有战略型投资基金和投行型投资基金两类。

战略型投资基金致力于为企业提供管理、客户、技术等资源，协助企业在上市之前建立起规范的法人治理结构，或者为企业提供专业的财务咨询。Pre-IPO 投资具有风险小、回收快的优点，并且在企业股票受到投资者追崇的情况下，可以获得较高的投资回报。

投行型的投资基金如高盛、摩根斯坦利等投资基金，它们具有双重身份——既是私募股权投资者，又是投资银行家。作为投资银行家，它们能够为企业的 IPO 提供直接的帮助；而作为私募股权投资者的身份则为企业的股票进行了价值“背书”，有助于提升公开市场上投资者对企业股票的信心，因此投行型投资基金的引入往往有助于企业股票的成功发行。

所谓“小 IPO”，特指新三板企业挂牌同时定增的现象。自 2013 年 7 月蓝天环保公司成为新三板首家挂牌同时定增的企业，业界将新三板企业挂牌同时定增模式称之为“小 IPO”，此后“小 IPO”模式被拟挂牌企业所追捧。主板市场 IPO“上市即融资”的便利性，在新三板市场中也得到充分展现。中国证监会 2016 年 11 月 20 日正式对外发布《关于进一步推进全国中小企业股份转让系统发展的若干意见》（以下简称《意见》），提出探索放开挂牌同时向合格投资者发行股票新增股东人数 35 人的限制，加快推出储架发行制度和授权发行机制。这个政策的出台，让新三板“小 IPO”越来越具有想象空间。

【案例】新三板首家“小 IPO”（蓝天环保 430263）

蓝天环保（430263）公司于 2013 年 7 月 22 日正式在新三板挂牌的同时，完成了股本定向增发工作。蓝天环保定向增发前股本为 6600 万股，定向发行完成后为 7331.43 万股，募集资金 1024 万元。蓝天环保公司是首家挂牌同时定向增发的企业，随后这种“双模式”被业界称为“小 IPO”，受到拟挂牌企业追捧。

本次定向发行完成后，蓝天环保总计 7 名自然人股东及 1 名企业法人股东，这意味着蓝天环保本次定向发行后公司股东人数不超过 200 人。另据中兴财光华会计师事务所有限责任公司出具的审计报告，蓝天环保 2012 年度经审计的净资产为 6901.12 万元。本次定向发行金额为 1024 万元，12 个月内发行股票累计融资额为公司净资产的 14.84%。因此，蓝天环保符合《非上市公众公司监督管理办法》第四十二条关于豁免向中国证监会申请核准的条件。

3.3.8　PIPE（挂牌后 PE 投资）

PIPE 指投资于已上市公司股份的私募股权投资，以市场价格的一定折价率购买上市公司股份以扩大公司资本的一种投资方式。PIPE 投资分为传统型和结构型两种形式，传统型 PIPE 由发行人以设定价格向 PIPE 投资人发行优先股或普通股，结构型 PIPE 则是发行可转换为普通股或者优先股的可转债。相对于二次发行等传统的融资手段，PIPE 融资成本和融资效率相对较高，监管机构的审查较少，而且不需要昂贵的路演成本，这使得获得资本的成本和时间都大大降低。PIPE 比较适合一些不希望应付传统股权融资复杂程序的快速成长为中型企业的上市公司。

同样，在新三板挂牌后的私募股权投资也大量存在。

3.4 中小微企业重要投资者：VC、PE和天使投资

对于新三板挂牌企业、拟挂牌企业及广大中小微企业来说，VC、PE 与天使投资都是很重要的投资者。它们当然也是企业投资者关系中重要的工作对象之一。下面这三类投资者的性质和特点进行详细解读。

3.4.1 风险投资的概念与作用

风险投资（Venture Capital，简称 VC），在我国又叫做“创业投资”，是指由职业金融家投入到新兴的、迅速发展的、有巨大竞争力的企业中的一种权益资本，是以高科技与知识为基础，生产与经营技术密集的创新产品或服务的投资。

从投资行为的角度来讲，风险投资是把资本投向蕴藏着失败风险的高新技术及其产品的研究开发领域，旨在促使高新技术成果尽快商品化、产业化，以取得高资本收益的一种投资过程。从运作方式来看，是指由专业化人才管理下的投资中介向特别具有潜能的高新技术企业投入风险资本的过程，也是协调风险投资家、技术专家、投资者的关系，是利益共享、风险共担的一种投资方式。

风险投资在创业企业发展初期投入风险资本，待其发育相对成熟后，通过市场退出机制将所投入的资本由股权形态转换为资金形态，以收回投资。风险投资的运作过程可总结为“融、投、管、退”，即融资过程、投资过程、参与管理过程和退出过程。

风险资本市场是一个培育创新型企业的市场，是创新型企业的孵化器和成长摇篮。风险投资是优化现有企业生产要素组合，把科学技术转换为生产力的催化剂。风险投资不同于传统的投资方式，它集金融服务、管理服务、市场营销服务于一体。风险投资机构为企业从孵化、发育到成长的全过程提供了融资服务。风险投资不仅为种子期和扩展期的企业带来了发展资金，还带来了国外先进的创业理念和企业管理模式，帮助企业解决各类创业难题，使很多中小企业得以跨越式发展。

【案例】新三板对赌回购的风险投资（皇冠幕墙 4300336）

2014 年 3 月 27 日，皇冠幕墙（4300336）发布定向发行公告，公司定向发行 200

万股，融资 1000 万元，新增一名股东即天津市武清区国有资产经营投资公司（以下简称武清国投），以现金方式全额认购本次定向发行的股份。

同时披露的还有武清国投与公司前两大股东欧洪荣、黄海龙的对赌条款，条款要求皇冠幕墙自 2014 年起，连续三年，每年经审计的营业收入保持 15%增幅；如触发条款，武清国投有权要求欧洪荣、黄海龙以其实际出资额 1000 万元+5%的年收益水平的价格受让其持有的部分或者全部股份。完成定向发行后，欧洪荣、黄海龙及武清国投所占公司股份比例分别为：46.609%、28.742%和 4.334%。

项目律师就该回购条款的合法合规性发表意见：上述条款为皇冠幕墙的股东、实际控制人欧洪荣、黄海龙与武清国投附条件股份转让条款，双方自愿订立，内容不影响皇冠幕墙及其他股东的利益，条款合法有效。假使条件成就，执行该条款，股份变更不会导致皇冠幕墙的控股股东、实际控制人发生变化，不影响挂牌公司的持续稳定经营。

案例分析：

（1）对赌协议签署方为控股股东与投资方，不涉及上市主体；

（2）即使触发对赌协议，对于公司的控制权不产生影响，进而说明不影响公司的持续经营。

【案例】新三板挂牌成功后解除对赌的风险投资（欧迅体育 430617）

2014 年 1 月 22 日，欧迅体育（430617）披露股份公开转让说明书，公开转让说明书显示，2013 年 5 月 23 日公司进行第三次增资时，新增股东上海屹和投资管理合伙企业（有限合伙）、上海鼎宣投资管理合伙企业（有限合伙）和上海棕泉亿投资合伙企业（有限合伙），上述股东合计以 850 万元认缴新增注册资本 13.333 万元。

增资同时上述新增股东与欧迅体育实际控制人朱晓东签署了现金补偿和股权收购条款，对业绩的约定为：（1）2013 年年度经审计的扣除非经常性损益的净利润不低于人民币 760 万元；（2）2014 年年度经审计的扣除非经常性损益的净利润不低于人民币 1140 万元；（3）2013 年和 2014 年两年的平均利润扣除非经常性损益的净利润不低于人民币 950 万元。

但同时也约定在欧迅体育向全国中小企业股份转让系统有限责任公司提交新三

板挂牌申请之日起，投资人的特别条款自行失效，投资人依该等条款所享有的特别权利同时终止。增资完成后，控股股东朱晓东，新增资三家投资机构股份占比分别为：65.7%、5.88%、3.53%、0.59%。

律师认为，投资协议的签署方为控股股东朱晓东和新增投资机构，对欧迅体育并不具有约束力，投资协议中并无欧迅体育承担义务的具体约定。此外，触发条款的履行将可能导致实际控制人朱晓东所持有的欧迅体育的股权比例增加或保持不变，不会导致欧迅体育控股股东、实际控制人的变更。

案例分析：

（1）对赌协议签署方为控股股东与投资方，不涉及上市主体；

（2）新增股东所持有公司的股份不会影响公司的控制权；

（3）双方同时约定，挂牌成功时解除协议双方的权利和义务，消除了股权不确定的可能性。

3.4.2 私募股权投资的概念、种类与方式

1. 概念

私募股权投资（Private Equity，简称 PE）是指通过私募基金对非上市公司进行的权益性投资。私募股权投资在交易实施过程中，会附带考虑将来的退出机制，即通过公司首次公开发行股票（IPO）、挂牌、兼并与收购（M&A）或管理层回购（MBO）等方式退出获利。简单地讲，PE 就是投资者寻找优秀的高成长性的未上市公司，注资其中，获得其一定比例的股份，推动公司发展、挂牌或上市，然后通过转让股权获利。

狭义的 PE 主要指对已经形成一定规模的，并产生稳定现金流的成熟企业的私募股权投资部分，主要是指创业投资后期的私募股权投资部分，而这其中并购基金和夹层资本在资金规模上占最大的一部分。并购基金是专注于对目标企业进行并购的基金，其投资手法是通过收购目标企业股权，获得对目标企业的控制权，然后对其进行一定的重组改造，持有一定时期后再出售。并购基金与其他类型投资的不同表现在，风险投资主要投资于创业型企业，并购基金选择的对象是成熟企业；其他私募股权投资对企业控制权无兴趣，而并购基金意在获得目标企业的控制权。并购基金经常出现在 MBO 和 MBI 中。

广义上的 PE 对处于种子期、初创期、发展期、扩展期和成熟期等各个时期的企业进行投资。

2. 私募股权投资基金的种类

私募股权投资基金一般有四种：一是专门的独立投资基金，拥有多元化的资金来源；二是大型的多元化金融机构下设的投资基金；三是关于中外合资产业投资基金的法规出台后，一些新成立的私募股权投资基金；四是大型企业的投资基金，这种基金的投资服务于其集团的发展战略和投资组合，资金来源于集团内部。

3. 私募股权投资基金的投资方式

私募股权投资基金是推动资本市场可持续发展的力量。私募股权投资基金产业的快速发展将为提高金融业的收益率提供新的方法，也为解决民营小企业的金融困境提供有效的途径，打通产业需求和金融资本获利的需求。私募股权投资模式主要有以下几种方式。

（1）增资扩股投资方式。增资扩股就是公司新发行一部分股份，将这部分新发行的股份出售给新股东或者原股东，这样的结果将导致公司股份总数的增加。

（2）股权转让投资方式。股权转让是指公司股东将自己的股份让渡给他人，使他人成为公司股东的民事行为。

（3）其他投资方式。除了上述两种投资模式外，还可以两者并用，如与债券投资并用，以实物和现金出资设立目标企业的模式。

【案例】契约私募基金投资新三板与避开代持披露（新绿股份834632）

山东新绿食品股份有限公司（新绿股份 834632）2015 年 12 月挂牌新三板，其公开转让说明书披露，公司股东中存在多支私募基金，其中两个股东北京方正富邦创融资产管理有限公司（方正富邦）、上海德骏资产管理有限公司（德骏资产）实际为资产管理计划的管理人，即德骏资产系“德骏资产—中国纳斯达克—新三板 2 期基金”的基金管理人，该基金已在中国证券投资基金业协会网站备案，故从法定意义上讲，德骏资产系代该基金持有新绿股份的股权；方正富邦系代“方正富邦—和生—新三板专项资产管理计划”持有新绿股份的股权，该资产管理计划已在中国证券业协会履行登记备案手续，故从法定意义上讲，方正富邦亦系代该基金持有新绿股份的股权。

长期以来，契约型私募基金之所以无法成为拟挂牌公司股东一个重要的原因在于其工商登记难以完成，各地的工商登记部门基本不接受由契约型基金作为公司股东的登记，在新绿股份的案例中，作为工商登记的股东仍旧是有限责任公司性质的方正富邦和德骏资产，这解决了工商登记的资质问题，但同时带来另一个问题，即如此一来方正富邦和德骏资产持有的新绿股份的股权实际是代背后的投资人持有的，绕开工商局带来另一个“代持”的问题。

对于该问题，新绿股份的中介解释道：根据《非上市公众公司监管指引第 4 号——股东人数超过200人的未上市股份有限公司申请行政许可有关问题的审核指引》“三、关于股份代持及间接持股的处理：（二）特别规定”，“以私募股权基金、资产管理计划及其他金融计划进行持股的，如果该金融计划是依据相关法律法规设立并规范运作，且已经接受证券监督管理机构监管的，可不进行股份还原或转为直接持股”。因此，德骏资产、方正富邦代持股可以不进行还原，符合相关法律、法规的规定。

在拟挂牌新三板的公司中，以契约型基金的管理人为工商登记的股东，辅以契约型基金在协会备案的相关信息，以此解决契约型基金作为拟挂牌公司股东的登记问题，不失为一条可操作之道，而且在新绿股份公开的文件中，也没有公布契约型基金的实际背后投资人，这可能就更受欢迎了。

3.4.3 天使投资的概念与内涵

天使投资者（Angel Investor，在欧洲被称为“Business Angel”，或者简称为“Angel”），是具有丰厚收入并为初创企业提供启动资本的个人。天使投资者的投资通常会要求获得被投资企业的权益资本。与风险投资者不同，天使投资者一般不会通过由职业经理人管理基金的方式来投放自己的天使资本，天使投资者会自我组织天使投资者网络或者天使投资者团体，然后向这个网络投放天使资本并彼此分享投资调研成果。

风险投资承担着很高的风险，因此它要求的回报非常高。由于大多数天使投资会因为初创企业破产而丧失掉所有的资金，因此职业的天使投资者一般都会要求 5

年内至少相当于本金 10 倍以上的投资收益，并且要有一个明确的退出机制，或者通过被投资企业的公开募股发行（IPO），或者通过被投资企业被收购。

在综合考虑了以成功的投资来弥补不成功的投资的资金损失后和等待成功投资项目最终成功的时间成本后，一个典型的、成功的天使投资组合的投资回报率应该在 20%～30%。虽然天使投资的高回报需求使得天使投资成为一种非常昂贵的资本来源，但是那些便宜的融资方式如银行贷款对处于初创期的企业来说通常不可能得到。

【案例】新三板挂牌前的天使投资（合一康 832521）

深圳市合一康生物科技股份有限公司（合一康 832521）成立于 2010 年，是免疫细胞技术领域首家国家高新技术企业，于 2015 年 5 月 26 日正式登陆新三板。合一康是全国首家以细胞技术研发、临床科研及临床应用与技术服务为主营业务，具有自主知识产权且经营业绩优异的行业龙头企业。2012 年，成立仅两年的合一康获得全国首届创新创业大赛深圳赛区生物组的第一名后，获得专项股权投资基金创赛投资 140 万元的天使孵化金。

天使投资者很多是退休的企业主或者经理，他们对提供天使投资感兴趣的原因可能不仅限于单纯的资金回报上，其他的原因可能包括对跟上时代发展的渴望、为新一代的企业家提供指导，或者“退而不休”，即虽然不再全职投入某个企业，但仍然想利用自己的经验和关系网来发展自己所投资的企业。因此，天使投资者可以向初创企业提供宝贵的管理建议和重要的人际关系网。

3.4.4 天使投资和风险投资的主要区别

天使投资与风险投资（VC）的区别如表 3-4 所示。

表 3-4 天使投资与风险投资（VC）的主要区别

类 别	风险投资（VC）	天使投资
投资主体	投资的资本一般都为机构所持有	多为个人投资，资本为多个人所持有，天使投资人的典型代表是企业家、企业高管、财主
投资额度	投资额度较大，分阶段投资	一般较小（十万元、百万元级别）且是一次性投入

续表

类　别	风险投资（VC）	天使投资
投资对象	更多的是基于投资人的主观判断或者由个人的好恶评判投资对象，情感投资较为常见	凭数据说话，投资人更偏好那些有巨大发展潜力的"创新型、创业型、成长型"高精尖企业
投资时期	一般是处于成长期的企业，也就是说，已经有比较成熟的盈利模式后，他们才会介入	往往是进入初创期的企业，这些钱更多的是鼓励创业者敢于创新，并用来创立盈利模式。同时，在模式不成熟之前，用于支付创业者工资，促成其坚持下去
投资要素	资本之外，其往往参与企业的经营与管理，因此能给企业带来先进的理念和管理模式	除了资本之外，天使投资者由于其自身曾经是创业者或企业家、企业高管，因此能带来丰富的经验和强大的关系网络及影响力
退出方式	通过企业挂牌、上市、回购或并购等方式退出	一般模式成熟后，就以卖给 VC 或私募基金等方式退出

3.4.5 风险投资与私募股权投资的区别

一般来说，风险投资（VC）主要投资企业的前期，私募股权投资（PE）主要投资企业的后期。当然，前后期的划分使得 VC 与 PE 在投资理念、规模上都不尽相同。PE 对处于种子期、初创期、发展期、扩展期、成熟期和 Pre-IPO 各个时期的企业进行投资，故广义上的 PE 包含 VC。

在激烈的市场竞争下，VC 与 PE 的业务渗透越来越大。很多传统上的 VC 机构现在也介入 PE 业务，而许多传统上被认为专做 PE 业务的机构也参与 VC 项目，也就是说，PE 与 VC 只是概念上的一个区分，在实际业务中两者界限越来越模糊。所以，在国内的一般机构调研报告中，一般都将这两个概念统一为风险投资的通用表述，简称则为 PE/VC。如果非要找出它们的区别，可以从以下几个方面进行考虑。

（1）投资阶段。一般认为 PE 的投资对象主要为拟上市公司，而 VC 的投资阶段相对较早，但是并不排除中后期的投资。

（2）投资规模。PE 由于投资对象的特点，单个项目投资规模一般较大。VC 则视项目需求和投资机构而定。

（3）投资理念。VC 强调高风险、高收益，既可长期进行股权投资并协助管理，也可短期投资寻找机会将股权进行出售，而 PE 一般是协助投资对象完成上市后套现退出。

另外，PE 基金与通常所称的"私募基金"有着本质区别。PE 基金主要以私募形式投资于未上市的公司股权，而私募基金主要是指通过私募形式，向投资者筹集资金，进行管理并投资于证券市场（多为二级市场）的基金。

3.4.6　3 类投资投入的节点与作用

天使投资、VC 与 PE 投入的节点与作用如表 3-5 所示。

表 3-5　天使投资、VC 与 PE 投入的节点与作用

类　型	投 入 节 点	作　用
天使投资	公司初创期和起步期，还没有成熟的商业计划、团队和经营模式，很多事情都在摸索，所以很多天使投资的对象都是熟人、朋友，基于对人的信任而投资	熟人、朋友做天使投资人，作用往往只是帮助创业者获得启动资金；而成熟的天使投资人或者天使投资机构的投资，除了提供资金的作用外，还会帮助创业者寻找方向、提供包括管理、市场、产品各个方面的指导，并提供资源和渠道等
VC	公司发展中早期，有了比较成熟的商业计划和经营模式，已经初见盈利的端倪，有的 VC 还会要求已经有了的盈利或者收入达到什么规模	资金这个时候投入非常关键，可以起到为公司提升价值的作用，包括能帮助其获得资本市场的认可，或挂牌新三板等为后续融资奠定基础；使公司获得资金进一步开拓市场，尤其是最需要用钱的时候；提供一定的渠道，帮助公司拓展市场
PE	一般是公司成长中后期、扩展期、成熟期或接近成熟期，如 Pre-IPO 时期，公司达到了 PE 要求的收入或者盈利等指标要求。现今，PE、VC 要求的企业阶段越来越交叉、界限模糊	通常提供必要的资金和经验帮助完成 IPO 所需要的重组架构，提供上市融资前所需要的资金，按照上市公司（或新三板创新层）的要求帮助公司梳理治理结构、盈利模式、募集项目，以便使公司至少在 1～3 年内上市（挂牌新三板创新层）。这个时候选择 PE 需要谨慎，没有特别声望或者手段可以帮助公司解决上市问题的 PE 或者不能提供大量资金解决上市前的资金需求的 PE，就不是特别必要了

3.5　新三板定增或挂牌股份投资的另外4类机构

前面已经提到，新三板合格的机构投资者包括实缴资本（2016 年 4 月之前是注册资本）500 万元人民币以上的法人机构、实缴出资总额 500 万元人民币以上的合伙企业，以及 2013 年 2 月 8 日以前已参与挂牌公司买卖交易而不符合相关条件的机构投资者。

除此之外，还包括集合信托计划、证券投资基金、银行理财产品、证券公司资

产管理计划，以及由金融机构或者相关监管部门认可的其他机构管理的金融产品或资产。

上述法人或合伙人投资机构如风险投资（VC）、私募（PE）等前面已经讲过了，下面重点介绍另外4类机构投资者。

3.5.1 集合信托计划

集合信托计划是新三板合格机构投资者之一。集合信托计划，即由信托公司担任受托人，按照委托人意愿，为受益人的利益，将两个以上（含两个）委托人交付的资金进行集中管理、运用或处分的资金信托业务活动。

《信托投资公司资金信托管理暂行办法》第六条规定，“信托投资公司集合管理、运用、处分信托资金时，接受委托人的资金信托合同不得超过200份（含200份），每份合同金额不得低于人民币5万元（含5万元）”。根据这条规定，具有相同运用范围并被集合管理、运用、处分的信托资金，为一个集合信托计划。信托投资公司应当依信托资金运用范围的不同，为被集合管理、运用、处分的信托资金分别设立集合信托计划。该条还规定，“一份信托合同只能接受一名委托人的委托”。

《中国银行业监督管理委员会关于进一步规范集合资金信托业务有关问题的通知》第一条规定，“集合资金信托业务是指信托投资公司根据委托人意愿、将两个以上（含两个）委托人交付的资金集中管理、运用和处分的资金信托业务”。第二条规定，“信托投资公司办理集合资金信托业务时，应设立集合信托计划”。

在《中国人民银行关于信托投资公司人民币银行结算账户开立和使用有关事项的通知》中可以看出，该文件将“单独管理、运用和处分信托财产”简称为“单个信托”，而将集合信托计划简称为“信托计划”。

从上述文件可以看出，“集合管理、运用、处分利得财富信托资金”、“集合信托计划”、“集合资金信托业务”和“信托计划”基本上具有相同的含义。

从上述文件中可以看出，集合信托计划具有如下特点：

（1）委托人为两人或两人以上；

（2）每个委托人分别与受托人签订《信托合同》；

（3）委托人交付的信托资金由受托人集中管理、运用和处分；

（4）每个信托计划项下的信托资金具有相同运用范围。

从上述第 2 个特点来看，由于每个委托人分别与受托人签订《信托合同》，各委托人之间没有联络，似乎应认定为每个委托人与受托人之间分别成立信托关系，即一个集合信托计划项下存在多个信托。第 3 个和第 4 个特点可以归结为各个信托项下的信托资金由受托人集合在一起并在相同的运用范围内集中管理、运用和处分。因此，集合信托计划可概括为“共同运用信托”（中国台湾学者的定义为“多数委托人基于同一个信托条款，分别与受托人签订信托契约，交付信托基金”）。

【案例】成电光信新三板 1 号集合资金信托计划（四川信托）

预期收益率：9.00%　　起购金额：100 万元　　投资期限：24 个月　　销售起始日：2015-10-10

投资方向：金融　　信托类型：其他　　收益类型：固定收益

（1）产品详情。

产品基本信息如表 3-6 所示。

表 3-6　产品基本信息

收益率说明	A 类受益人 9%/年
资金运用	信托计划作为 LP 与成都隼睿作为 GP 共同设立成都隼睿投资合伙企业（有限合伙，以下简称“基金”），主要参与成都成电光信科技股份有限公司（以下简称成电光信）新三板挂牌企业定向增发
信托规模	4150.00 万元
是否可提前终止	否
是否可转让	否
资金分配方式	无

（2）风控方式，其详情如下。

① 由邱昆、解军、付美以其持有的约 1300 万股（如遇增发、送转股等进行相应调整）成电光信股票向信托计划提供质押担保。② A 类信托单位存续期间，信托计划投资收益不足以覆盖信托计划应付未付费用及税费、A 类受益人收益分配参数的，则由 B 类委托人/受益人代表邱昆予以差额补足，解军、付美二人对此承担无限连带责任。如 A 类信托单位到期，信托计划投资收益不足以覆盖信托计划应付未付费用及税费、A 类受益人本金及预期收益的，则由 B 类委托人/受益人代表邱昆或其指定的第三方差额受让 A 类信托单位受益权并向信托计划补足信托计划应付未付费用及税费等，解军、付美二人对此承担无限连带责任。③ 有限合伙运作监督：

有限合伙资金实行银行托管；有限合伙按季度向受托人提供基金资产运作情况说明；受托人做为 LP 有权对有限合伙的运作予以监督，包括参与定向增发相关协议签署、列席投资决策委员会会议等。

（3）产品分析。

产品分析如表 3-7 所示。

表 3-7 产品分析

信托期限分布	四川信托产品常见收益	同类产品常见收益	同类产品最高收益	本产品
12	9.0%	9.0%	25.0%	–
18	10.0%	9.0%	15.0%	–
24	9.5%	9.0%	15.0%	9%
36	10.0%	7.0%	22.0%	–

（4）投资收益计算（略）。

3.5.2 证券投资基金

证券投资基金是新三板合格机构投资者之一。证券投资基金（Securities Investment Fund）是指通过公开发售基金份额募集资金，有基金托管人托管，由基金管理人管理和运作资金，为基金份额持有人的利益，以资产组合方式进行证券投资的一种利益共享、风险共担的集合投资方式。

根据证券投资基金的含义，我们可以看出其性质体现在以下几个方面。

（1）证券投资基金是一种积少成多的整体组合投资方式，它从广大的投资者那里聚集巨额资金，组建投资管理公司进行专业化管理和经营。在这种制度下，资金的运作受到多重监督。

（2）证券投资基金是一种信托投资方式。它与一般金融信托关系一样，主要有委托人、受托人、受益人三个关系人，其中受托人与委托人之间订有信托契约。但证券基金作为金融信托业务的一种形式，又有自己的特点。如从事有价证券投资主要当事人中还有一个不可缺少的托管机构，它不能与受托人（基金管理公司）由同一个机构担任，而且基金托管人一般是法人；基金管理人并不对每个投资者的资金都分别加以运用，而是将其集合起来，形成一笔巨额资金再加以运作。

（3）证券投资基金是一个金融中介机构。它存在于投资者与投资对象之间，起着把投资者的资金转换成金融资产，通过专门机构在金融市场上再投资，从而使货币资产得到增值的作用。证券投资基金的管理者对投资者所投入的资金负有经营、管理的职责，而且必须按照合同（契约）的要求确定资金投向，保证投资者的资金安全和收益最大化。

（4）证券投资基金是一种证券投资工具。它发行的凭证即基金券（受益凭证、基金单位、基金股份）与股票、债券一起构成有价证券的三大品种。投资者通过购买基金券完成投资行为，并凭之分享证券投资基金的投资收益，承担证券投资基金的投资风险。

基金作为一种现代化的投资工具，主要具有集合投资、分散风险和专业理财三个特征，具体如表 3-8 所示。

表 3-8　证券投资基金类型、性质、特征和作用

分类标准	具体类型	共同特征和作用	共同性质
按组织方式分类	（1）契约型基金；（2）公司型基金	三个特征： （1）集合投资； （2）分散风险； （3）专业理财。 作用： （1）基金为中小投资者拓宽了投资渠道； （2）有利于证券市场的稳定与发展	（1）证券投资基金是一种集合投资制度； （2）证券投资基金是一种信托投资方式； （3）证券投资基金是一个金融中介机构； （4）证券投资基金是一种证券投资工具
按运作方式分类	（1）封闭式基金；（2）开放式基金		
按投资目标分类	（1）成长型基金；（2）收入型基金；（3）平衡型基金		
按投资标的分类	（1）债券基金；（2）股票基金；（3）货币市场基金；（4）混合型基金		
按投资理念分类	（1）主动型基金；（2）被动型基金（指数型基金）		
按资本来源和流向分类	（1）国内基金；（2）国际基金；（3）离岸基金；（4）海外基金		
其他特殊类型	（1）指数基金（被动型基金）；（2）ETF（交易型开放式指数基金）；（3）LOF（上市开放式基金）；（4）QDII 基金；（5）黄金基金；（6）衍生证券基金		

3.5.3　银行理财产品

银行理财产品是新三板合格机构投资者之一。银行理财产品，按照标准的解释，应该是商业银行在对潜在目标客户群分析研究的基础上，针对特定目标客户群开发设计并销售的资金投资和管理计划。在理财产品这种投资方式中，银行只是接受客户的授权管理资金，投资收益与风险由客户或客户与银行按照约定方式双方承担。

银监会出台的《商业银行个人理财业务管理暂行办法》对于“个人理财业务”的界定是，“商业银行为个人客户提供的财务分析、财务规划、投资顾问、资产管理等专业化服务活动”。商业银行个人理财业务按照管理运作方式的不同，分为理财顾问服务和综合理财服务。我们一般所说的“银行理财产品”，其实是指其中的综合理财服务。

按照标准的解释，银行理财产品是商业银行在对潜在目标客户群分析和研究的基础上，针对特定目标客户群开发、设计并销售的资金投资和管理计划。在理财产品这种投资方式中，银行只是接受客户的授权管理资金，投资收益与风险由客户或客户与银行按照约定方式承担。

一般根据预期收益的类型，可以将银行理财产品分为固定收益产品和浮动收益产品两类。另外，按照投资方式与方向的不同，可分为新股申购类产品、银信合作品、QDII 产品和结构型产品等。

3.5.4 证券公司资产管理计划

证券公司资产管理计划是新三板合格机构投资者之一。证券公司资产管理计划主要分专项资产管理计划和集合资产管理业务两种。

1. 专项资产管理计划

专项资产管理计划是指某个单位或机构独立出资交由投资管理公司或证券公司资产管理部来单独管理，获取受益的方案。专项资产管理计划通常做大型融资项目，例如大型企业专项融资等。专项资产管理计划是证券公司资产管理业务的又一项重大创新。

根据证监会的规定，专项计划特指投资于“未通过证券交易所转让的股权、债权及其他财产权利”和“中国证监会认可的其他资产”的特定客户资产管理计划。“未通过证券交易所转让的股权、债权及其他财产权利”的表述十分宽泛，使专项资产管理计划的投资范围覆盖了几乎所有的融资方式，可以做到从实体经济需要出发，集合社会资本，投资实体资产，服务实体经济。“中国证监会认可的其他资产”则为未来的发展提供了空间，实物商品、房地产等一旦得到证监会的许可，即可纳入投资范围。

从现有法律规定来看，专项计划比信托更为灵活，是受限制最少的合法融资工具之一，其优势主要表现在以下几点。

（1）对投资者的限制少。专项计划和信托对单笔投资 300 万元以上的客户均不限制，但对于单笔投资 300 万元以下的客户，在投资人数方面，专项计划可以接受 200 人，而信托只能接受 50 人，为专项计划的 1/4。

（2）对投资项目暂无限制。证监会目前对专项计划的投资标的没有限制，而银监会对信托行业的投资有多种限制和要求。银监会的限制可能是业务合作方，例如 2010 年银监会规定，“融资类银信理财合作业务余额占银信理财合作业务余额的比例不得高于 30%”，大幅压缩了信托与银行合作的空间；也可能是某个投资类别，例如为了规范房地产信托，银监会在 2010 年年初至 2012 年 9 月下发了《中国银监会办公厅关于信托公司房地产信托业务风险提示的通知》等文件，对信托涉及房地产的业务范围、项目资质、产品结构、项目报备等提出了全方面的要求。

（3）对资本金要求低。证监会目前对专项计划没有明确的资本金要求，只是规定必须成立专门的子公司开展专项资产管理业务，子公司的注册资本金不低于 2000 万元。相比之下，银监会在 2010 年即下发了《信托公司净资本管理办法》，规定信托公司净资本不得低于 2 亿元人民币，且不得低于各项风险资本之和的 100%和净资产的 40%。银监会在 2011 年又下发了《信托公司净资本计算标准有关事项的通知》，对信托公司的净资本管理提出了全面的要求。信托业净资本的要求意味着随着信托资产规模的上升，信托公司需要持续补充资本金，如资本金不足则不能开展新的业务，有可能导致信托产品“断档”。这不利于以信托计划融资的企业长期、稳定地获得资金，也不利于投资者长期连续的投资信托计划。相比之下，目前专项业务子公司不会因为资本金不足而限制业务发展，有持续提供产品的能力。

2. 集合资产管理业务

集合资产管理业务是证券公司为投资者提供的一种增值理财服务，目前只有创新类证券公司有资格开展此项业务。创新类证券公司要求综合类券商的净资本要在 8 亿元以上，经纪类券商的净资本要在 1 亿元以上，通过审批后才有资格从事各项创新活动。

集合资产管理业务与三类产品对比所表现出的优势如表 3-9 所示。

表 3-9 集合资产管理业务与三类产品对比所表现出的优势

类　别	优　势
与投资者自己购买债券等低风险资产相比	（1）一些优质债券，投资者自己不容易买到；集合资产管理业务凭借证券公司的债券业务优势，可获得比普通投资者更多的机会； （2）一般投资者没有足够的精力进行债券的组合优化投资；集合资产管理业务由从业多年的专业人士专门管理，可进行充分、科学的债券组合优化投资； （3）有些市场如银行间债券市场，一般投资者进入会受到限制；而集合资产管理业务的管理人拥有多种市场交易资格，可进行多品种投资，获得一般投资者所无法获得的收益； （4）集合资产管理业务的管理人在购买债券时凭借其资金量大的优势，可以在更低的费率下购买
与直接购买封闭式基金相比	（1）分散风险。集合资产管理业务可投资的封闭式基金多种多样，而单个客户选择面较窄，不能保证一定会有持有到期收益； （2）大额资金谈判能力强。单个投资者持有份额较少，而集合资产管理业务可以充分发挥大额资金的优势，在申购（认购）和赎回基金时获得优惠费率； （3）集合资产管理业务的管理人可以代表参与人参加基金持有人大会的决议，在诸如封闭式基金的清算、封转开事宜等事件上维护参与人利益； （4）管理人实力强，当发生封转开事宜时，如果有类似股票发行战略投资者的锁定条款，相关公司会考虑以净值全额接受集合资产管理业务持有的封闭式基金
与信托计划相比	（1）集合资产管理业务一般流动性好，而信托计划的流动性受到很大限制； （2）集合资产管理业务门槛低，每份 10 万元（针对新三板目前是 100 万元），而信托计划由于受到 50 份的最高发行量的限制，每份的最低参与金额都大大高于集合资产管理业务，令一些投资者望而却步
注意	限定性集合资产管理业务投资于业绩优良、成长性高、流动性强的股票等权益类证券及股票型证券投资基金的资产，不得超过该计划资产净值的 20%，并应当遵循分散投资风险的原则

第 4 章

4

对投资者的深入理解及其与股权结构的匹配

4.1 战略投资者与财务投资者的梳理与认识

4.1.1 战略投资者与财务投资者的概念

1. 战略投资者

（1）概念。

战略投资者通常是和拟投资企业属于同一个行业或相近产业，或处于同一个产业链的不同环节。其投资的目的除了获取财务回报以外，更看重其战略目的。如果企业希望在获取资金支持的同时，获得投资者在公司管理或技术方面的支持，通常会选择战略投资者。这有利于提高公司的行业地位，同时可以获得技术、产品、上下游业务或其他方面的互补，以提高公司的盈利和增长能力。

一般来说，战略投资者具有资金、技术、管理、市场和人才优势，能够促进产业结构升级，增强企业核心竞争力和创新能力，增加企业产品市场占有率，致力于长期投资合作，是谋求获得长期利益回报和企业可持续发展的境内外大企业、大集团。

对于新三板挂牌企业等公众公司来说，战略投资者是指符合国家法律、法规和规定要求、与股票发行人（挂牌企业等公众公司）具有合作关系或合作意向和潜力并愿意按照发行人配售要求与发行人签署战略投资配售协议的法人，是与发行公司业务联系紧密且欲长期持有发行公司股票的法人。我国在企业新股发行中引入战略投资者，允许战略投资者在发行人发行新股中参与申购。主承销商负责确定一般法人投资者，每一个发行人都在股票发行公告中给予其战略投资者一个明确细化的界定。

战略投资者进行的任何股权投资是其长期发展战略的一部分，是出于对生产、成本、市场等方面的综合考虑，而不仅仅着眼于短期的财务回报。

（2）条件。

战略投资者主要有如下三个条件。

① 战略投资者必须具有较好的资质条件，拥有比较雄厚的资金、核心的技术、先进的管理等，有较好的实业基础和较强的投、融资能力。比如，证券公司、保险公司等，这些公司都有很雄厚的资金。

② 战略投资者不仅要能带来大量资金，更要能带来先进技术和管理理念，能促进产品结构、产业结构的调整升级，并致力于长期投资合作，谋求长远利益回报。

③ 引进战略投资者，要结合各地的实际情况，省市县应各有不同，不要仅认为国际 500 强企业、国家 500 强企业才是战略投资者，对有资金、有技术、有市场，能够增强企业竞争力和创新能力、形成产业集群的，都是战略投资者。

【案例】引入上市公司作为战略投资者（太尔科技 830886）

2015 年 9 月 10 日，福建太尔电子科技股份有限公司（太尔科技 830886，以下简称“公司”）发布公告称，公司与漳州片仔癀药业股份有限公司（以下简称“片仔癀”或“片仔癀公司”）签订了《漳州片仔癀药业股份有限公司与福建太尔电子科技股份有限公司及罗令先生（实际控制人）关于福建太尔电子科技股份有限公司战略合作之框架协议》（以下简称“框架协议”），确定漳州片仔癀药业股份有限公司成为公司的战略投资者。

漳州片仔癀药业股份有限公司拟以框架协议签订日前 20 个交易日的公司股票平均交易价格为增发价格认购公司新发行的股票 1800 万股。

片仔癀公司的前身是漳州市制药厂。1993 年，以漳州市制药厂为核心企业成立漳州片仔癀集团公司，1999 年底，漳州片仔癀集团公司（现改为“漳州市九龙江建设有限公司”）以其有关药业的全部生产经营性资产作为出资，联合其他法人单位共同发起设立漳州片仔癀药业股份有限公司。片仔癀公司是国家大型二档企业、国家科技部认定的火炬计划重点高新技术企业、福建省 20 家重点联系和重点扶持的骨干企业，居我国中成药行业 50 强企业行列，连续多年入选全国 500 家经济效益工业企业。

漳州片仔癀药业股份有限公司是老牌国有上市公司，在经营管理、资本运作等方面具有丰富的经验。引进片仔癀公司作为公司的战略投资者，将对公司业务发展、品牌知名度提升起到极大的促进作用。

2. 财务投资者

财务投资者是相对于战略投资者而言的。

财务投资者以获利为目的，通过投资行为取得经济上的回报，在适当的时候进行套现。财务投资者更注重直接的、短期的获利，对企业的长期发展则不怎么关心。财务投资者以风险投资基金、私募基金、投资银行等为主。财务投资者的管理者未必不是行业专家，特别是一些有行业倾向和丰富行业经验的私募股权基金。

多数财务投资者除了在董事会层面上参与企业的重大战略决策外，一般不参与企业的日常管理和经营，也不会成为潜在的竞争者。投资完成后，财务投资者对自己的投资项目就很难控制，因此他们更加重视对行业成长性和管理团队素质的考察。

【案例】引入财务投资者（广电计量 832462）

2016 年 7 月 29 日，广州广电计量检测股份有限公司（广电计量 832462，以下简称“公司”）公告称，公司 2016 年第二次临时股东大会审议通过《广州广电计量检测股份有限公司股票发行方案》，认购事宜涉及新增财务投资者。

根据该次股票发行方案及公司董事会向认购对象发出的认购邀请书事先明确的发行价格、发行对象及获配股数的确定程序和规则，本次发行的具体认购情况如表 4-1 所示。

表 4-1 股票发行具体认购情况

序　号	认购对象名称	配售数量（万股）
1	广州广电运通金融电子股份有限公司	3000
2	广州越秀诺成六号实业投资合伙企业（有限合伙）	500
3	宁波鼎锋明道万年青投资合伙企业（有限合伙）	500
4	无锡国联创投基金企业（有限合伙）	500
5	广州盈锭产业投资基金合伙企业（有限合伙）	500
合计		5000

若现有股东按照发行价格优先认购致使募集资金总额超过 35 000 万元，则上述认购对象获配股份数量按照以下原则调整：募集资金总额超过 35 000 万元部分对应的认购数量将等额扣减按照簿记建档顺序排在最末位的认购对象的获配股份数量，排在最末位的认购对象的获配股份数量不足以扣减的，则按簿记建档顺序依次倒序扣减其他认购对象的获配股份数量，直至现有股东优先认购的股份数量全部获得配售。

新增投资者应于 2016 年 8 月 11 日至 15 日 9:00—17:00 持相关身份证明、法人授权书等文件到公司现场签订股票认购合同，并于规定时间内进行缴款。公司确认认购资金到账无误后，通知认购人认购成功。

4.1.2 两类投资者的特点

1. 战略投资者的特点

（1）行业专业性。战略投资人作为行业内已经较为成熟的企业，其对行业的理解通常大大超过纯粹的财务投资者，因此其对于要投资企业的技术实力及在产业链中的地位会很快有一个基础的判断。

（2）投资战略性。投资的对象往往是业务形态跟战略投资公司的业务有一些相似或者互补，该互补可以理解为业务互补或者区域互补。这些公司在决定给目标公司做战略投资的决定时，通常希望跟目标公司在技术、团队及区域上有更紧密的合作，有时也为了抢占稀缺资源而防止竞争对手跟该目标公司联手，从长期发展来看，也不排除将来全盘收购该目标公司的可能性，当然财务回报也是必须考虑的。而目标公司选择战略投资者的主要原因一方面是为了获得资金，另一方面也是希望更好地向投资主体学习技术及管理经验等。

（3）决策机制。一般投资主体的投资决定是一个公司的投资决定，因此其战略投资部门往往要将其投资项目一层层向上汇报，从而导致决策相对缓慢。而普通的财务投资者一般就是其决策委员会通过就可以了。

2. 财务投资者的特点

财务投资者更注重直接的、短期的利益，相对于公开增发，定向增发的小范围、大额度，激发了机构投资者天然的调研、开发能力。毫无疑问，这是一个公司价值发现的过程。对于新三板挂牌企业等公众公司与沪深上市公司，参与认购的财务投资者深入公司一线调研，像投资银行一样进行数据分析，对公司治理、发展战略提出建议，挖掘公司价值；通过市场化的认购程序和规则，再把价值反映到发行价格中，即向凡是表达过申购意向的机构询价，最终形成的发行价格是由众多机构投资者根据公司的投资价值进行集合判断、参与竞购形成的。对于纯粹的财务投资者，这样的认购程序和规则更有利于保证价格的市场化。相对而言，战略投资由于规模大、投资者数目少，价格问题相对简单一些；财务投资由于涉及更多的机构投资对象，发行价格更市场化，但操作的空间也更大。

4.1.3　两类投资者的比较

战略投资者与财务投资者的比较如表 4-2 所示。

表 4-2　投资者关系实务梳理中战略投资者与财务投资者的比较

	战略投资者	财务投资者
定义	致力于长期投资合作，谋求获得长期利益回报和企业可持续发展	发掘公司价值，进行短期投资，不关心企业长期发展
行业背景	与被投资企业属于相同的行业，或者有合作关系，或者二者所从事的业务具有一定的互补性	既可以与被投资企业有行业关联，也可以与被投资企业没有行业关联
投资者	境内外的大型企业、集团等	更多的是机构投资对象，以风险投资基金、私募基金、投资银行等为主
所需能力	具有资金、技术、管理、市场、人才优势，能够促进产业结构升级，增强企业核心竞争力和创新能力，拓展企业产品市场占有率	具有调研、开发能力，能够挖掘公司的（挂牌或上市）价值

续表

	战略投资者	财务投资者
投资目的	（1）产业链上的横向、纵向扩张； （2）帮助公司发展，谋求利益； （3）建设渠道网络及推出自己品牌的产品，可能会持有较多的股份，相应的话语权也比较大，和对方在深层次上进行业务合作，甚至把对方的网点变成自己的分销渠道	谋求短期、直接资本回报或高风险下的资本增值，享受公司发展的利润，取得业务互补
持股比例	一般以控股为最终目的	一般持有少数股份（约10%～40%）
投资时间	中长期，5～7年以上，长期稳定持有	以挂牌、回购、上市、股份转让等方式择机退出（3～5年内）
管理渗透	参与日常的经营管理，纳入其整体战略规划，如派驻董事参与经营管理，带来管理经验	一般不参与企业日常管理经营，在财务、资本运作方面提供建议，可能会要求委派财务管理人员
完成时间	内部考虑因素较多，决策程序复杂	格式化运作，决策速度相对较快
同业竞争	可能存在同业竞争，核心技术可能被投资人剽窃	同业竞争风险较小
优点	（1）在引入资金的同时，被投资企业也可能从管理能力、技术、资源等多方面获益，产生协同效应； （2）被投资企业不用投资者担心短期套现而造成的资金紧张；	（1）财务投资者的投资决策相对比较快速，程序相对简单； （2）有助于提升资本市场对于被投资企业的认可程度，对被投资企业短期财务表现及未来上市起到积极作用；
缺点	（1）被投资企业的大股东可能丧失控股地位，存在公司控制权利的争夺问题； （2）可能出现同业竞争； （3）可能导致被投资者专有的经验及技术的泄露	（1）对投资收益有硬性要求，可能会要求被投资企业对其收益进行一定保证； （2）会按照其短期退出计划规划被投资企业的发展，对企业的长期发展及投资可能会有一定限制； （3）一般会对被投资企业的管理层稳定性提出要求，同时不允许现有股东100%退出

4.1.4 风险与选择

引入战略投资者的一个重要风险是他们可能成为潜在竞争者。如果一家跨国公司在中国参股数家企业，出于战略的整体考虑来安排产品和市场，就可能与引资企业的长期发展战略或目标相矛盾。我国一些曾经的知名品牌在引入境外战略投资者后被打入冷宫，就是这个风险的真实写照。

【案例】娃哈哈引入战略投资者的失败

娃哈哈与达能就是一个选错融资对象（战略投资者）的典型案例。达能与娃哈哈的合资曾被认为是一对“模范夫妻”，一个需要市场，另一个需要资金和技术，两者各取所需，但合作的背后却暗藏着巨大的危机。达能投资娃哈哈是希望占领中国市场，控制娃哈哈，绝不是希望培养一个强大的中国公司；而娃哈哈的管理者宗庆后也不想自己一手创办的企业被别人控制。这个不可调和的矛盾导致双方最后反目，直至对簿公堂。

财务投资者关注投资的中期回报，以回购、股权转让（新三板挂牌或沪深股市上市）为主要退出途径。所以在选择投资对象时，他们就会考察企业 3～5 年后的业绩状况。即使财务投资者在投资后获得了控股权，他们也不准备长期保持对一家企业的控制，在企业公开挂牌或上市后，公司的控制权会再次回到企业内部。所以如果一家企业希望保持其独立性，财务投资者是最佳的选择。

4.2　个体投资者行为、心理及风险偏好的梳理

新三板的自然人（个体）投资者的门槛是证券类资产市值 500 万元人民币，目前有近 23 万满足相关条件要求的合格投资者。这个门槛比较高，但是通过集合信托计划、证券投资基金、银行理财产品、证券公司资产管理计划等证券产品进入的自然人投资门槛实际上降到了 100 万元人民币。未来，随着公募基金等机构产品的出现，或许这个门槛将进一步的降低。所以，虽然新三板定位是机构投资者为主的证券市场，但是通过各类途径进入的自然人投资者的数量确实也很庞大（虽然比沪深股市要少得多），因此投资者关系管理需要对自然人投资者进行研究和高度重视。

对投资者投资行为、投资心理与投资偏好的分类认识，对于投资者关系管理很重要，这往往能够使相关工作者立足于自然人投资的心理和根源去理解投资者并能得到深刻的结论。

4.2.1 投资行为与投资心理

1. 经济学投资理性的三层含义

一是人是自利性的，亚当·斯密认为，人有双重本性，分别是自利性和社会性。经济学家观察到的社会竞争的幸存者都是按照“自利原则”行事的人，那些不按照自利原则行事的人凤毛麟角，而不列入分析的范畴。

二是利益最大化原则，人人追求自己效用的最大化，所以股份公司的根本目标就是追求股东利益的最大化。

三是每个人的自利行为与群体内其他人的自利行为之间的一致性假设。我们说一个人是否理性，不是看他有什么样的偏好，而是看他有什么样的偏好结构。理性是一个有结构的概念，而不是一个“平面”概念。

2. 不确定性下的投资理性行为

不确定性决策是指决策者在面临两个以上不确定的决策后果时，尤其是在面对伴有负面结果的可能性时所产生的复杂心理过程。不确定性决策常常涉及多个不确定性的负面结果，因此，个体所判断的风险情景也不会是单一的。个体在决策过程中心理状态的复杂程度，往往使得风险决策的研究具有相当的难度。

要研究人类的不确定性决策问题，就要回答人们对备择方案的选择与偏好的准则是什么。在不确定性决策中，由于备择方案的损益带有一定的不确定性，人们普遍地用期望损益值作为决定偏好的准则。

4.2.2 投资者行为与框架依赖

在不了解情况时，投资者依赖于最初获取的信息来源，以及前人的知识积累。随着购买行为的发生，投资者开始对自己的期望进行调整，开始主动学习。之后，重新编辑、合成、简化以形成自己的行动依赖框架。框架是描述决策问题的形式。由于许多框架是模糊的，投资者会因为情境和问题的陈述与表达的不同而有不同的选择，这种现象被称为框架依赖。决策依赖框架有以下几种。

（1）从众行为。根据投资人决策依赖路径建立的不同，从众行为又分为三种：

① 跟随机构的投资者，在决策依赖上，主要是从报纸上获取消息；

② 跟随所谓的权威人士、经验丰富者；

③ 跟随市场其他投资者的行为。

【案例】2015 年 3—7 月新三板的从众与疯狂

2015 年 3 月 18 日，新三板成分指数和新三板做市指数正式发布。截至 4 月 2 日收盘，新三板做市指数由最初的 1653.92 点涨至 2324.25 点，上涨 670.33 点，阶段涨幅高达 40.53%。在此前试运营期间，新三板做市指数从 1000 点上涨至 1653.92 点花了 3 个多月的时间。

个股方面，海芯华夏、康定电子、奥美格、洁昊环保四家新做市企业股价 1 个月左右时间翻番。最高的海芯华夏涨幅高达 540.35%，最低的洁昊环保涨幅也达到了 320%。

这期间，新三板只要是挂牌企业定向增发，一般来说，是抢都抢不到名额和股票的；新三板基金产品、资管计划或信托产品一面世，甚至几分钟之内便一抢而空……这些现象正是体现投资人从众心理作用下的一种失去理智的投资。后来很多人为此付出了高昂的代价。

（2）政策扭曲的行为。有些投资者是盯住国家政策的，每次投资都是依赖对国家政策的准确判断。而政策的误导会扭曲市场，导致投资人只瞄定政策。

（3）特立独行主义行为。这主要是用于形容那些游离于普通投资大众之外的投资者，他们我行我素，完全自己拿主意。真正的特立独行者与普通投资者在目标上并无二致，但前者的决策建立在充分的信息和丰富的知识的前提下。

4.2.3　认知与心理的 5 大偏差

在包括新三板等证券市场上，参与者常常面对庞大的信息流、复杂的情形及交易压力，为迅速做出判断与决策，他们通常借助一些直觉和框架。人们迅速找到的解决方案不一定最优，可能接近于正确答案，也可能出现一些系统性的偏差。

经过调查分析发现，在证券市场上投资者的投资行为存在认知偏差、心理偏差和偏好，主要有以下几种。

1．可得性偏差

可得性反映的是人们依靠容易得到的信息而非全部信息进行判断。容易得到的信息可能是实际信息，也可能是回忆的信息。由于只使用了部分信息，依赖易得性的判断就容易产生一些偏差。比如，如果一个新三板股票投资者从来没有经历过股票交易大幅下跌的情形，就不会想起这种情形，他比那些经历过股价大幅下跌的人，把股价大幅下跌的风险评估得更低。

2．代表性偏差

代表性指的是人们倾向于根据观察到的某种事物的模式与其经验中该类事物的典型模式的相似程度而进行判断。比如，在代表性作用下，投资者坚持认为，好股票是好公司的股票，不好的股票是差公司的股票。在投资者的思想中，好公司代表成功公司，成功公司产生高盈利，进而导致高收益，差公司则正好相反。然而，事实并非如此。投资者利用代表性进行预测时，犯了先入为主的错误，出现了预测偏差。

3．过度自信

决策行为学的研究表明，人们有一种过度自信其有准确估计概率能力的倾向，也就是说，估计者自认为的概率估计的准确性往往要低于其实际的准确性，结果是过高估计一系列事件发生概率。在进行市场预测时，过度自信的人会设置过窄的预测置信区间，使其预测上限显得太低，预测下限显得太高，并且最好的预测不是位于预测下限和预测上限的中间位置。有相当一部分投资者认为自己掌握的信息比市场平均信息好，或者认为自己的分析能力比普通投资者要强，所以试图超越市场，结果适得其反。

【案例】新三板投资接连失利，浮亏过亿原因探析

和讯网 2016 年 4 月 13 日报道，从 2015 年开始，“一哥”王亚伟对新三板公司可谓兴趣盎然，2016 年一季度，王亚伟旗下“千和投资”还专门发行了一只名为“祥云 1 号”的股权投资产品，专门投资新三板。然而，一向绩优生的王亚伟却在他一度青睐的新三板公司上栽了跟头，其旗下的“外贸信托-昀沣 2 号”因持 2777 万股中科招商，而出现浮亏 1.43 亿元。

给“一哥”当头一棒的，还有九言科技。根据九言科技 2015 年年报，公司实现营业收入 67 万元，净利润亏损 2.13 亿元，同比扩大 13 倍。目前，在已披露年报的新三板公司中，九言科技的净利润排名倒数第二。

目前，王亚伟在新三板上共投资 10 家公司，除了上述两家公司，还有海鑫科金、随视传媒、和创科技、清睿教育、新赛点、中航讯、和君商学和百程旅游。其中，互联网公司占了小一半，其他公司涉及教育、生物、体育等多个行业。

分析人士表示，王亚伟在新三板上的投资主要集中在去年 5 月之后，当时正是牛市高点，这或许是王亚伟的高明之处，他看到了 A 股估值过高的问题。有私募人士表示，不同于做公募基金经理时的中长线操作，王亚伟现在转为中短线。许多散户喜欢跟风王亚伟买股票，但因为报表披露的滞后性，导致风险过大。

另外，由于新三板与 A 股市场的投资差距很大，或许王亚伟在下意识中传承了 A 股公募辉煌投资的自信和风格。

4. 自我控制

在新三板、A 股等金融市场上，不论是赢者还是输者，都非常希望控制自身的投资行为，实现投资目标。但是，由于多种因素的影响，常常出现控制幻觉、失去控制等偏差。当人们相信自己控制了的情形而实际上未能控制时，就出现了控制幻觉。如果控制幻觉导致投资太大，有关风险被低估时，就会出现问题。失去控制现象出现的情景是，某人起初认为控制了特定事件或情形，或者至少能够对它产生强烈影响，但后来必须承认自己根本不能控制它。失去控制会导致严重的挫折，甚至是恐慌。

5. 后悔厌恶

后悔厌恶就是为了避免后悔或失望，努力不做错误决策。当人们做错决策时，就会后悔。不做决策时，也可能后悔。人们感到错误决策的后果比什么也不做带来的损失更为严重，这导致人们在面对不确定情况下的决策时，与其积极行动，不如消极行动，走老路子，以最小化未来可能的后悔。

4.2.4　投资者风险偏好的 5 大类型

根据上述理论与事件总结，可大致将投资者（主要是自然人投资者）分为保守型投资者、中庸保守型投资者、中庸型投资者、中庸进取型投资者和进取型投资者。他们各自具有的特点如表 4-3 所示。

表 4-3　投资者风险偏好的 5 大类型

类型	特点
保守型	保护本金不受损蚀和保持资产的流动性是首要目标。对投资的态度是希望投资收益极度稳定，不愿用高风险来换取收益，通常不太在意资金是否有较大增值。 在个性上，本能地抗拒冒险，不抱碰运气的侥幸心理，通常不愿意承受投资波动对心理的煎熬，追求稳定
中庸保守型	稳定是重要考虑因素，希望投资在保证本金安全的基础上能有一些增值收入。希望投资有一定的收益，但常常因回避风险而最终不会采取任何行动。 在个性上，不会很明显地害怕冒险，但承受风险的能力有限
中庸型	渴望有较高的投资收益，但又不愿承受较大的风险；可以承受一定的投资波动，但是希望自己的投资风险小于市场的整体风险，因此希望投资收益长期、稳步的增长。 在个性上，有较高的追求目标，而且对风险有清醒的认识，但通常不会采取激进的方法去达到目标，而总是在事情的两极之间找到相对妥协、均衡的方法，因而通常能缓慢但稳定的进步
中庸进取型	专注于投资的长期增值。常常会为提高投资收益而采取一些行动，并愿意为此承受较大的风险。 在个性上，通常很有信心，具有很强的商业创造技能，知道自己要什么并甘于冒风险去追求，但是通常也不会忘记给自己留条后路
进取型	高度追求资金的增值，愿意接受可能出现的大幅波动，以换取资金高成长的可能性。为了最大限度地获得资金增值，常常将大部分资金投入风险较高的品种。 在个性上，非常自信，追求极度的成功，常常不留后路以激励自己向前，不惜冒着失败的风险

4.3　股权结构内涵、类别优劣及其对投资者的影响

对于新三板挂牌企业、拟挂牌企业及广大中小微企业来说，认知机构、个体投资者在企业股权的投资比例，联动股权结构的匹配，也是投资者关系管理一项要求和技能。

4.3.1　概念、形成与作用

1. 概念

股权结构是指股份公司总股本中，不同性质的股份所占的比例及其相互关系。

股权即股票持有者所具有的与其拥有的股票比例相应的权益及承担一定责任的权力。基于股东地位而对公司主张的权利是股权。

股权结构是公司治理结构的基础，公司治理结构则是股权结构的具体运行形式。不同的股权结构决定了不同的企业组织结构，从而决定了不同的企业治理结构，最终决定了企业的行为和绩效。

2. 形成与作用

股权结构是一个动态的可塑结构，是可以变动的。股权结构中资本、自然资源、技术、知识、市场和管理经验等所占的比重受到科学技术发展和经济全球化的冲击。所以，股权结构变动的内在动力是科学技术的发展和生产方式的变化。

股权结构的动态变化会导致企业组织结构、经营走向的管理方式的变化。股权结构的形成决定了企业的类型。选择好适合企业发展的股权结构对企业来说具有深远意义。

一般来说，在所有的股权资源中最稀缺、最不容易获得的股权资源必然是在企业中占统治地位的资源。企业的利益分享模式和组织结构模式由企业中占统治地位的资源来决定。

【案例】新三板首家“互联网+”上门服务企业股权结构

2016 年 4 月 20 日，北京逸家洁信息技术股份有限公司（简称 e 家洁）登陆新三板挂牌交易，成为国内首家挂牌的“互联网+”上门服务企业。该公司拟通过家政标准化服务和阿姨职能细分来打造家政 O2O 生态体系。

之前 e 家洁递交给全国股转系统的公开披露资料显示，截止到 2015 年 7 月 31 日，其股权结构如图 4-1 所示。

资料显示，e 家洁第一大股东云涛持有公司 19.07%的股份，由于公司股权结构较为分散，股东持股比例均未超过 30%，因此公司无控股股东。股东孙磊直接持有公司 9.26%的股份。云涛与孙磊自 2012 年 4 月共同创办 e 家洁，始终担任公司核心管理人员。

2015 年 11 月 1 日，云涛与孙磊签署一致行动协议，约定两人在董事会、股东会（股东大会）表决前，应事先取得一致意见，并在会议表决时始终保持一致。两人又通过共同实际控制持股平台信美通达，间接持有公司 6.00%的股份，共同持有公司 34.33%的股份。

序号	股东名称	认购股份数（股）	持股比例（%）
1	云涛	9,535,000	19.07
2	孙磊	4,630,000	9.26
3	董江勇	1,895,000	3.79
4	腾讯产业基金	6,430,000	12.86
5	世纪凯华基金	415,000	0.83
6	游嘉基金	5,915,000	11.83
7	德益基金	5,000,000	10.00
8	德丰杰基金	3,080,000	6.16
9	信美通达	3,000,000	6.00
10	天风汇德	4,000,000	8.00
11	鼎晖创泰	2,500,000	5.00
12	嘉成优选	1,000,000	2.00
13	新盛投资	1,000,000	2.00
14	德睦投资	300,000	0.60
15	李昶	150,000	0.30
16	胡科	175,000	0.35
17	孙锐博	175,000	0.35
18	曹红	700,000	1.40
19	崔冲	100,000	0.20
合计		50,000,000	100.00

图 4-1　股权结构

目前腾讯产业基金持有 e 家洁 12.86%股份，微媒互动董事长董江勇持有 3.79%的股份。

4.3.2　股权结构的类型

1. 股权集中度与 3 大类型

所谓股权集中度，即前 5 大股东持股比例。

从集中度上来讲，股权结构有 3 种类型：

（1）股权高度集中，绝对控股股东一般拥有公司股份的 50%以上，对公司拥有绝对控制权；

（2）股权高度分散，公司没有大股东，所有权与经营权基本完全分离，单个股东所持股份的比例在 10%以下；

（3）公司拥有较大的相对控股股东，同时还拥有其他大股东，所持股份比例在 10%～50%之间。

2. 股权构成

股权构成就是各个不同背景的股东集团分别持有股份的多少。在我国是指国家股东、法人股东及社会公众股东的持股比例。

从理论上讲，股权结构可以按企业剩余控制权和剩余收益索取权的分布状况与匹配方式来分类。从这个角度，股权结构可以被区分为控制权不可竞争和控制权可竞争的股权结构两种类型。

在控制权可竞争的情况下，剩余控制权和剩余索取权是相互匹配的，股东能够并且愿意对董事会和经理层实施有效控制；在控制权不可竞争的股权结构中，企业控股股东的控制地位是锁定的，对董事会和经理层的监督作用将被削弱。

4.3.3　股权分散结构的优劣

股权分散结构的优点是：

（1）可以降低股东持有股票的流动性风险，带来股票二级市场流动性收益；

（2）有利于经营者创造性的发挥；

（3）在股权高度分散的情况下，股东持股数相近，权力分配较为平均，在股东之间存在一种制衡机制，有利于产生权力制衡与民主决策。

股权分散结构的缺点是：

（1）由于股东“搭便车”的行为和监督成本的存在，经营者往往利用自身的信息优势，采取机会主义行为，侵害广大股东的利益；

（2）公司股东无法在集体行动上达成一致，可能会降低公司的反应速度，使公司错失机会，降低工作效率。

4.3.4 股权集中结构的优劣

股权集中结构的优点是：

（1）形成“控制权共享收益”，控股股东的控股行为可以给公司整体（包括大小股东在内的所有股东）带来收益；

（2）解决了“搭便车”的问题，大股东有动机也有能力去监督公司的管理层，使股东与管理者的代理摩擦减小；

（3）足够的投票权往往可以保证控股股东本身或其代表直接参与公司经营，由此促进企业经营，提高企业的效率水平并增加全体股东的财富；

（4）一定程度的股权集中可以降低股东与管理者之间的代理成本。

股权集中结构的缺点是：形成“控制权私人收益”，控股股东利用其控股地位从上市公司转移资产和利润，从而损害了中小股东和上市公司的利益。当大股东的控制权缺乏公司其他利益相关者的监督和制约时，大股东就会采取“隧道行为”为自己谋取控制权私利，损害众多小股东的利益。

【案例】夫妻共持 80%股份与股权集中问题（中电方大 430411）

北京中电方大科技股份有限公司（中电方大 430411）2014 年 1 月在新三板挂牌。根据公司的工商登记档案文件并经核查，截至挂牌前夕，邓岳辉持有公司股份 600 万股，占公司总股本的 50%；刘红英持有公司股份 360 万股，占公司总股本的 30%。邓岳辉和刘红英夫妇均直接持有公司的股份并支配公司股份的表决权。

根据公司历次股东大会（股东会）和董事会等三会文件资料、公司章程显示，报告期内，邓岳辉和刘红英夫妇在公司历次股东大会（股东会）的表决、董事会的表决及对董事的提名均由其个人直接表决，投票意向一致、表决结果一致。邓岳辉和刘红英夫妇共同作为公司实际控制人，对公司股东大会、董事会的决议具有实质性影响，对董事、高级管理人员的任免起到关键作用。

邓岳辉担任公司法定代表人兼董事长、总经理，刘红英为公司第二大股东，现任公司董事、财务总监、董事会秘书。二人对公司的经营管理和决策施加重大影响，实际控制公司的经营管理，构成共同实际控制人。

4.3.5　股权制衡结构的优劣

股权制衡结构的优点是：

（1）由于股权相对集中，大股东有加强监督管理者私人收益的激励；

（2）由于大股东各自的利益最大化约束及利益分配不均衡，常常会使得一些可能损害中小股东利益的决策不能达成一致，大股东之间无形中构造了一种利益均衡机制，有效降低了对小股东利益的侵害，即讨价还价效应；

（3）共享控制权意味着更少的少数股权需要出售以满足融资需求，这样，控制集团可以在更大程度上将企业价值内部化，这将会降低他们为了增加私人收益而以损失效率作为代价地从事商业决策的动机。

股权制衡结构的缺点是：

（1）这种讨价还价也可能引起大股东关注于控制权争夺，导致公司业务瘫痪，使小股东利益受损；

（2）大股东对投资项目的前景、回报率、各自所承担的成本与享受的收益的看法可能不一致，并且由于存在多个大股东，通过谈判形成一致意见的难度增加，从而使得一些具有正的净现值的投资项目被放弃，最终造成投资不足；

（3）对管理层的监督活动是一个“公共品”，大股东之间存在搭便车的动机，最终造成监督不力，而一股独大在解决此类问题时可能更有效。

【案例】新三板挂牌企业的股权制衡（星奥股份 430574）

北京星奥科技股份有限公司（星奥股份 430574）主要从事体育场馆专用系统深化设计与实施、赛事信息系统技术支持服务。自 2007 年 11 月起，公司股东杨亚中、李明勇、陈斌 3 个人一直持有公司股份，比例分别为 34%、33%、33%，均对公司形成重大影响；但任何一个人凭借其股权均无法单独对公司股东大会决议、董事会选举和公司的重大经营决策实施决定性影响；自 2007 年 11 月起，杨亚中、李明勇、陈斌 3 个人即已形成上述对公司的持股结构，3 个人一直密切合作，对公司发展战略、重大经营决策、日常经营活动均有相同的意见，共同实施重大影响，在公司历次股东会、股东大会、董事会上均有相同的表决意见，形成对公司的共同控制。

4.4 股东识别技能与投资者结构、特性的认识

识别股东，需要从投资者个人与机构的构成比例、投资者财富情况等方面进行了解，主要有如下工作。

4.4.1 个人投资者和机构投资者的比例

个人投资者的持股比例多高为好？没有固定的答案。

新三板挂牌、拟挂牌等企业的股权结构是不可能存在机构投资者与个人投资者的最佳比例的，但是，根据企业所在市场的发展状况和投资者群体的成熟程度，可以找到机构投资者与个人投资者的较合理的比例。

机构投资者能够推动股价的变动，它们购入股票对于挂牌或上市公司来说是利好，说明企业存在价值吸引力，同时能够在市场上带来良好的趋势动能，反之，则有可能造成公司股价下跌。因此，保持一定比例的机构投资者占比能够较有利于稳定公司的股票价格。同时，公司也应该扩展机构投资者的基础，吸引具有不同投资风格的机构投资者，从而避免大规模的机构投资者集中抛售，有利于公司较稳定的市值。

在一些公司看来，个人投资者也是本公司产品或服务的消费者，重视与个人投资者的关系，实际上也是重视与消费者的关系。由于个人投资者多为短线投机者，如果个人投资者的持股数量过多，他们过于频繁地抛售公司股票可能会给公司的股价造成压力。因此，大多数公司希望机构投资者的持股占大头，同时也有一定数量的个人投资者，以便活跃市场，同时留住顾客。

目前，我国可能约有百万以上的个人基本以证券投资为职业；绝大多数个人投资者的股票投资知识来自于非正规教育，在评价投资失误时，往往将失误归咎于外界因素；投资者短期行为明显、交易次数频繁、投资活跃；投资者对公司的信息关心程度不高；总体上看，个人投资者入市以来盈利比例很小，绝大多数认为自己的权益受到了严重侵害，但对股东权益的内容及行使方式认识不足，会因为种种原因主动放弃自身的权益。

在我国，包括新三板在内的证券市场上，由于个人投资者相对不够成熟，因此过高的个人投资者持股比例不太利于保持股价稳定。同时，个人投资者的投资决策

往往受到更多因素的影响，例如挂牌公司的产品、服务和声誉等。

由于不同风格的投资机构存在较为不同的投资策略，较少出现统一行动的情况，因此，尽可能地多元化投资机构的组合应是投资者关系工作中的努力方向。

由于不同投资机构在选择投资方向时存在不同的估值模型，因此，从精细化的角度看，投资者关系管理人员最好能够了解每个主要投资人的投资和估值模型，针对不同类型投资者进行个性化的推介，才可能实现多元化投资主体的目标。

4.4.2　个人投资者的情况和实力

在个人投资者中，有一类是高资产净值人士。高资产净值人士指的是资产净值较高的人士，一般而言指我国个人持有可投资资产超过 600 万元人民币的人士。他们的海外资产集中在中国香港、美国和新加坡；他们主要是通过创办企业来实现财富积累的；他们当中 99%都是已婚人士。2013 年 1 月中旬，中国建设银行联合波士顿咨询公司联合发布了《2012 年中国财富报告：洞悉客户需求，致力科学发展》的中国财富管理市场报告。该报告的调研范围为全国 30 个省、市、自治区中随机抽取的金融净资产达到 600 万元人民币及以上的 1900 多名额度高净值客户。报告显示，我国的高净值家庭主要分布在东南沿海经济发达地区；年龄主要是 40～49 岁；男女性别比例较为均衡，约为 1.27:1；大专或本科的教育程度占到六成以上。

就目前新三板对个体投资者的要求，这些高资产净值人士基本符合新三板个人投资者的标准与要求。

4.4.3　机构投资者的具体情况

机构投资者的具体情况包括：机构投资者的类型、特点和偏好；机构投资者是企业投资者还是基金投资者，抑或是其他类型；机构投资者投资基金的类型和风格等。

机构投资者的定义有广义和狭义之分。广义的机构投资者不仅包括各种证券中介机构、证券投资基金（投资公司）、养老基金、社会保险基金、保险公司，还包括企业投资者、各种私人捐款的基金会、社会慈善机构甚至宗教组织等，内涵十分广泛。而狭义的机构投资者则主要指各种证券中介机构、证券投资基金、养老基金、社会保险基金及保险公司。

企业投资者主要是一些富豪财团、大型企业集团。企业投资者在亚洲资本市场比较活跃，因为这些市场的基金产业不够发达，企业往往自主进行投资管理。企业投资者是亚洲首次公开发行及二级市场交易的积极参与者，他们对于发行成功及二级市场流动性有重要贡献。

一般而言，狭义的机构投资者拥有资金、信息、人力资源等方面的优势，由专业人员对市场中的各类投资信息进行搜集、分析和追踪，对各种投资组合方案进行研究、模拟和调整，对投资风险及分散风险的措施进行计算、测试、模拟和追踪，对投资运行中的各种技术进行管理、配置、开发和协调，因而机构投资者能产生更高的投资效率和资源配置效率。

4.4.4 机构投资者的地域分布

如果某一个地区的投资者多，意味着该地区是公司发展业务的有利区域。反之，公司则应该明白投资者少的原因，以及是否需要采取措施改变这个状况。

4.4.5 投资者群带头人

一般来讲，长线投资基金往往是价格和投资观念的领导者，是高素质的股东基础，一般会带来后市支持。但是，对价格有主导作用的投资者并不一定是最大的股票持有人，也不一定是最活跃的交易者。新三板挂牌公司或沪深上市公司宜将投资者群意见带头人作为投资者关系工作的重点。

4.4.6 投资者的变化

了解投资者的变化主要是了解在过去的一段时间内（比如半年、一年），谁在较大份额出售或购买公司的股票，分析他们出售股票的原因，这样才能有针对性地做好投资者关系工作。

4.5　投资者关系对象的其他工作和事项

4.5.1　了解投资者的行动

投资者（股东）的行动，从社会层面来说，是投资者意识的觉醒和提升；对于挂牌企业或上市公司来说，无论是“友好”的还是“敌意”的行动，公司都应该尊重股东正当地行使其股东权利。从投资者关系工作的角度看，要欢迎其“友好”行动，化解和平息“敌意”行动，将投资者行动给公司带来的名誉损失、市值损失等降到最低。

投资者的行动一般有以下几种。

（1）用手投票和委托投票权的争夺。在股东大会上行使表决权，或者征集投票权以行使表决权。

（2）用脚投票，即买入看好的公司的股票，卖出不看好的公司的股票。

（3）递交股东提案。

对于股东的诉讼，公司要以平常心对待，尽量将诉讼消灭于萌芽状态，这才是上策，其次是和解，最后才是仲裁、诉讼。投资者关系工作一定要把握好这个分寸，尽量不要到诉讼地步。因为在一些情况下，往往会赢了官司、丢了民心。

4.5.2　买卖方研究与分析师

卖方研究往往被推销给被称做买方投资管理人的公司那些买卖证券及其相关产品的专业投资人。卖方（投资银行等）研究的分析师被称为卖方分析师，卖方投资管理人如投资基金等的分析师被称为买方分析师。分析师是专业人士，公司应高度重视对分析师的了解和双向沟通。除了建立投资者数据库外，还应建立一套系统的对公司有兴趣的卖方分析师的数据库（买方分析师数据库包含在投资者数据库中），并对其数量、结构、偏好等进行统计分析，以制定针对性的管理策略。

要对这两类分析师的研究方法、成果、动态等进行跟踪和分析。由于他们的评价和分析会对投资者产生重大影响，因此必须对他们的特点进行事前研究，以建立良好的联系。这里重点讲卖方分析师。

人们往往相信这些被称为卖方分析师的人提供的是基于对某公司证券独家分析的公正意见。卖方分析师并不买卖股票或债券，而是根据自己对股票或债券未来表现的判断来给出建议。

卖方分析师们遵循类似的工作路径：分析师与某公司的管理层碰面，谈论收入来源、产品或者服务，并根据公司的估计和分析师的预期建立一个金融模型。分析师随后将持续关注这家公司，分析各种来源的数据来判断自己的模型是否有把握，或是根据新的信息对模型进行修正。他们通常会给公司股票或者债券打上一个名为投资评级的标签——通常叫做“买入”、“卖出”或“持有”。多位卖方分析师的模型得出的不同预期也可以放在一起取平均值，得出一个称做“一致”预期的单一预测。

在谈论公司股价潜在或实际走向的时候，财经媒体经常引用卖方研究的内容。与卖方分析师关系的管理，近似于与长线投资者关系的管理，即要通过创建电子期刊，定期或不定期地向分析师发送公司的信息。在年报、中报、季度报告出来后，向其发送电子版本等。

4.5.3 挖掘潜在投资者

对于新三板挂牌企业、拟挂牌企业等中小微企业来说，那些未投资于企业的所有投资者都是潜在投资者。挖掘潜在投资者需要注意以下几点：

（1）要知道有哪些既有投资者；

（2）要知道有哪些潜在投资者；

（3）要知道如何吸引潜在投资者购买公司证券、证券产品或参与公司定增等；

（4）要知道如何稳定这些投资者。

查询潜在投资者的途径有很多，比如可以通过网站、媒体、中介机构了解等。吸引潜在投资者对公司投资，需要应用金融和市场营销交互性的广泛技能，其中，通过多种途径真诚地与潜在投资者进行沟通，挖掘公司亮点并告诉潜在投资者，获得认同的过程复杂而重要，当然，一旦潜在投资者参与了公司的投资，如何稳定住这些投资者，使之成为长线投资者也很重要。这正是投资者关系的一项重要工作。

4.5.4　建立现有及潜在投资者资料库

很多新三板挂牌企业等公众公司，其现有投资者数量不多，但是潜在投资者的数量很庞大，因此应建立公司的投资者资料库。该资料库包括机构投资者资料库和重要的个人投资者资料库。

机构投资者资料库的内容包括：公司名称、投资经理及公司主管人员的详细联系方式、类别、资金规模、投资偏好、资金运作特点、投资收益率、投资风险、地域、决策程序和选股策略、来访情况等。

重要的个人投资者资料库包括：姓名、年龄、财富实力、职业、来访情况等信息。

5

第 5 章 新三板投资者关系主体及其他利益相关者

5.1 投资者关系管理部门及与其他部门的关系

对于新三板挂牌企业等公众公司来说，投资者关系管理（IRM）所涉及的主体就是挂牌企业、拟挂牌企业等公众公司本身，其具体行为要由公司内部的机构和员工来执行。这些机构和员工主要包括：投资者关系工作部门、董事长、董事、监事长、监事、总经理、董事会秘书、董事会办公室、其他高级管理人员、各部门和各分公司、子公司的负责人，以及其他有关联的公司员工，等等。因此，几乎可以说投资者关系工作涉及公司的每一个部门、每一位员工。下面根据角色不同分别做出详略不同的介绍。

5.1.1 投资者关系部门概述

投资者关系的职能部门主要包括投资者关系管理部和投资者关系工作委员会，这是针对较大规模的企业才有的部门。对于新三板挂牌企业等公众公司来说，大多数公司规模比较小，没有专门的投资者关系管理部门，这些公司主要是以董事会秘书为主管负责人进行牵头，办公室或公关部门兼顾的一项职能设计。鉴于投资者关系在公众公司未来发展中越来越重要的原因，这里引用一些专著文献，专门对其职能机构的设置进行讨论，以备公众公司参考。由于投资者关系管理部门往往是一个经费支出部门，不会直接给公司带来看得见的利润，因此在不同的公司，投资者关系部门有不同的位置设置。

5.1.2　总经理下设机构

投资者关系部门作为总经理的下设机构，有设在办公室或公关部之下、与办公室或公关部平级及比办公室略高三种类型，如图 5-1～图 5-3 所示。

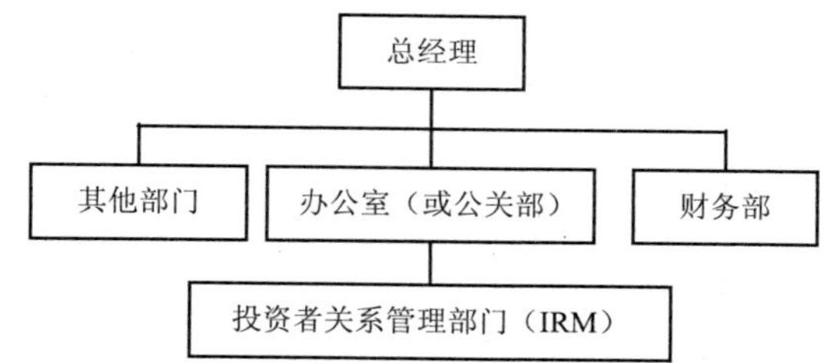

图 5-1　投资者关系管理部门设在办公室或公关部之下

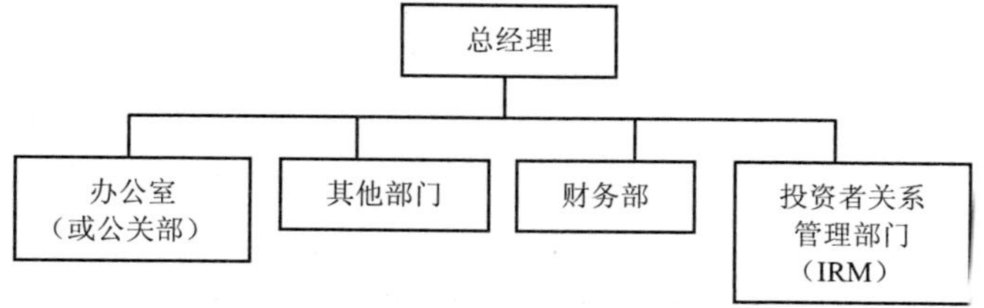

图 5-2　投资者关系管理部门与办公室或公关部平级

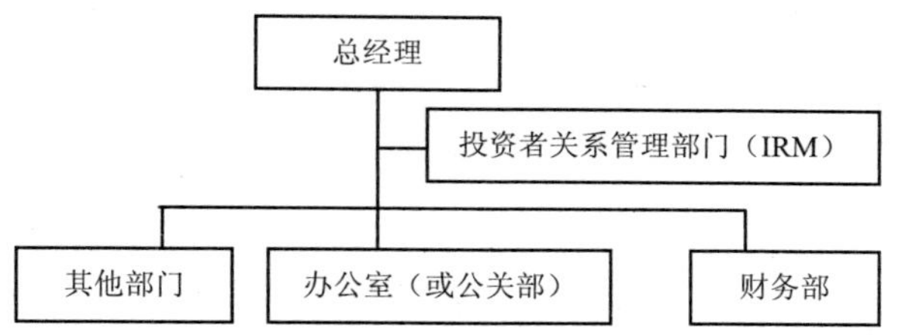

图 5-3　投资者关系管理部门比办公室等其他部门略高

以上三种类型在国外比较常见。在我国，由于董事会秘书是投资者关系部门的负责人，因此这种模式在我国并不常见。

5.1.3 董事会下设机构

我国一些规模不大的公司，特别是对于大多数新三板挂牌企业或拟挂牌的企业来说，由于公司规模较小，董事会办公室和总经理（董事长）办公室（集团办公室）往往合二为一，投资者关系部门常常采用董事会的下设模式。由于有的挂牌公司或上市公司设有董事会办公室，有的则没有，因此，投资者关系部门作为董事会的下设机构，有直接隶属于董事会和设在董事会办公室之下两种类型，如图 5-4 和图 5-5 所示。

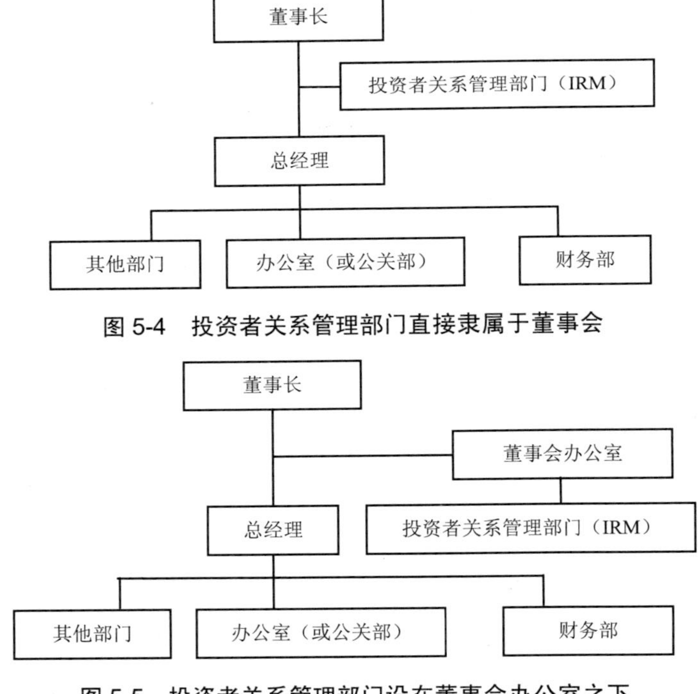

图 5-4　投资者关系管理部门直接隶属于董事会

图 5-5　投资者关系管理部门设在董事会办公室之下

这种架构有很多好处：将投资者关系管理部门作为企业最高决策人的直属部门，使相关人员能够距离决策层较近，这样便于投资者关系管理负责人员承担起迅速理解经营者的理念和意图，并把它们传达给投资者和研究人员，同时把投资者的意见反馈给企业经营者。

为了使这种过程进行得更加顺利，投资者关系管理部门应该处在可以随时与决策人沟通的位置上。对于图 5-4 这种模式，离决策层近了，离经营层却远了，因此投资者关系部门要注意与总经理办公室及其他部门之间的协调。

5.1.4　投资者关系委员会（或有）

在一些企业，特别是一些跨国集团和大型集团，设有投资者关系委员会。投资者关系委员会是董事会下设的专门委员会，与战略委员会、提名委员会、薪酬委员会、审计委员会平级。投资者关系委员会有权协调公司的各个部门，如图 5-6 所示。

对于新三板挂牌企业和广大拟挂牌的中小微企业来说，这里可以作为了解内容，绝大多数公司目前暂时不具备设置这样一个专门性质部门的能力。

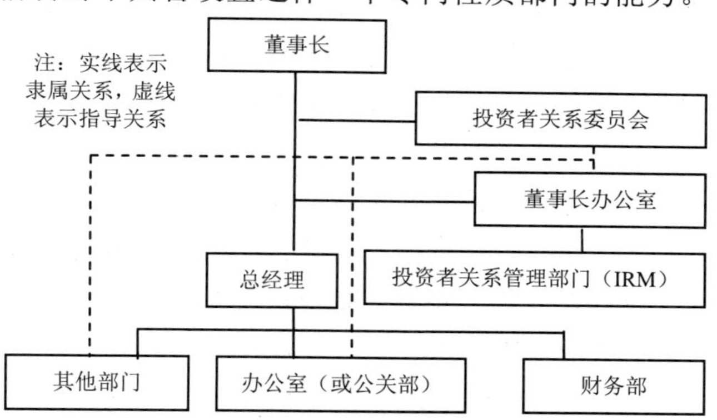

图 5-6　投资者关系委员会与其他职能部门的关系

例如，中国平安保险（集团）股份有限公司投资者关系管理委员会由品牌宣传部、投资者关系管理部、财务企划部等部门组成，主任由集团董事长兼任。

5.2　董事、监事、高级管理人员等公司管理者及“三会”主体

前面讲到，董事、监事、高级管理人员等公司重要职位人员及部门是公众公司

很重要的投资者关系管理的主体，下面分别予以介绍。

5.2.1 董事、董事会与董事长

1. 董事

董事又称执行董事，是指由公司股东大会选举产生的具有实际权力和权威的管理公司事务的人员，是公司内部治理的主要力量，对内管理公司事务，对外代表公司进行经济活动。占据董事职位的人可以是自然人，也可以是法人。但法人充当公司董事时，应指定一名有行为能力的自然人为代理人。独立董事指独立于公司股东且不在公司内部任职，并与公司或公司经营管理者没有重要的业务或专业联系，并对公司事务做出独立判断的董事。

在股份公司的建制里，股东大会把管理权限交给董事会，公司章程一般都明确赋予董事会管理公司的权力。董事会通过开会以决议形式实现其权力。但许多情况下，公司董事需要共同及个别地为公司行为承担责任。因此，董事是投资者关系管理工作的重要责任者。

董事对公司承担的义务种类繁多，大致分为两大类：忠实义务和勤勉义务。忠实义务是指董事应当遵守法律、法规和公司章程的规定，忠实履行职责，维护公司利益，不得自营或者为他人经营与其所任职公司有竞争关系的公司或者从事损害本公司利益的活动。勤勉义务是指董事、监事、高级管理人员在处理和安排公司事务时，以一个普通正常人的合理、谨慎的态度，恪尽职守，维护公司的利益。

2. 董事会与董事长

董事会是由董事组成的、对内掌管公司事务、对外代表公司的经营决策机构。公司设董事会，由股东大会选举。董事会设董事长一人，副董事长一人，董事长、副董事长由董事会选举产生。董事任期三年，任期届满，可连选连任。董事在任期届满前，股东大会不得无故解除其职务。

前面说过，董事是投资者关系管理工作的重要责任者，那么由董事组成的董事会更是这些责任的履行、执行机构。以信息披露这项投资者关系管理中最重要的一项工作为例：董事必须保证信息披露内容真实、准确、完整，没有虚假、严重误导性陈述或重大遗漏，并就信息披露内容的真实性、准确性和完整性承担个别及连带责任。未经董事会决议或董事长授权，董事个人不得代表本公司或董事会向外界发布、披露公司尚未公开披露的信息。董事会应采取必要的措施，在信息公开披露前将信息知情者控制在最小的范围内。

依据我国《公司法》，董事长是公司的法定代表人，也是投资者关系工作的第一责任人。董事长的个人形象将直接影响到公司的形象。换言之，董事长的形象和声誉可以提高公众股东对挂牌或上市公司的可信度。

董事长一般主持参加重大投资者关系活动，包括股东大会、业绩发布会、新闻发布会、路演推介、重要境内外资本市场会议和重要的财经媒体采访等。而董事，则在董事长的授权下，主持或参加上述投资者关系工作活动。董事长在信息披露中承担着重要角色，董事长负责签发正式的对外信息披露文件。

5.2.2　董事会办公室

一般来说，公司董事会下设专门办公室，负责股东大会、董事会、董事会各专门委员会会议的筹备、信息披露，以及董事会、董事会各专门委员会的其他日常事务。由此可见，董事会办公室的主要工作是协助董事会秘书履行职责。也就是说，董事会秘书的职责即是董事会办公室的主要工作。一些大型的集团公司，董事会办公室之下还会设立一些科室。

例如，中国建设银行股份有限公司董事会办公室下设 4 个处：一处为综合协调处室；二处负责为董事会战略与提名委员会、薪酬与考核委员会、关联交易控制委员会履行职责及日常运作提供支持和服务；三处负责为董事会审计委员会、风险管理委员会履行职责及日常运作提供支持和服务；四处负责牵头组织投资者关系管理和信息披露等事宜。

5.2.3　监事、监事会和监事长

1．概况

监事是公司中常设的监察机关的成员，又称“监察人”，负责监察公司的财务情况、公司高级管理人员的职务执行情况，以及其他由公司章程规定的监察职责。在我国，由监事组成的监督机构称为监事会，是公司必备的法定的监督机关。监事通常由股东代表和职工代表组成，且不得兼任董事或经理。董事、高级管理人员不得兼任监事。

监事会是由股东（大）会选举的监事及由公司职工民主选举的监事组成的，对公司的法律教育业务进行监督和检查的法定必设和常设机构。监事会，也称公司监察委员会，是股份公司法定的必备监督机关，是在股东大会领导下，与董事会并列设置，对董事会和总经理行政管理系统行使监督的内部组织。监事会应当包括股东代表和适当比例的公司职工代表，其中职工代表的比例不得低于三分之一，具体比例由公司章程规定。监事会中的职工代表由公司职工通过职工代表大会、职工大会或者其他形式民主选举产生。

监事会设主席（或监事长）一人，由全体监事过半数选举产生。监事会主席（或监事长）召集和主持监事会会议；监事会主席（或监事长）不能履行职务或者不履行职务的，由半数以上监事共同推举一名监事召集和主持监事会会议。

2．责任与义务

在投资者关系管理中，监事及监事会起到监督董事及高层管理人员的重要作用，以信息披露为例，监事应对公司董事、高级管理人员履行信息披露职责的行为进行监督；关注公司信息披露情况，发现信息披露存在违法违规问题的，应当进行调查并提出处理建议。当监事会向股东大会或国家有关监管机构报告董事、董事长和其他高级管理人员损害本公司利益的行为时，应及时通知董事会，并提供相关资料。

监事会及监事个人不得代表公司向股东和媒体发布和披露非监事会职权范围内的公司未经公开披露的信息。监事会需要通过媒体对外披露信息时，需将拟披露的监事会决议及说明披露事项的相关附件交由董事会秘书办理具体的披露事务，监事会全体成员必须保证所提供披露的文件材料的内容真实、准确、完整，没有虚假、严重误导性陈述或重大遗漏，并对信息披露内容的真实性、准确性和完整性承担个别及连带责任。

5.2.4　总经理

总经理（总裁或首席执行官）是公司业务执行的最高负责人。但实际上，总经理所在的层级，还是会因公司的规模而有所不同。例如在一般的中小微企业，总经理通常就是整个组织里职务最高的管理者与负责人。而若是在规模较大的组织里（如跨国企业、大型集团），总经理所扮演的角色通常是旗下某个事业体或分支机构的最高负责人。

总经理（总裁或首席执行官）和一般都是董事，在董事长的授权下，从事较为重大的投资者关系活动。而总经理（总裁或首席执行官）和如何参加投资者关系活动，不同的公司有不同的特点。这里不再展开。

5.2.5　股东大会

董事会、监事会和股东大会，简称“三会”，前面已经简单介绍了董事会和监事会，下面简单介绍股东大会。

股东大会是公司的最高权利机关，它由全体股东组成，对公司重大事项进行决策，有权选任和解除董事，并对公司的经营管理有广泛的决定权。股东大会既是一种定期或临时举行的由全体股东出席的会议，又是一种非常设的由全体股东所组成的公司制企业的最高权力机关。它是股东作为企业财产的所有者，对企业行使财产管理权的组织。企业一切重大的人事任免和重大的经营决策一般都得股东会认可和批准方才有效。

就股东大会的性质和定义可以看出，股东大会是公司投资者关系管理的最高权力决策机构，其各种决定和行为动向对相关工作起到决定性的作用。

5.3　董事会秘书是投资者关系管理的中枢

5.3.1　概述

董事会秘书在现代公司中的作用是非常重要的，董事会秘书负责确保所有人都能遵守相关法律规定。对于新三板挂牌企业、拟挂牌企业等中小微企业来说，由于公司一般规模比较小，董事会秘书往往成为投资者关系管理中的中枢与重要执行者之一。所以，本书用一节内容来专门讲述。

按照传统的定义，董事会秘书是指掌管董事会文书并协助董事会成员处理日常事务的人员。董事会秘书是挂牌新三板企业或沪深上市公司的高级管理人员，承担法律、行政法规及公司章程对公司高级管理人员所要求的义务，享有相应的工作职权，并获取相应的报酬。

董事会秘书应该具备一定的专业知识，这是董事会秘书职业所必须的，不仅要掌握《公司法》、《证券法》、新三板挂牌与沪深上市规则等有关法律法规，还要熟悉公司章程、信息披露规则，掌握财务及行政管理方面的有关知识。

5.3.2 法律地位

董事会秘书作为法定的新三板挂牌企业、拟挂牌企业及沪深上市公司的高管，具备提升公司价值的独特职能和法律地位。

董事会秘书，在英美和中国香港的《公司法》上被称做公司秘书（Company Secretary），是投资者关系管理的主管。海外的公司秘书在许多方面被视为是公司组织体的脊梁，是公众公司内部证券事务的“总管家”、外部证券事务的“总代表”，是公司内部机关之间、公司成员之间，以及公司机关与公司成员之间相互沟通的桥梁，是公司规范治理的“预警人”、“纠偏人”和守门人（Doorkeeper）。英国上诉法院的法官 Salmon L. J.称公司秘书为“公司的行政主管人”。然而在我国，由于长期以来相关政策法规不健全、公众思想观念陈旧、缺乏理论研究等原因，投资者、公司管理层、股东等社会群体对董事会秘书的独特职能认识不清，这个状况导致董事会秘书的生存环境狭窄，制约了董事会秘书独特职能的发挥，从而直接影响到公司价值提升、股东利益保护和社会公众利益的实现。因此，探索董事会秘书独特职能及其对提升公司价值的影响，有着重要的理论意义和现实意义。

董事会秘书的职业地位与其担负的职责有着密切联系。董事会秘书一职最初的主要工作是以股东价值最大化为目标，根据相关法律、法规及股东会、董事会各种议事规则为股东会、董事会决策企业的重大事项提供专业化服务。随着公司组织形式与规模的不断发展，董事会秘书制度各项复杂的职责与职能也日趋完善，董事会秘书的职业地位也随之变化。

实际上，占据董事会秘书时间和精力最多的是投资者关系管理。挂牌或上市公司的经营运作基本要求是公开、透明，但由于股东复杂或众多，新三板挂牌公司有些规模在数千人甚至数万人，不可能由负责战略决策的董事长和战略执行的总经理来与众多的投资者及潜在投资者沟通。由于董事会秘书负责信息披露工作，对公司经营方面的数字与细节关注较多，能自如地回复投资者的质询，并且可以很好地控制信息传递的口径，所以，由董事会秘书从事这项工作责无旁贷。

董事会秘书还可通过与其他挂牌或上市公司的投资者关系管理部门、专业的咨询公司、财经公关公司等保持良好的合作、交流关系，借用外部力量取得经验效应，使挂牌或上市公司在投资者关系管理工作中因势利导，事半功倍。投资者关系管理为挂牌或上市公司带来的实际利益证明了董事会秘书负责的投资者关系管理对提升公司价值的重要地位与作用。

5.3.3　工作目标

董事会秘书的工作具有多重目标，包括实现股东价值最大化、保护投资者利益，以及协助监管机构规范公司治理等，多维度的工作目标驱动，使董事会秘书最终成为规范公司运作、协调和维护市场各方面利益和关系的中心。

在外部协调方面，通过董事会秘书与监管部门、行业协会、交易所等管理部门的接触与沟通，形成良好的沟通机制与合作关系，增进监管机构对公司的了解和理解，提升公司的运作效率。

在内部协调方面，董事会秘书具有广泛涉及公司内部运作程序的职权。董事会秘书通过信息传递和组织协调使公司股东会、董事会和监事会正常运作起来，成为公司治理的轴心。董事会秘书的有效工作，是提高“三会”运作效率的基本保证。更为重要的是，公司程序性和辅助性事务的集中行使改变了公司权力分散于单个机关或个人行使的不利局面，使得公司董事等经营人员能够将更多的精力投入到公司经营中去，使得公司信息沟通和决策执行的渠道更为畅通，从而提高了公司的运作效率，促进了公司的运作规范。同时，权力的集中行使也使得董事会秘书成为公司大量具体经营活动的直接经手人和见证人，对公司经营管理人员的权力具有制约的作用，保护了投资者的合法权益，实现了股东利益的安全。

此外，通过董事会秘书与券商、会计师事务所、律师事务所等中介机构的密切接触和频繁沟通，能够加深中介机构对公司战略和业务的理解，共司设计适合公司自身资源和未来发展需要的融资模式，共同研究解决重大问题的方案与思路，避免因与中介机构的沟通不畅而在重大事项的处理上误入歧途。

由此可见，董事会秘书通过协调公司内外部协作关系，提升了公司运作效率和公司价值。随着中国资本市场监管日趋严格和挂牌上市公司并购、再融资等活动的增加，董事会秘书的存在价值会日益彰显。而这些作用最终都与投资者关系管理联系了起来。

5.3.4 具体职责

董事会秘书的具体职责如表 5-1 所示。

表 5-1 新三板挂牌企业等公众公司董事会秘书的主要职责

职责简称	具体职责
"两会"筹备	组织筹备董事会会议和股东大会，准备会议文件，安排有关会务，负责会议记录，保障记录的准确性，保管会议文件和记录，主动掌握有关决议的执行情况。对实施中的重要问题，应向董事会报告并提出建议
确保合规	董事会秘书应确保公司董事会决策的重大事项严格按规定的程序进行。协助董事及高级管理人员在行使职权时切实履行境内外法律、法规、公司章程及其他有关规定。在知悉公司或可能做出违反有关规定的决议时，有义务及时提醒，并有权如实向全国股转系统、沪深交易所、中国证监会及其他监管机构反映情况
信息披露	负责协调和组织公司信息披露事宜，建立健全有关信息披露的制度，参加公司所有涉及信息披露的有关会议，及时知晓公司重大经营决策及有关信息资料。负责公司股价敏感资料的保密工作，并制定行之有效的保密制度和措施。对于各种原因导致公司股价敏感资料外泄，要采取必要的补救措施，及时加以解释和澄清，并通告境外挂牌或上市地监管机构及中国证监会
投资者关系	负责协调和组织市场推介，协调来访接待，处理投资者关系，保持与投资者、中介机构及新闻媒体的联系，负责协调解答社会公众的提问，确保投资人及时得到公司披露的资料。组织筹备公司境内外推介宣传活动，对市场推介和重要来访等活动形成总结报告，并组织向中国证监会报告有关事宜
决策咨询	根据董事会要求，参加和组织董事会决策事项的咨询、分析，提出相应的意见和建议
资料保管	负责管理和保存公司股东名册资料、董事名册、大股东的持股数量和董事股份的记录资料，以及公司发行在外的债券权益人名单。可以保管公司印章，并建立健全公司印章的管理办法
和监管部门联络	董事会秘书作为公司与证券监管部门的联络人，负责组织准备和及时递交监管部门所要求的文件，负责接受监管部门下达的有关任务并组织完成
协助调查	协调向公司监事会及其他审核机构履行监督职能提供必需的信息资料，协助做好对有关公司财务主管、公司董事和经理履行诚信责任的调查。 董事会秘书应当如实向监事会提供有关情况和资料，不得妨碍监事会或者监事行使职权
日常工作	受委托承办董事会及其有关委员会的日常工作
培训	负责对公司高级管理人员及相关人员就投资者关系进行全面和系统的培训

从表 5-1 可知，董事会秘书是公司投资者关系管理的中枢与重要的直接面对与接洽者之一，其职责的广泛性决定了其在投资者关系管理事务中，发挥沟通与协调作用的重要性。

5.4　董事会秘书在投资者关系中的独特作用

现代公司特别是新三板挂牌企业、拟挂牌企业或沪深上市公司，董事会秘书具备提升公司价值的独特职能，直接影响到公司价值提升、股东利益保护和社会公众利益的实现，为价值创造、市值管理、价值经营、价值保障提供了有效途径。下面强调几个方面的作用。

5.4.1　投资者关系沟通与提升公司价值

投资者关系管理涉及的关系很复杂，董事会秘书在投资者关系管理中，如何在投资者、客户、公司员工之间求得平衡，实现股东权益、客户利益、公司利益、员工利益和社会利益的有机统一，有效提升公司价值，是一项难度极大而又极其重要的工作，其目的在于通过提高投资者对公司的认同度，让投资者全面了解公司的情况、实力、信誉和可持续发展的前景，进而提高公司的价值。这一切工作的关键都在于沟通，核心环节就是信息披露。让所有的投资者在同一时间了解到公司的真实情况，达到影响最广、速度最快的效果。主动进行非强制性信息披露是一种投资者关系管理的技巧，也是董事会秘书施展投资者关系管理才能的空间。

为了提升公司价值，董事会秘书可以通过召开分析师会议、路演、开展与大小股东之间直接或间接的对接沟通及网络沟通等方式来更好、更有效率、更经济地进行投资者关系管理。

5.4.2　媒体关系管理

投资者关系管理工作还有一个十分重要的环节就是媒体关系管理。此项工作的重要性在于它直接影响着公司市值的走向，因为股价不但取决于资产价值，而且取决于投资者的感受。

媒体对公司价值的负面影响巨大，反过来说对公司价值的正面影响也同样巨大，关键在于公司如何做好媒体关系管理工作。董事会秘书将媒体关系管理作为投资者关系管理工作的重要手段，应重点关注以下几点。

（1）完善公司媒体沟通制度，提升媒体沟通效率，分为日常和危机两种应对方案，形成统一的宣传口径，并对媒体发布的信息进行监测，形成量化的效果评估。

（2）熟悉不同媒体操作风格和受众特点。进行媒体分析和受众调查，确定受众的认知情况，传播的重点、难点。

（3）整合媒体资源，形成统一声音。

（4）保持挂牌企业或上市公司和媒体的双向沟通。

（5）高度重视网络媒体的作用与影响。

董事会秘书应顺应形势的变化，将媒体管理的关注点由一般媒体向网络媒体倾斜，可以避免因对网络媒体关系管理的缺失而造成的严重后果。

5.4.3 危机管理

危机是挂牌企业或上市公司难以避免的一种局面，它会给公司带来难以估量的损失。为此，投资者关系管理工作产生了一种应对特殊局面的机制，那就是“危机管理”。危机意味着危险也意味着机会，优秀的董事会秘书可巧妙运用危机管理机制，积极应对危机，化风险为机遇，通过危机的消除树立公司正面的企业形象，展现公司规范的运作、良好的投资价值，凝聚吸引投资者，维护公司形象。

在应对危机阶段，需要注意以下几点。

（1）董事会秘书主导的危机公关，要突显维护公司价值的独特作用。

（2）开展多种形式的公共媒体宣传，展开多种形式的公关活动。

（3）与关键利益相关方进行沟通，将利益相关各方排序，并制订有针对性的沟通方案，必要时聘请危机顾问。

（4）在危机过后的善后协调阶段，在务实的同时，特别需要务虚，进行声誉重建、信任重建。

由上分析，可见董事会秘书在投资者关系管理中具有独特作用，只有发挥董事会秘书的独特职能，才能实现公司价值的维护和公司价值的提升。

5.5　投资者关系管理相关的其他主体及人员

5.5.1　直接工作人员

目前，新三板还没有专门的投资者关系管理的相关制度、规则，这里借鉴上市公司的相关指引和规则。

我国沪深上市公司一般应确定由董事会秘书负责投资者关系工作。公司可视情况指定或设立投资者关系工作专职部门，负责公司投资者关系工作事务，可结合本公司实际制订投资者关系工作制度和工作规范。投资者关系工作包括的主要职责如下。

（1）分析研究。统计分析投资者和潜在投资者的数量、构成及变动情况；持续关注投资者及媒体的意见、建议和报道等各类信息并及时反馈给公司董事会及管理层。

（2）沟通与联络。整合投资者所需信息并予以发布；举办分析师说明会等会议及路演活动，接受分析师、投资者和媒体的咨询；接待投资者来访，与机构投资者及中小投资者保持经常联络，提高投资者对公司的参与度。

（3）公共关系。建立并维护与证券交易所、行业协会、媒体及其他上市公司和相关机构之间良好的公共关系；在涉及诉讼、重大重组、关键人员的变动、股票交易异动及经营环境重大变动等重大事项发生后配合公司相关部门提出并实施有效处理方案，积极维护公司的公共形象。

（4）有利于改善投资者关系的其他工作。公司应建立良好的内部协调机制和信息采集制度。负责投资者关系工作的部门或人员应及时归集各部门及下属公司的生产经营、财务、诉讼等信息，公司各部门及下属公司应积极配合。除非得到明确授权，公司高级管理人员和其他员工不得在投资者关系活动中代表公司发言。公司可聘请专业的投资者关系工作机构协助实施投资者关系工作。

公司从事投资者关系工作的人员需要具备以下素质和技能。

（1）全面了解公司各方面情况。

（2）具备良好的知识结构，熟悉公司治理、财务会计等相关法律、法规和证券市场的运作机制。

（3）具有良好的沟通和协调能力。

（4）具有良好的品行，诚实信用。

公司可采取适当方式对全体员工特别是高级管理人员和相关部门负责人进行投资者关系工作相关知识的培训。在开展重大的投资者关系促进活动时，还可做专题培训。

5.5.2 证券事务代表

证券事务代表为新三板挂牌企业或上市公司的重要岗位（沪深上市公司必须的岗位，新三板目前还没有强制规定），隶属于董事会秘书领导的证券事务部，职责范围多同董事会秘书。根据深交所股票上市规则（2012 修订）与上交所股票上市规则（2012 修订）规定，上市公司在聘任董事会秘书的同时，还应当聘任证券事务代表，协助董事会秘书履行职责。在董事会秘书不能履行职责时，由证券事务代表行使其权利并履行其职责，在此期间，并不当然免除董事会秘书对公司信息披露事务所负有的责任。证券事务代表应当参加新三板或沪深交易所组织的董事会秘书资格培训并取得董事会秘书资格证书。

关于证券事务代表的职责，这里根据一些公司实际操作人员的总结情况，做出归纳。

（1）协调公司信息披露与保密工作。协助董事会秘书及时了解公司在日常经营活动中产生的重大信息，并及时发布，建立健全公司的信息披露制度，组织制订公司信息披露事务管理制度，编制与披露定期报告和临时报告；准备其他监管部门要求报送的文件，督促公司及相关信息披露义务人遵守信息披露相关规定。负责公司信息披露的保密工作，在未公开重大信息出现泄露时，及时向股转公司或证券交易所报告并公告。

（2）维护监管部门和投资者关系，研究、实施证券投资，撰写相关分析报告，提出建议。

（3）负责公司投资者关系管理和股东资料管理工作，协调公司与证券监管机构、股东及实际控制人、保荐机构、证券服务机构、媒体等之间的信息沟通，协助董事会秘书与上级监管部门、证券交易所保持联络，接受有关任务并落实完成。

（4）组织筹备董事会会议和股东大会，参加股东大会、董事会会议、监事会会议及高级管理人员相关会议，负责董事会会议记录工作并签字确认。协助董事会秘书提出股东大会的召开方案、编制股东大会文件；准备、保管会议文件和记录。

（5）负责公司与证券、股东、投资者关系有关档案管理，比如章程、内控制度文件、各类表格和单据，时刻留意公司股票的情况，并做出相应的处理。

（6）关注媒体报道并主动求证真实情况，督促董事会及时回复股转公司或证券交易所的所有问询。

（7）参与公司内控文件的编写，主要涉及证券、财务、资本运作相关的规则、制度等。

（8）国税、地税、环保；工商局、中小企业服务中心等相关文案和事务的处理，主要是指有关请示与批文的办理。

（9）撰写挂牌或IPO成功、失败等案例的分析。

（10）同行业新三板挂牌企业或沪深上市公司分析。

（11）收集地方政府等相关部门对中小企业的优惠政策，寻找利益相关性等机会。

（12）其他工作。

5.5.3　法律事务室及顾问

实际上，企业法律事务室也涉及投资者关系事务，他们往往从法律的角度对相关事项如信息披露、有关纠纷进行把关。

法律事务室的工作职责是：建立、完善包括投资者关系管理在内的各项法律事务管理办法和其他各项规章制度，健全法律风险防范机制；参与公司重大经济活动的谈判工作，组织公司重大经济活动的法律论证，提出减少、避免法律风险的措施和法律意见；协助公司职能部门办理公司注册、合并、分立、兼并、收购、重组、解散、注销、撤销、破产、公证、抵押等法律事务并审查相关法律文件；协助公司职能部门办理对外回函、发表声明、启事等涉法事务及公司依法经营事宜；负责办理或委托律师事务所专业律师处理和解决公司的诉讼、仲裁案件及其他诉讼、非诉讼法律事务；负责公司合同管理工作，审查、修改合同，监督公司重大合同的履行等。这些工作直接或间接与投资者关系管理有着一定的关系和联系。

5.5.4　授权代表、合格会计师

授权代表和合格会计师是香港联交所实行的制度。对于新三板挂牌企业及拟挂牌企业来说，这里只需了解一下便可。

香港联交所《证券上市规则》规定，每个上市发行人应委任两名授权代表，作为发行人与香港联交所的主要沟通渠道。除非香港联交所在特殊情况下同意有不同的安排，否则该两名授权代表必须由两名董事或由一名董事及发行人的公司秘书担任。

香港联交所《证券上市规则》规定："每家上市发行人必须确保其在任何时候均聘有一名全职人士，负责（其中包括）监督上市发行人及其附属公司的财务汇报程序及内部监控，以及遵守《证券上市规则》有关财务汇报及其他涉及会计事宜的规定。该名人士须属上市发行人的高级管理人员（最好是执行董事），且必须是一名合格会计师，具有香港会计师公会（或该会豁免其会籍考试要求所认可的类似会计师组织）资深会员或会员资格。"内地认可的会计师不符合上述资格，香港联交所要求该名人士一般为全职人士，且为上市发行人的高级管理人员。我国内地证券交易所上市规则无相关规定。

5.5.5 非 IRM 工作的员工

对于非 IRM 工作的员工，这里介绍一下沪深上市公司的情况和要求。

中国证监会《上市公司与投资者关系工作指引》规定，负责投资者关系工作的部门或人员应及时归集各部门及下属公司的生产经营、财务、诉讼等信息，公司各部门及下属公司应积极配合。除非得到明确授权，公司高级管理人员和其他员工不得在投资者关系活动中代表公司发言。在有些公司，每个部门会指定 1～2 名代表，当投资者关系部门需要数据时，就问询这些代表，以确保每个部门发生的重要事情都让投资者关系部门知道。《上海证券交易所上市公司信息披露事务管理制度指引》规定，公司总部各部门及各分公司、子公司的负责人应当督促本部门或公司严格执行信息披露事务管理和报告制度，确保本部门或公司发生的应予披露的重大信息及时通报给公司信息披露事务管理部门或董事会秘书；上述各类人员对公司未公开信息负有保密责任，不得以任何方式向任何单位或个人泄露尚未公开披露的信息。

新三板挂牌企业或沪深上市公司所有非 IRM 员工，尽管不直接参加投资者关系工作，但也有协助配合的义务。因此，也应该加强对投资者关系相关知识的了解，一方面注意信息保密，尤其是挂牌或上市公司股价敏感信息的知情人，对其知晓的公司尚未披露的信息负有保密义务，不得擅自以任何形式对外披露上市公司有关信息，不得在投资者关系活动中代表公司发言；另一方面要在工作中协调配合，积极支持，做好投资者关系工作。

公司各部门和各分公司、子公司的负责人应及时提供和传递挂牌或上市公司信息披露制度所要求的各类信息，并对其所提供和传递信息资料的一致性、真实性、准确性和完整性负责，并指定专门人员就上述事宜与董事会秘书保持沟通并配合其共同完成公司信息披露的各项事宜。控股子公司、参股子公司的重大经营事项需公开披露的，该事项的公告应先提交该控股子公司、参股子公司董事长审核签字，再提交挂牌或上市公司总经理审核同意，最后提交挂牌或上市公司董事长审核批准，并以挂牌或上市公司名义发布。

5.6　投资者关系工作的其他利益相关者与顾问机构

利益相关者是指企业内部与外部能影响组织或被组织影响的个人和团体。投资者关系工作的利益相关者很多，股东、内部员工是投资者关系工作的利益相关者，相关监管机构、协会、评奖机构和评级机构也可以说是投资者关系工作的利益相关者。

5.6.1　中国证监会

中国证券监督管理委员会（简称“中国证监会”）为国务院直属正部级事业单位，依照法律、法规和国务院授权，统一监督管理全国证券期货市场，维护证券期货市场秩序，保障其合法运行。中国证监会设在北京，目前现设主席 1 名，副主席 4 名，纪委书记 1 名（副部级），主席助理 1 名；机关内设 21 个职能部门，1 个稽查总队，3 个中心；根据《证券法》第 14 条规定，中国证监会还设有股票发行审核委员会，委员由中国证监会专业人员和所聘请的会外有关专家担任。中国证监会在省、自治区、直辖市和计划单列市设立 36 个证券监管局，以及上海、深圳证券监管专员办事处等。

其中的非公部专门是针对新三板等场外市场服务于广大非上市公众公司及相关中小微企业的，其主要职能是拟订股份有限公司公开发行不上市股票的规则、实施细则；审核股份有限公司公开发行不上市股票的申报材料并监管其发行活动；核准以公开募集方式设立股份有限公司的申请；拟订公开发行不上市股份有限公司的信息披露规则、实施细则并对信息披露情况进行监管。

1．主要职能

（1）建立统一的证券期货监管体系，按规定对证券期货监管机构实行垂直管理。

（2）加强对证券期货业的监管，强化对证券期货交易所、上市公司、证券期货经营机构、证券投资基金管理公司、证券期货投资咨询机构和从事证券期货中介业务的其他机构的监管，提高信息披露质量。

（3）加强对证券期货市场金融风险的防范和化解工作。

（4）负责组织拟订有关证券市场的法律、法规草案，研究制定有关证券市场的方针、政策和规章；制定证券市场发展规划和年度计划；指导、协调、监督和检查各地区、各有关部门与证券市场有关的事项；对期货市场试点工作进行指导、规划和协调。

2．主要职责

（1）依法制定有关证券市场监督管理的规章、规则，并依法行使审批或者核准权。

（2）依法对证券的发行、上市、挂牌、交易、登记、存管、结算进行监督管理。

（3）依法对证券发行人、挂牌或上市公司、证券公司、证券投资基金管理公司、证券服务机构、证券交易所（交易场所如新三板）、证券登记结算机构的证券业务活动进行监督管理。

（4）依法监督检查证券发行、上市、挂牌和交易的信息公开情况。

（5）依法对违反证券市场监督管理法律、行政法规的行为进行查处。

（6）法律、行政法规规定的其他职责。

中国证监会依法履行职责，有权采取下列措施。

（1）对证券发行人、挂牌或上市公司、证券公司、证券投资基金管理公司、证券服务机构、证券交易所、证券登记结算机构进行现场检查。

（2）进入涉嫌违法行为发生场所调查取证。

（3）询问当事人和与被调查事件有关的单位和个人，要求其对与被调查事件有关的事项做出说明。

（4）查阅、复制与被调查事件有关的财产权登记、通讯记录等资料；查阅、复制当事人和与被调查事件有关的单位和个人的证券交易记录、登记过户记录、财务会计资料及其他相关文件和资料；对可能被转移、隐匿或者毁损的文件和资料，可以予以封存。

（5）查询当事人和与被调查事件有关的单位和个人的资金账户、证券账户和银行账户；对有证据证明已经或者可能转移或隐匿的违法资金、证券等涉案财产或者隐匿、伪造、毁损重要证据的，经国务院证券监督管理机构主要负责人批准，可以冻结或者查封。

（6）在调查操纵证券市场、内幕交易等重大证券违法行为时，经国务院证券监督管理机构主要负责人批准，可以限制被调查事件当事人的证券买卖等。

中国证监会是投资者关系最高监管部门。

5.6.2　协会与评奖机构

1. 投资者关系协会

我国目前没有投资者关系协会，未来或会在恰当的历史时期产生。欧美等发达国家或地区有投资者关系协会，如 1990 年成立的、总部设在伦敦的国际投资者关系协会；投资者关系协会（亚洲）2002 年 4 成立了中国香港分会；1969 年成立了全美投资者关系协会等。

我国目前有中国上市公司协会投资者关系管理专业委员会，该委员会创立于 2014 年 12 月，具体成立概况如下。

为了促进上市公司投资者关系管理工作交流，提高工作水平，研究、推进相关制度进一步完善，中国上市公司协会组建了投资者关系管理专业委员会。2014 年 12 月 17 日，投资者关系管理专业委员会成立大会暨第一次工作会议在北京举行。

中国上市公司协会党委委员、纪委书记、副监事长、委员会筹备负责人杨琳同志主持会议并介绍了委员会的成立背景和组建过程。她指出，成立投资者关系管理专业委员会是上市公司协会贯彻落实“投保国九条”的重要举措，投资者关系管理委员会应成为上市公司投资者关系管理工作的交流互动平台、专业研究平台、宣传培训平台、资源共享平台，为协会会员做好相关专业服务，把上市公司投资者关系管理工作推向一个新的高度，为资本市场的发展做出贡献。

委员会主任委员、金融街股份有限公司董事长刘世春介绍了委员会工作规程。各副主任委员、委员分别发言，对委员会工作规程和2015年重点工作进行了讨论。根据会议的初步决定，该专业委员会今后的工作重点主要从投资者关系管理交流和培训、市值管理研究、投资者关系管理评价等方面开展。

2．新三板挂牌公司协会

近两年来，我国一些省市陆续成立了新三板挂牌公司协会，如2014年6月25日成立的“郑州高新技术产业开发区挂牌公司服务协会”、2015年7月7日成立的青岛股转系统挂牌公司协会等。

这些协会一般由本地或所辖区域内的挂牌公司、拟挂牌公司及在当地备案的证券经营机构、会计师事务所、律师事务所、投资机构、银行等机构自愿结成的自律性、地方性的非盈利性社会团体组成，旨在加强会员之间的沟通交流、业务和合规培训，帮助企业优化配置各类市场资源，督促挂牌公司规范信息披露和公司治理，探讨以挂牌公司、券商、投资机构为主体的共赢发展模式，推动企业持续、快速发展。

新三板挂牌公司协会的主要功能是：组织会员学习和贯彻证券法律、法规和政策；开展自律管理，指导会员规范证券业务工作；加强与证券监管部门、沪深交易所、全国股转系统和政府有关部门的联系，及时反映会员意见和建议，依法维护会员合法权益；组织挂牌公司、拟挂牌公司董事、监事及高级管理人员培训，提高规范化运作水平；与全国股转系统等开展“新三板”发展和问题研究，组织学术交流、考察活动。

【案例】青岛股转系统挂牌公司协会

2015年7月7日，青岛股转系统挂牌公司协会成立，标志着青岛新三板市场发展进入了新的起点。该协会是继青岛证券期货业协会、青岛上市公司协会、青岛财富管理基金业协会之后，由青岛证监局主管成立的第四家证券行业自律组织，协会的成立标志着青岛资本市场实现了自律组织对市场主体的全面覆盖。

目前，青岛已有挂牌公司27家，累计实现定向增发10次，直接融资3.66亿元，进入全国股转系统在审的公司有13家。目前申请加入协会的公司达到60余家，包括挂牌公司和拟挂牌公司。股转系统挂牌公司协会的成立标志着青岛新三板市场进入了更规范的发展阶段。协会将有效发挥自律监管作用，规范发展市场秩序，搭建新三板公司内外部沟通平台，实现经验交流、行业合作、规范经营、融资便利，提升企业的管理水平和市场竞争力，对督促企业诚信经营、信息公开、保护投资者合法权益等提供有力的支持。

协会宗旨为遵循“公开、公平、公证”的原则，恪守“服务、自律、规范、提高”的基本职责；推动小微企业到三板市场挂牌融资；加强自律监管，规范市场秩序，引导新三板公司依法规范运作；依法维护会员的合法权益，开展会员之间、会员与外部主体的交流合作，提高新三板公司质量，促进市场健康发展。

3. 上市公司协会、上市公司董事（长）协会和董秘（董事会秘书）协会

目前，我国很多省（市）都有该省（市）的上市公司协会、上市公司董事（长）协会或董秘协会，这些协会在经验交流、协调沟通、提升投资者关系水平等方面进行了卓有成效的工作，为我国成立全国性的投资者关系协会奠定了基础。

比如，我国第一家上市公司董事会秘书的专业团体是1999年11月成立的上海上市公司董秘协会。2003年7月，重庆上市公司董事长协会成立，当时协会共有会员单位42家，其中29家上市公司，4家拟上市公司，3家会计师事务所，6家律师事务所。2004年5月，北京上市公司协会成立，是由当时北京辖区89家上市公司作为会员单位和由中国证券报、上海证券报和证券时报作为特别会员单位自愿组成的自律性组织。

4. 评奖机构

除了各种协会评奖之外，一些媒体的评奖具有特定的影响力。如由《每日经济新闻》主办的“2016年新三板未来之星总评榜”活动，该活动历时3个月，以严谨的专业态度，公平、公正、公开的评选流程，在经历了专业机构提名甄选和紧张激烈的投票，对新三板挂牌公司进行全方位、多维度考量，最终评选出成长潜力之星、商业模式之星、竞争优势之星、创新科技之星、诚信治理之星和创业领袖之星6大奖项。又如，由新三板垂直服务平台三板富联合全景网、《经济观察报》、央视证券频道《赢在新三板》联合发起的“2015首届新三板最具投资价值企业评选活动”等。

其他诸如上市公司及相关各类著名评奖机构或媒体的评奖，都能对投资者更全面地认识和了解新三板挂牌企业等有着一定的参考和影响作用。

5.6.3 评级机构

评级机构的评级对投资者有重要影响。很多公司像对待卖方分析师一样对待评级机构，定期或不定期地向其传递公司的最新信息。世界上最著名的评级机构当属标准普尔、穆迪、惠誉国际这三家国际评级公司。

标准普尔（Standard & Poor's）是世界权威金融分析机构，总部位于美国纽约市，1860年创立。现在，标准普尔是麦格劳—希尔集团的子公司，专为全球资本市场提供独立信用评级、指数服务、风险评估、投资研究和数据服务，在业内一向处于领先地位。标准普尔是全球金融基础建构的重要一员，在150年来一直发挥着领导者的角色，为投资者提供独立的参考指针，作为投资和财务决策的信心保证。

穆迪（Moody）主要指的是穆迪的投资等级或穆迪的投资服务公司，总部位于美国纽约市的曼哈顿，1900年创立。目前，穆迪在全球有800名分析专家、1700多名助理分析员，在17个国家设有机构，股票在纽约证券交易所上市交易（代码MCO）。穆迪投资服务公司信用等级标准从高到低可划分为：Aaa级、Aa级、A级、Baa级、Ba级、B级、Caa级、Ca级和C级。

惠誉国际是唯一的欧资国际评级机构，总部设在纽约和伦敦。在全球设有40多个分支机构，拥有1100多名分析师。惠誉国际业务范围包括金融机构、企业、国家、地方政府和结构融资评级。迄今惠誉国际已完成1600多家银行及其他金融机构评级，1000多家企业评级及1400个地方政府评级，以及全球78%的结构融资和70个国家的主权评级。其评级结果得到各国监管机构和债券投资者的认可。在三大评级公司里，惠誉国际是最早进入中国的。

随着新三板的发展，未来相关的各类评级也会不断的出现和发展。

【案例】清科2015中国股权投资年度中介机构——新三板评选排名

2015年12月1—4日，由清科集团、投资界主办的投资界年会周在北京召开，大会吸引了约3000名业界人士参与。作为本次大会的重磅聚焦点——“清科集团2015年度中国股权投资年度排名榜单”于12月4日隆重揭晓。

清科—2015年度中国股权投资年度排名（总榜单）新三板篇：

2015 年（VC/PE 支持）中国企业新三板挂牌主办券商 10 强排名：
申万宏源证券有限公司
中信建投证券股份有限公司
安信证券股份有限公司
中泰证券股份有限公司
广发证券股份有限公司
国信证券股份有限公司
东吴证券股份有限公司
国泰君安证券股份有限公司
招商证券股份有限公司
中信证券股份有限公司
2015 年（VC/PE 支持）中国企业新三板挂牌审计机构 10 强排名：
瑞华会计师事务所
立信会计师事务所
大华会计师事务所
天健会计师事务所
兴华会计师事务所
大信会计师事务所
信永中和会计师事务所
天职国际会计师事务所
中汇会计师事务所
华普天健会计师事务所
2015 年（VC/PE 支持）中国企业新三板挂牌法律顾问机构 10 强排名：
德恒律师事务所
国浩律师事务所
中伦律师事务所
国枫律师事务所
大成律师事务所
锦天城律师事务所
金杜律师事务所
康达律师事务所

中银律师事务所

君泽君律师事务所

5.6.4 财经公关与财务顾问

1. 财经公关公司

所谓财经公关，是指企业为了寻求和维护其在资本市场投资者和那些对投资者有重要影响的人士心目中特定形象和价值定位，而展开的一系列设计展示和沟通等公关推广活动，从而增强投资者持股信心，使其股票价格和上市公司真实价值相匹配。以财经公关为主要业务的专业机构或公司就是财经公司。本书将用三章来专门讲解。

新三板挂牌企业或沪深上市公司等企业的投资者关系工作，除自己独立开展外，还可以将投资者关系工作的全部或一部分委托给专业的财经公关公司。财经公司的主要工作是：

（1）协助公司设计投资者关系战略；

（2）建立投资者及分析师数据库；

（3）协助挂牌企业或上市公司股票发行人设计并筹办路演、投资者和分析师见面会，以及业绩发布会等；

（4）协助处理媒体关系，进行危机处理；

（5）对挂牌企业或上市公司的投资者关系人员进行培训。

2. 财务顾问公司

财务顾问是指金融中介机构根据客户需要与制定，站在客户的角度为客户的投融资、资本运作、资产及债务重组、财务管理、发展战略等活动提供咨询、分析、方案设计等服务。所提供的大的顾问项目有：投资顾问、融资顾问、资本运作顾问、资产管理与债务管理顾问、企业诊断与发展战略顾问、企业常年财务顾问、政府财务顾问等。财务顾问的具体工作是：

（1）尽职调研，撰写甲方的股改可行性报告；

（2）拟订甲方股权结构及股份公司设立方案；

（3）拟订甲方财务调整方案；

（4）协助选择审计、评估、律师等中介机构，完成符合要求的审计、评估和法律方面的报告；

（5）协助选择保荐人（辅导券商），提供上市前财务顾问服务。

这些工作或多或少地都与投资者关系工作有关联。

5.6.5 督导、保荐机构

对于新三板挂牌企业等公众公司来说，其主办券商就是其督导机构，对挂牌企业负有持续督导义务。督导机构的主要职责有：督导挂牌公司完善公司治理机制和信息披露制度，检查挂牌公司“三会”规范运作情况，事前审查挂牌公司信息披露文件，督导挂牌公司规范履行信息披露义务，并在出现特殊情形时对挂牌公司进行现场检查；股转系统还要求，注重发挥主办券商对于挂牌公司的培育和服务功能，要求主办券商建立对挂牌公司的持续培训机制，指导挂牌公司办理各项业务，建立与挂牌公司的日常联系机制，及时解答挂牌公司的各种业务咨询，做到督导与服务并重。

这些工作或直接或间接与投资者关系管理工作有关。

在国内证券市场，挂牌或上市发行人证券上市后，保荐机构应当持续督导发行人履行规范运作、信守承诺、信息披露等义务。保荐机构针对发行人具体情况确定持续督导的内容和重点，其承担的主要工作有：督导发行人有效执行并完善防止大股东、其他关联方违规占用发行人资源的制度；督导发行人有效执行并完善防止高级管理人员利用职务之便损害发行人利益的内控制度；督导发行人有效执行并完善保障关联交易公允性和合规性的制度，并对关联交易发表意见等。

在证券发行后，保荐机构有充分理由确信发行人可能存在违法违规行为及其他不当行为的，应当督促发行人做出说明并限期纠正；情节严重的，应当向中国证监会、证券交易所报告。保荐机构应当组织协调中介机构及其签名人员参与证券发行上市的相关工作。保荐机构对中介机构及其签名人员出具的专业意见存有疑义的，应当主动与中介机构进行协商，并可要求其做出解释或者出具依据。保荐机构有充分理由确信中介机构及其签名人员出具的专业意见可能存在虚假记载、误导性陈述或重大遗漏等违法违规情形或者其他不当情形的，应当及时发表意见；情节严重的，应当向中国证监会、证券交易所报告。

中介机构及其签名人员应当保持专业独立，对保荐机构提出的疑义或者意见进行审慎的复核判断，向保荐机构、发行人及时发表意见，并可依法向相关部门及中国证监会、证券交易所报告。

5.6.6 律所中介或律师

公司挂牌或上市后，需要律师在以下领域做好投资者关系工作。

（1）协助公司建立投资者关系的基本制度，这些制度如董事会秘书工作制度、投资者关系工作制度、信息披露制度、危机公关制度、内幕交易禁止和预防制度等，需要根据公司的具体情况，在律师的协助下完成。

（2）协助公司履行信息披露义务。

（3）协助公司完善公司治理。

（4）协助公司规范运作；出席股东大会，并出具见证意见。

（5）提供其他法律服务。

第 6 章

6

新三板投资者关系的基石：信息披露

6.1 新三板信息披露的内涵、原则、特点与作用

6.1.1 信息披露的概念

新三板挂牌企业等公众公司的信息披露是投资者关系管理的基础，是公司向投资者和社会公众全面沟通信息的桥梁。公众公司信息披露一般是指公司通过招股说明书（债券集体说明书）、挂牌公告书、定期报告书、临时报告书及其他披露文件，向广大投资者、债权人及其他信息使用者披露公司财务状况、经营成果和现金流量等对决策有用的信息。投资者和社会公众在获取这些信息后，可以作为投资抉择的主要依据。

信息披露按照其依据不同可以分为法定合规的信息披露和自愿性信息披露。前者是指公众公司将反映其经营状况的主要信息，如财务会计报告、重大事项等信息按照法律的要求，向监管者、投资者及其他社会公众等进行报告或者公示的过程；而后者则是公众公司为了使投资者对公司有更为全面的了解，在法律许可的范围内，

超越强制性信息披露的范围而就公司的发展战略、企业文化等方面所做的披露。

真实、全面、及时、充分地进行信息披露至关重要，只有这样才能对那些持价值投资理念的投资者真正有帮助。

6.1.2 信息披露的基本原则

信息披露的基本原则是新三板挂牌企业等公众公司进行信息披露的前提条件。公众公司的信息披露应遵循真实性原则、完整性原则、准确性原则、及时性原则、公平性原则、风险揭示原则和保护商业秘密原则。

1．真实性原则

真实性是信息披露的首要原则，真实性原则要求公众公司披露的信息必须是客观真实的，而且披露的信息必须与客观发生的事实相一致，公众公司要确保所披露的重要事件和财务会计资料有充分的依据。

2．完整性原则

完整性原则又称充分性原则，要求所披露的信息在数量上和性质上能够保证投资者形成足够的投资判断意识。

【案例】信息披露出现重大遗漏

M 公司是一家新三板挂牌企业，该公司在 2014 年年报披露时出现信息重大遗漏，具体情况如下：

M 公司于 2015 年 4 月 17 日在股转公司披露《2014 年度报告》(公告编号 2015-007)，经事后审核发现，因披露人员工作疏忽，出现了两个重大问题：第一，年度报告中披露审计报告附注的具体内容里没有披露财务报表附注；第二，年度报告中的股本结构和前十名股东持股情况表的部分数据存在错误。

M 公司随后于 2015 年 4 月 22 日在股转公司发布了《2014 年度报告(更正公告)》和更正后的《2014 年度报告》，对错误的年度报告进行了相应的更正与补充。

M 公司以上行为违反了《非上市股份有限公司信息披露规则》的相关规定，其董事会秘书作为信息披露负责人，未能恪尽职守、履行勤勉义务，对信息披露违规行为负有一定责任，2015 年 8 月 11 日股转公司对 M 公司及其董事会秘书采取了“出具警示函”的自律监管措施。

3. 准确性原则

准确性原则要求公众公司披露信息必须准确表达其含义，所引用的财务报告、盈利预测报告应由具有证券期货相关业务资格的会计师事务所审计或审核，引用的数据应当提供资料来源，事实应充分、客观、公正，信息披露文件不得刊载任何有祝贺性、广告性和恭维性的词句。

4. 及时性原则

及时性原则又称时效性原则，包括两个方面：一是定期报告的法定期间不能超越；二是重要事实的及时报告制度，当原有信息发生实质性变化时，信息披露责任主体应及时更改和补充，使投资者获得当前真实有效的信息。任何信息都存在时效性问题，不同的信息披露遵循不同的时间规则。

【案例】未及时披露会计差错更正信息

F 公司是一家新三板挂牌企业，该公司于 2012 年 4 月 27 日在股转公司网站上披露了 2011 年年报。然而，由于会计师事务所更换了项目经理，2012 年 5 月，应会计师事务所的要求，F 公司配合完成了工作底稿的重新审计工作，此次审计对年报中的财务数据进行了大范围修改，但是修改后并未发布与之相关的任何公告，直到 2013 年 4 月 26 日，F 公司才发布公告披露上述数据修改。更重要的是，F 公司在 2012 年年报中并没有对 2011 年年报的财务数据存在重大差错进行应有的说明，当然就更不会把调整前后的数据分别罗列出来了。整个事件过程中，F 公司的主办券商没有向股转公司报告，也没有向企业提出任何质疑，更没有对投资者做出任何解释。

F 公司修改财务数据不披露，年报中不罗列和对比过往修改数据，不对过往错误数据进行解释说明，此行为已构成信息披露不及时、内容不完整的违规事实。根据《全国中小企业股份转让系统业务规则（试行）》第一条第五款规定，股转公司对 F 公司采取“出具警示函、要求提交书面承诺”的自律监管措施。

5．公平性原则

公平性原则是指信息披露应公平地对待所有投资者，不能因投资者的规模和类型不同而区别对待，其核心是避免选择性信息披露。所谓选择性信息披露，是公众公司将一些重要信息提供给了一部分投资者而非全部投资者，由此人为造成了投资者之间的信息不对等。选择性信息披露是证券法上的一个非常重要的专业术语。就广义而言，选择性信息披露可分为披露对象上的选择和内容上的选择，前者是指披露行为人向特定的人士披露未公开的信息；后者是指行为人并未披露信息的全部，而是有选择地披露有关信息。一般而言，选择性信息披露多指前者，即公众公司在未公开披露信息之前向特定的人士或特定类型人员披露有关重大信息，而后者则归属于完整性原则。

6．风险揭示原则

公众公司在公开招股说明书、债券募集办法、挂牌公告书、持续信息披露过程中，要对有关部分简要披露公众公司及其所属行业、市场竞争和盈利等方面的现状及前景，并向投资者简述相关的风险。

7．保护商业秘密原则

商业秘密是指不为公众所知悉、能为权利人带来经济利益、具有实用性并经权利人采取保密措施的技术信息和经验信息。由于商业秘密等特殊原因致使某些信息确实不便披露的，公众公司可向监管者申请豁免。内幕信息在公开披露前也属于商业秘密，应受到保护，公众公司信息公开前，任何当事人不得违反规定泄露有关的信息，或利用这些信息谋取不正当利益。商业秘密不受信息披露真实性、准确性、完整性和及时性原则的约束。

6.1.3　信息披露的主要特点

（1）券商事前审查，股转系统事后审查，趋势是电子化监控。新三板挂牌公司应当制定信息披露事务管理制度，经董事会审议后及时向全国股份转让系统公司报备并披露。新三板挂牌公司披露重大信息之前，应当经主办券商审查，公司不得披露未经主办券商审查的重大信息。

（2）遵循重要性原则，自主披露。新三板挂牌公司的主办券商对是否属于重要性事项要做出判断。对经营状况、财务状况、持续盈利能力和成长性有严重不利影响的风险因素，挂牌公司应进行“重大事项提示”。

（3）引入豁免披露，但不过度。军工企业可豁免；其他公司有些规模较小，担心披露核心优势及商业模式，因此希望豁免，这种情况可向股转公司申请，但股转公司提醒不要过度引用豁免条款。

（4）禁止无痕替换，有行为档案。新三板挂牌公司禁止披露文件无痕替换，披露有错误可以替换，但一定是有痕替换，错误文件会保留。全国股转公司对券商、挂牌公司、会计师的行为均有记录，股转公司定期向证监会非公部汇报。

6.1.4　信息披露的作用和意义

1. 信息披露可缓解信息不对称

信息披露制度首要也是最直接的目的就是可以有效缓解证券市场的信息不对称状况，保障股东知情权。在证券市场上，公众公司与证券经营机构占有信息优势，极易形成对市场交易信息的垄断，而投资者很难获取进行投资决策所需的充分信息。即使公司自愿提供信息，也可能存在信息不真实或是不充分的问题。信息披露制度要求公众公司真实、准确、全面、及时地披露相关信息，以保障股东知情权。

2. 能有效提升公司治理水平，约束公众公司和有关人员的行为

有效的信息披露及公众公司与投资者之间充分的沟通交流，有利于提高公司的透明度，促进公司加强内控制度建设，提高公司经营管理能力，促进法人治理结构的改善，最终提升公司治理水平。另外，信息披露要求证券公众公司必须如实地公开自己的真实情况，不得弄虚作假、欺骗公众。这种严格的法律责任从正面起到了促使证券发行人和其他相关人员加强自我约束和自我管理的作用。当然，信息披露不仅可以使股东了解到公司的业绩和其他重大信息，也可据此反映公司管理层的经营能力，为股东在股东大会以投票手段间接参与公司管理的方式决定是否拥护现有管理层提供了切实可行的参考依据。

3. 为投资者提供投资决策依据，并形成一个合理的证券投资组合

信息披露是投资者进行理性决策的前提，投资者只有对公众公司不断变动的企

业运营状况有全面、真实的了解，才能形成对公众公司的基本判断，也才能据此做出理性的投资决策，实现预期收益。投资者建立在充分信息披露基础之上的理性决策最终也会反映在公司价值的持续提升上。事实上，当市场披露了有用的信息，投资者在权衡不同证券价格所反映的风险和报酬的基础上，做出购买、持有、转让的决策，并形成一个合理的证券投资组合，这样既分散了风险，同时也将筹集到必要的资本，进而获得丰厚的利润。

4. 有利于保护投资者的合法权益

倘若没有一个健全、完善的信息披露制度作为有关主体的行为规则，则欺诈行为势必盛行，投资风险随之增加，投资者的利益将无法获得保护，终令投资者失去信息，从而破坏证券市场的完整性。公众公司规范化的信息披露可以防止少数人通过不正当的手段垄断信息、牟取暴利，从而保护了投资者的合法权益和社会公众的基本利益。

5. 能够促进资源的最优配置

当信息披露者向市场披露了有用的信息而筹集到了必要的资本（股票或借入资金），并因此获得了丰厚的利润，那么可以认为信息披露已达到了资源的最佳配置的目的，即实现了社会资源的最优增长、社会福利的最大化及其他有益目标。

6. 有利于公众公司树立一个良好的企业形象

公众公司的信息披露制度为其提供了一个自我表现、宣传业绩的手段。随着证券市场的不断完善和投资者心理的不断成熟，这种趋势将更明显。所以，信息披露是公众公司和投资者沟通的桥梁和纽带。同时，也能促使公司不断改善经营管理，提高管理水平，最大限度地增加股东财富和社会经济利益。

7. 便于证券监管

信息披露制度是国家证券监管制度的必要组成部分。信息披露制度是以法律的形式制定的一种证券市场游戏规则，是证券发行者必须承担的义务。另外，一些公众公司除了要接受证券监管机构的监督，还会因为其所处行业的特殊性而要接受其行业监管机构的监督，如银行业还要受到银监会等机构的监管。

6.2　新三板信息披露制度与政策规则体系

6.2.1　信息披露制度建设

新三板挂牌企业、拟挂牌企业等公众公司快速建立一套投资者关系信息管理和反馈机制，制定应变灵活的信息披露策略，规范相关工作，对于今后开展有效的投资者关系活动至关重要，如图 6-1 所示。

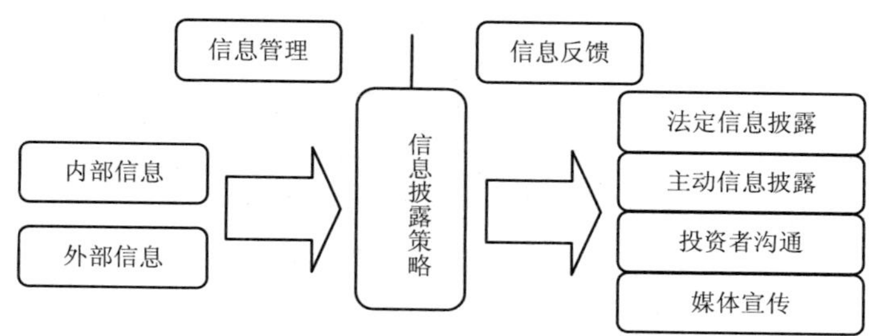

图 6-1　投资者关系管理中的信息管理与反馈

6.2.2　信息管理制度建设

新三板以信息披露为核心，通过内外部信息的采集、整理和分析，了解投资者关注重点和疑虑，进而对信息披露的内容和策略进行修正，并通过法定信息披露和主动信息披露的双向渠道，向投资者全面、客观、公正地展示公司的经营发展状况和投资价值，改善投资者的认知，进而影响机构对公司更全面的认识及对股票的合理估值，如图 6-2 所示。

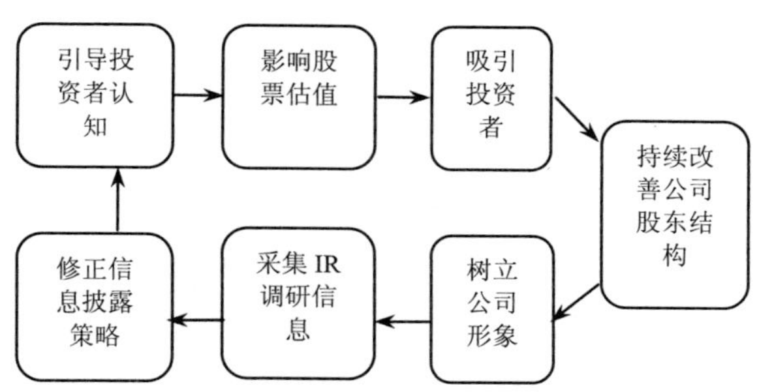

图 6-2　投资者关系管理中的信息管理制度建设

6.2.3 新三板信息披露制度

根据《全国中小企业股份转让系统挂牌公司信息披露细则（试行）》（以下简称《信息披露细则》）规定，新三板挂牌企业的信息披露分为两大类，一类是申请挂牌时的信息披露，另一类是挂牌后的持续信息披露，如图 6-3 所示。

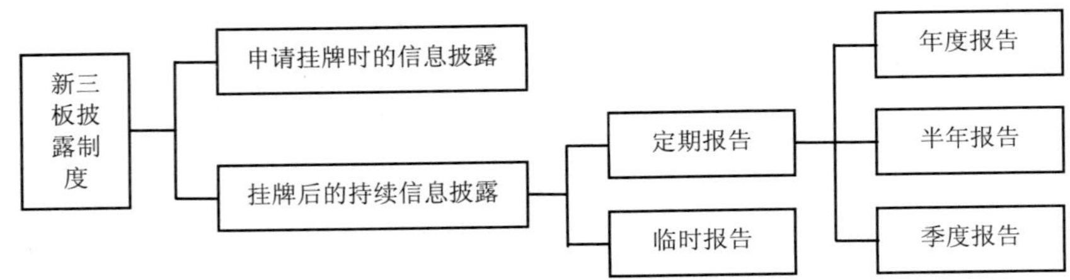

图 6-3 新三板挂牌公司信息披露制度框架

6.2.4 信息披露的分类

1. 挂牌前披露

申请挂牌时，公司自然要把全部情况披露出来，供股转系统审核。新三板采取主办券商推荐制度，由券商整理公司挂牌所需的一应文件并报送股转公司。股转公司用这些文件论证申请挂牌公司符合依法设立且存续满两年；业务明确，具有持续经营能力；公司治理机制健全，合法规范经营；股权明晰，股票发行和转让行为合法合规；主办券商持续督导 5 大基本要件。可以说，整改申请过程就是首次披露过程。申报的文件主要有：

（1）公开转让说明书；

（2）财务报表及审计报告；

（3）补充审计期间的财务报表及审计报告（如有）；

（4）法律意见书；

（5）补充法律意见书（如有）；

（6）公司章程；

（7）主办券商推荐报告；

（8）定向发行情况报告书（如有）；

（9）全国股份转让系统公司同意挂牌的函；

（10）中国证监会核准文件（如有）；

（11）其他公告文件。

2．挂牌后的持续信息披露

企业挂牌新三板后的持续信息披露分为两大类，第一类是定期报告，即规定挂牌公司在固定时间内公布自己的整体情况，时间给的越长，自然要求披露的信息就越详细、越郑重，投资者可以根据公司的整体情况来判断公司发展的大方向；第二类是临时报告，即规定公司出现了特定事件应当及时公布的情况。临时报告和定期报告相比自然无需如此全面，只描述特定发生了事件即可。而这些事件定然是可能对公司前景或者股价有一些重要影响的问题，此类情况一般也有时效性，所以会规定相应的披露时间。

挂牌公司如何披露其实是一个非常重要的问题。披露信息过量不仅会造成行政资源浪费并加大投资者决策成本，而且会导致企业疲敝应付，所以持续信息披露并非任何信息都要时时更新，这样反而失去了信息披露的意义。

6.2.5　新三板信息披露法规体系

如表 6-1 所示为全国股转系统公布的有关信息披露的法律规则，这里对目前这个体系做一个整理归纳。

表 6-1　新三板挂牌企业信息披露法律规则体系表

类别	法律规则
法律	《中华人民共和国公司法》（以下简称《公司法》）
	《中华人民共和国证券法》（以下简称《证券法》）
法规	《国务院关于全国中小企业股份转让系统有关问题的决定（国发〔2013〕49 号）》
部门规章	《非上市公众公司监督管理办法》
	《非上市公众公司监管指引第 1 号——信息披露》
	《非上市公众公司信息披露内容与格式准则第 1 号——公开转让说明书》
	《非上市公众公司信息披露内容与格式准则第 2 号——公开转让股票申请文件》
	《非上市公众公司信息披露内容与格式准则第 3 号——定向发行说明书和发行情况报告书》
	《非上市公众公司信息披露内容与格式准则第 4 号——定向发行申请文件》
	《非上市公众公司信息披露内容与格式准则第 5 号——权益变动报告书、收购报告书、要约收购报告书》

续表

部门规章	《非上市公众公司信息披露内容与格式准则第 6 号——重大资产重组报告书》
	《非上市公众公司信息披露内容与格式准则第 7 号——定向发行优先股说明书和发行情况报告书》
	《非上市公众公司信息披露内容与格式准则第 8 号——定向发行优先股申请文件》
业务规则	《全国中小企业股份转让系统业务规则（试行）》
	《全国中小企业股份转让系统挂牌公司信息披露细则（试行）》
	《全国中小企业股份转让系统挂牌申请文件内容与格式指引（试行）》
	《全国中小企业股份转让系统公开转让说明书内容与格式指引（试行）》
	《全国中小企业股份转让系统挂牌公司年度报告内容与格式指引（试行）》
	《全国中小企业股份转让系统挂牌公司半年度报告内容与格式指引（试行）》
服务指南	《全国中小企业股份转让系统挂牌公司持续信息披露业务指南（试行）》
	《挂牌公司年度报告内容格式模板》
	《全国中小企业股份转让系统临时报告格式模板》

在法律层面上，《公司法》和《证券法》都规定了信息披露的相关原则性和框架性的内容，但其主要管理对象是上市公司，因此作为上位法起到的是纲领性作用。对于新三板的挂牌公司，主要是由部门规章、业务规则和服务指南来进行细化的。

整个信息披露规则其实主要围绕两个焦点问题展开，首先是从实体上保证公司披露的内容都属于有效信息，能够供投资者决策；其次是从程序上打造一个信息披露的机制，保障企业能够持续披露一应信息。

6.3 新三板持续信息披露主体、职责与流程操作

6.3.1 信息披露义务

根据全国股转系统《信息披露细则》的相关规定，挂牌公司信息披露包括挂牌前的信息披露及挂牌后的持续信息披露，其中挂牌后的持续信息披露包括定期报告和临时报告。

挂牌公司应当披露的定期报告包括年度报告、半年度报告，鼓励但不强制披露季度报告；临时报告是指除定期报告以外的公告，例如股东大会决议公告、董事会决议公告、监事会决议公告及对外投资公告等。

6.3.2 信息披露义务人主体

信息披露义务人包括申请挂牌公司、挂牌公司及其董事（会）、监事（会）、高级管理人员、股东、实际控制人、收购人及其他相关信息披露义务人。

挂牌公司及相关信息披露义务人应当及时、公平地披露所有对公司股票及其他证券品种转让价格可能产生较大影响的信息，并保证信息披露内容的真实、准确、完整，不存在虚假记载、误导性陈述或重大遗漏。

6.3.3 信息披露义务人主体职责

1. 企业、大股东、董事、监事和高级管理人员的职责

根据《公司法》、《证券法》、《非上市公众公司监督管理办法》（以下简称《非公办法》）、《全国中小企业股份转让系统业务规则（试行）》（以下简称《业务规则》）和《信息披露细则》等相关规定：挂牌公司应当按照法律、行政法规、部门规章、全国股份转让系统相关业务规定完善公司治理，确保所有股东，特别是中小股东享有平等地位，充分行使合法权利；应当依据《公司法》及有关非上市公众公司章程必备条款的规定制定公司章程并披露，依照公司章程的规定规范重大事项的内部决策程序。

挂牌公司与控股股东、实际控制人及其控制的其他企业应实行人员、资产、财务分开，各自独立核算，独立承担责任和风险。

控股股东、实际控制人及其控制的其他企业应切实保证挂牌公司的独立性，不得利用其股东权利或者实际控制能力，通过关联交易、垫付费用、提供担保及其他方式直接或者间接侵占挂牌公司资金、资产，损害挂牌公司及其他股东的利益。

【案例】公司控股股东或实际控制人违规占用公司资金未进行信息披露

湖南泰谷生物科技股份有限公司（泰谷生物 430523）2014 年 1 月挂牌新三板。挂牌期间，控股股东、实际控制人、董事长兼总经理曹典军违规占用公司资金，自资金占用行为发生至 2014 年 4 月 28 日期间，公司未履行信息披露义务造成违规。

公司的董事、监事、高级管理人员应当忠实、勤勉地履行职责，保证公司披露信息的真实、准确、完整、及时。董事、监事、高级管理人员不得利用职权收受贿赂或者其他非法收入，不得侵占公司财产。

挂牌公司、控股股东及董事、监事和高级管理人员作为信息披露义务人，应当按照法律、行政法规和中国证监会的规定，真实、准确、完整、及时地披露信息，并应向所有投资者同时公开披露信息，不得有虚假记载、误导性陈述或者重大遗漏。

2. 信息披露负责人的主要职责

根据全国股份转让系统《信息披露细则》、《业务规则》等相关规定，挂牌公司设有董事会秘书的，由董事会秘书负责信息披露管理事务；未设董事会秘书的，挂牌公司应指定一名具有相关专业知识的人员负责信息披露管理事务，并向全国股份转让系统报备。上述人员离职无人接替或因故不能履行职责时，公司董事会应当及时指定一名高级管理人员负责信息披露事务并披露。

挂牌公司董事会秘书或信息披露事务负责人应按照全国股份转让系统相关规定编写公告文稿，并准备备查文件。负责信息披露管理事务的人员应列席公司的董事会和股东大会。

【案例】信息披露不准确、更正不及时，董事会秘书被约谈

B公司是一家三板挂牌企业，该公司于2013年4月22日在股转公司披露的2012年年度报告中（公告编号：2013-008），由于财务人员的疏忽，披露的财务数据与审计报告有一百多处数据不一致，而且未及时发现。时隔近一年后，B公司于2014年4月4日才在股转公司发布了2012年年度报告的更正公告，对报告中的数据重新进行整理，此更正公告长达7页。在更正公告发布一个多月后（2014年5月13日）重新发布了2012年年度报告（更新后）。

B公司信息披露不准确且未及时更正，同时董事会秘书作为信息披露负责人，负责公司信息披露管理事务，未能恪尽职守、履行勤勉义务，对公司信息披露违规行为负有相应责任。根据《全国中小企业股份转让系统业务规则（试行）》第一章1.5条的规定，股转公司于2014年7月7日对B公司采取了约见谈话、要求提交书面承诺的自律监管措施；对董事会秘书采取了约见谈话的自律监管措施。

6.3.4　主办券商等中介机构的职责

根据《非公办法》、《业务规则》的相关规定，主办券商、律师事务所、会计师事务所及其他证券服务机构，应当勤勉尽责、诚实守信，认真履行审慎核查义务，按照依法制定的业务规则、行业执业规范和职业道德准则发表专业意见，保证所出具文件的真实性、准确性和完整性，并接受中国证监会的监管。

主办券商应对挂牌公司拟拔露的信息披露文件进行审查，履行持续督导职责。

6.3.5　信息披露的操作流程

根据 2014 年 12 月 31 日发布的《全国中小企业股份转让系统挂牌公司持续信息披露业务指南（试行）》相关规定，挂牌公司董事会秘书或者信息披露事务负责人应当通过编制端编制披露文件，编制工具里没有明确给出模板的临时公告，由挂牌公司根据有关规定自行编制。挂牌公司准备好披露文件后，应将包括加盖董事会章的公告纸质文件及相应电子文档（电子文档包括定期报告或临时公告正文及相应 XBRL 文件，自行编制的除外）送达主办券商。

主办券商对拟披露文件进行事前审查，使用“全国中小企业股份转让系统数字证书”通过报送端报送披露文件，披露文件包括文件正文（PDF 格式）及 XBRL 文件（自行编制的除外）；信息披露系统在规定的时间段中将披露文件的正文自动发送至全国股份转让系统指定信息披露平台。

具体操作流程示意图如图 6-4 所示。

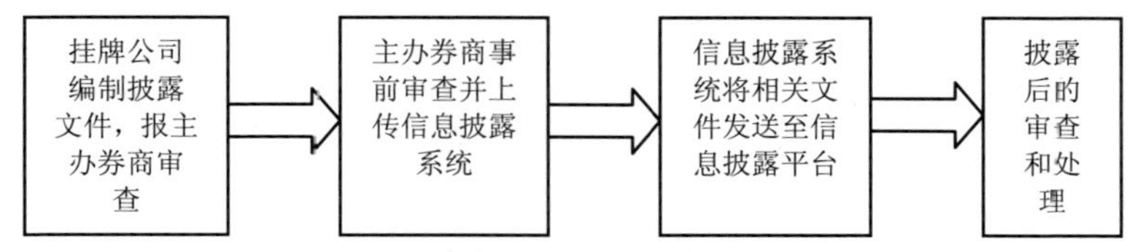

图 6-4　新三板挂牌公司信息披露流程简图

【案例】未在指定平台披露融资信息构成违规披露

A 公司是一家新三板挂牌企业，2015 年 3 月挂牌。同年的 9 月 9 日，A 公司发布公告称公司拟定融资 300 亿元，但未说明资金用途。公告发出后，A 公司董事长在接受媒体采访时表示，将使用这 300 亿元的募集资金进行并购，包括对上市公司的并购，共同打造多家市值在千亿级的上市公司。

A 公司董事长在多次接受媒体采访时发布的信息均未在证监会指定的信息披露平台上披露信息，构成违规信息披露事实，所以应对上述问题负有主要责任。根据《非上市公众公司监督管理办法》第二十九条和第六十二条的规定，当地证监局对 A 公司董事长采取出具警示函的监督管理措施。

6.4　新三板挂牌公司持续披露内容、要求及操作

目前，新三板挂牌的条件相对比较宽松，其中最突出的是没有对企业盈利能力等的要求。另外，新三板不对企业的经营状况、盈利能力等做出评价和背书，而是让不同经营状况的企业都来挂牌，那么这个市场就会把判断企业好坏或者说是否值得投资的权力完全交给了投资者，让投资者根据自己的判断来决定是否对企业进行投资。而投资者获得企业的信息主要还是依靠企业在新三板市场上披露的信息。所以，挂牌公司的信息披露就成为新三板市场监管的重心。信息披露也就成为新三板挂牌公司维护和加强投资者关系管理的重要窗口和途径。新三板挂牌公司的信息披露前面讲了，主要包括挂牌前的信息披露和挂牌后的持续信息披露。前者内容 6.2 节已经讲了，下面介绍持续信息披露的具体内容、注意和要求。新三板挂牌企业的持续信息披露主要包括定期报告、临时报告和其他重要披露事项。

6.4.1　定期报告的总体要求

挂牌公司披露重大信息之前，应当经主办券商审查，公司不得披露未经主办券商审查的重大信息。挂牌公司在其他媒体披露信息的时间不得早于指定披露平台的披露时间。定期报告的总体要求有以下几点。

（1）挂牌公司应当披露的定期报告包括年度报告、半年度报告，可以披露季度报告。

（2）挂牌公司应当在每个会计年度结束之日起 4 个月内编制并披露年度报告，在每个会计年度的上半年结束之日起 2 个月内披露半年度报告；披露季度报告的，

公司应当在每个会计年度前 3 个月、9 个月结束后的一个月内披露季度报告。

【案例】未及时披露季报

B 公司为新三板挂牌企业，该公司 2015 年未能按相关规定及时披露第一季度审计报告，本应该在 4 月 30 日前披露的当年第一季度审计报告，拖到 2015 年 7 月 3 日才在股转公司网站发布《2015 年第一季度审计报告》临时公告，尽管 B 公司在 2016 年 2 月 5 日披露的《2015 年年度报告》中声明没有延期披露材料的主观恶意，但是毕竟构成了季报披露时间严重延迟。无论是何种原因，其行为都已经违反了《全国中小企业股份转让系统信息披露细则（试行）》第十一条的规定。

股转公司根据《全国中小企业股份转让系统信息披露细则（试行）》第四十七条的规定，于 2015 年 8 月 7 日对 B 公司采取了约见谈话的自律监管措施。

（3）披露季度报告的，第一季度报告的披露时间不得早于上一年的年度报告。

（4）挂牌公司年度报告中的财务报告必须经具有证券、期货相关业务资格的会计师事务所审计。挂牌公司不得随意变更会计师事务所，如确需变更的，应当由董事会审议后提交股东大会审议。

【案例】年报没有注册会计师签字

新三板挂牌公司可来博，2013 年年度报告中所披露的审计报告为会计师事务所提供的审计报告初稿，欠缺注册会计师签字、会计师事务所盖章，且落款日期与会计师事务所正式出具的版本不一致。因此，可来博 2013 年年报披露使用未经会计师事务所正式出具的审计报告的行为违反了《非上市公众公司监督管理办法》第二十条、第二十二条，以及《全国中小企业股份转让系统挂牌公司信息披露细则（试行）》第四条、第十三条的规定。

（5）公司不得披露未经董事会审议通过的定期报告。

6.4.2　年度报告的基本要求、重点要求和具体内容

针对挂牌公司的特点进行适当披露，保证信息披露内容的真实、准确、完整。

1. 基本要求

基本思路：逻辑化、突出重点、模块化展示、对比分析。

自主披露：凡公司认为对投资者决策有重大影响的信息，不论制度是否有明确规定，公司均应主动披露；由于商业机密、国家机密等特殊原因导致某些信息不便披露的，可申请豁免披露。

风险警示：当公司最近一个会计年度财务报告被出具否定或无法表示意见的审计报告，或经审计的期末净资产为负时，将对其股票转让实行风险警示。

关联交易：关联交易分为日常性关联交易和偶发性关联交易，对日常性关联交易通过一次性披露年度预计总额和执行情况来提高效率，对偶发性关联交易则提高披露要求，经股东大会审议发布临时公告说明资金结算情况及该交易对公司生产经营的影响。

【案例】关联方事宜披露不完整

蓝天环保（203398）于2015年1月挂牌新三板。蓝天环保总经理潘忠为公司控股股东，在蓝天环保申请挂牌时，他同时担任金大地新能源（天津）集团有限公司（简称“金大地”）总裁，由于未如实提供个人兼职信息，导致金大地未被认定为蓝天环保关联方，且挂牌后蓝天环保与金大地发生委托采购、资金借款事宜，上述交易没有经过公司内部有效决策程序且未披露造成违规。

2. 重点要求

（1）管理层讨论和分析：对于未来的展望和预测必须是严谨的和全套的，禁止无根据的胡说。

（2）风险因素：尽可能定量，对新增风险要重点披露。

（3）重要事项：对其本身和变化进行描述分析，对以前披露的事项不必一一罗列。

（4）董事、监事和高级管理人员情况：要求披露董事、监事和高级管理人员完整的职业经历，不能只披露5年的职业经历。

3. 具体内容及操作

挂牌公司应当在每个会计年度结束之日起4个月内编制并披露年度报告。年度报告应包括以下内容：

（1）公司基本情况；

（2）最近两年主要财务数据和指标；

（3）管理层讨论与分析本年度内的主要经营情况，对持续经营能力进行评价，对下一年度经营计划或目标进行说明；

（4）重要事项，即本年度内发生的所有诉讼、仲裁事项，本年度内履行的及尚未履行完毕的对外担保合同，股权激励计划，关联交易，股东及其关联方以各种形式占用或者转移公司的资金、资产及其他资源；

（5）股本变动及股东情况；

（6）董事、监事、高级管理人员及核心员工情况；

（7）公司治理及内部控制情况；

（8）财务报告；

（9）备查文件目录。

6.4.3　半年度报告和季度报告

1．半年度报告

在每个会计年度的上半年结束之日起两个月内披露半年度报告。挂牌公司的半年度报告主要内容包括：公司半年大事记，声明与提示，目录，基本信息、财务信息和非财务信息，以及备查文件目录等。挂牌公司半年度报告中的财务报告无需经审计。

（1）基本原则与关注要点。

① 创新披露格式，以标准化表格为主，为电子化报送打基础。

② 体现了强制性/自主性信息、通用/个性信息等不同披露层次的结合。

③ 半年度报告可以不经审计，财务报表及其附注未经会计师事务所审计的，挂牌公司应当注明“未经审计”字样。

④ 对于指引中列示的情况进行选择，如果存在则需填列详情，如果不存在则不用填列详情。

⑤ 应重点围绕商业模式、行业及季节性、周期性各因素展示经营成果。

⑥ 比较期间的数据变动幅度达 30%以上，或占公司报表日资产总额 5%或报告

期利润总额 10%以上的，应说明该项目的具体情况及变动原因。

（2）更正情况。

在实践中，挂牌公司更正半年度报告的原因有如下几种。

① 未按最新格式指引进行披露。

② 对比数据未使用上一年同期数据，而使用年末数据。

③ 主要会计数据和关键指标计算错误。

④ 财务报表列示错误。

⑤ 实际控制人或前十大股东持股比例披露错误。

2．季度报告

在每个会计年度前三个月、九个月结束后的一个月内披露季度报告。披露季度报告的，第一季度报告的披露时间不得早于上一年的年度报告。

6.4.4 临时报告

1．触及点

挂牌公司应当在临时报告所涉及的重大事件最先触及下列任意一个时点后及时履行首次披露义务：

（1）该事件难以保密；

（2）该事件已经泄露或者市场出现有关该事件的传闻；

（3）公司股票及其衍生品种交易已发生异常波动。

2．召开董事会、监事会、股东大会会议

会议结束后及时将经与董事会签字确认的决议（包括所有提案均被否决的董事会决议）向主办券商报备。董事会决议涉及本细则规定的应当披露的重大信息，公司应当以临时公告的形式及时披露；决议涉及根据公司章程规定应当经股东大会审议的收购与出售资产、对外投资（含委托理财、委托贷款、对子公司投资等）的，公司应当在决议后及时以临时公告的形式披露。

挂牌公司应当在年度股东大会召开二十日前或者临时股东大会召开十五日前，以临时公告方式向股东发出股东大会通知。挂牌公司在股东大会上不得披露、泄露

未公开重大信息。挂牌公司召开股东大会，应当在会议结束后两个转让日内将相关决议公告披露。年度股东大会公告中应当包括律师见证意见。

【案例】股东大会结束后未披露信息违规

新三板挂牌公司可来博，2013 年年度股东大会结束后未进行信息披露，违反了《全国中小企业股份转让系统挂牌公司信息披露细则（试行）》第二十九条的规定。

3. 需及时披露的重大事项

挂牌公司出现以下情形之一的，应当自事实发生之日起两个转让日内进行披露：

（1）控股股东或实际控制人发生变更；

（2）控股股东、实际控制人或者其关联方占用资金；

（3）法院裁定禁止有控制权的大股东转让其所持公司股份；

（4）任意股东所持公司 5%以上股份被质押、冻结、司法拍卖、托管、设定信托或者被依法限制表决权；

（5）公司董事、监事、高级管理人员发生变动；董事长或者总经理无法履行职责；

（6）公司减资、合并、分立、解散及申请破产的决定；或者依法进入破产程序、被责令关闭；

（7）董事会就并购重组、股利分派、回购股份、定向发行股票或者其他证券融资方案、股权激励方案形成决议；

（8）变更会计师事务所、会计政策、会计估计；

（9）对外提供担保（挂牌公司对控股子公司担保除外）；

（10）公司及其董事、监事、高级管理人员、公司控股股东、实际控制人在报告期内存在受到有权机关调查、司法纪检部门采取强制措施、被移送司法机关或追究刑事责任、中国证监会稽查、中国证监会行政处罚、证券市场禁入、认定为不适当人选，或收到对公司生产经营有重大影响的其他行政管理部门的处罚；

（11）因前期已披露的信息存在差错、未按规定披露或者虚假记载，被有关机构责令改正或者经董事会决定进行更正；

（12）主办券商或全国股份转让系统公司认定的其他情形。

发生违规对外担保、控股股东或者其关联方占用资金的公司应当至少每月发布一次提示性公告，披露违规对外担保或资金占用的解决进展情况。

【案例】高级管理人员被司法机构要求协助调查信息未及时披露

新三板挂牌公司泰谷生物（430523），其控股股东、实际控制人、董事长兼总经理曹典军于2013年12月被检察机关要求协助调查，2014年1月27日曹典军因涉嫌滥用职权罪、行贿罪被检察机关采取逮捕强制措施。自上述事件发生至2014年4月16日期间，公司未履行信息披露义务。

4．关联交易

挂牌公司的关联交易是指挂牌公司与关联方之间发生的转移资源或者义务的事项。挂牌公司的关联方及关联关系包括《企业会计准则第36号—关联方披露》规定的情形，以及挂牌公司、主办券商或全国股份转让系统公司根据实质重于形式原则认定的情形。挂牌公司董事会、股东大会审议关联交易事项时，应当执行公司章程规定的表决权回避制度。

对于每年发生的日常性关联交易，挂牌公司应当在披露上一年年度报告之前，对本年度将发生的关联交易总金额进行合理预计，提交股东大会审议并披露。对于预计范围内的关联交易，公司应当在年度报告和半年度报告中予以分类，列表披露执行情况。如果在实际执行中预计关联交易金额超过本年度关联交易预计总金额的，公司应当就超出金额所涉及事项依据公司章程提交董事会或者股东大会审议并披露。除日常性关联交易之外的其他关联交易，挂牌公司应当经过股东大会审议并以临时公告的形式披露。

挂牌公司与关联方进行下列交易，可以免予按照关联交易的方式进行审议和披露：

（1）一方以现金认购另一方发行的股票、公司债券或企业债券、可转换公司债券或者其他证券品种；

（2）一方作为承销团成员承销另一方公开发行的股票、公司债券或企业债券、可转换公司债券或者其他证券品种；

（3）一方依据另一方股东大会决议领取股息、红利或者报酬；

（4）挂牌公司与其合并报表范围内的控股子公司发生的或者上述控股子公司之间发生的关联交易。

6.4.5　其他一般规则

（1）挂牌公司及相关信息披露义务人应当及时、公平地披露所有对公司股票及其他证券品种转让价格可能产生较大影响的信息（以下简称“重大信息”），并保证信息披露内容的真实、准确、完整，不存在虚假记载、误导性陈述或重大遗漏。

（2）挂牌公司发生的或者与之有关的事件没有达到本细则规定的披露标准，或者本细则没有具体规定，但公司董事会认为该事件对股票价格可能产生较大影响的，公司应当及时披露。

（3）挂牌公司应当制定信息披露事务管理制度，经董事会审议后及时向全国股份转让系统公司报备并披露。公司应当将董事会秘书或信息披露事务负责人的任职及职业经历向全国股份转让系统公司报备并披露，发生变更时亦同。上述人员离职无人接替或因故不能履行职责时，公司董事会应当及时指定一名高级管理人员负责信息披露事务并披露。

（4）董事、监事及高级管理人员应当在公司挂牌时签署遵守全国股份转让系统公司业务规则及监管要求的《董事（监事、高级管理人员）声明及承诺书》（以下简称“承诺书”），并向全国股份转让系统公司报备。新任董事、监事应当在股东大会或者职工代表大会通过其任命后五个转让日内签署上述承诺书并报备，新任高级管理人员应当在董事会通过其任命后五个转让日内签署上述承诺书并报备。

（5）主办券商应当指导和督促所推荐挂牌公司规范履行信息披露义务，对其信息披露文件进行事前审查。发现拟披露的信息或已披露信息存在任何错误、遗漏或者误导的，或者发现存在应当披露而未披露事项的，主办券商应当要求挂牌公司进行更正或补充。挂牌公司拒不更正或补充的，主办券商应当在两个转让日内发布风险揭示公告并向全国股份转让系统公司报告。

（6）挂牌公司披露重大信息之前，应当经主办券商审查，公司不得披露未经主办券商审查的重大信息。挂牌公司在其他媒体披露信息的时间不得早于指定披露平台的披露时间。

（7）挂牌公司应当在挂牌时向全国股份转让系统公司报备董事、监事及高级管理人员的任职、职业经历及持有挂牌公司股票情况。有新任董事、监事及高级管理人员或上述报备事项发生变化的，挂牌公司应当在两个转让日内将最新资料向全国股份转让系统公司报备。

6.5 新三板信息披露的券商督导与监管处罚

6.5.1 券商持续督导

根据全国股转系统规则规定，企业申请挂牌时券商要准备资料推荐挂牌，企业在挂牌后的信息披露等事务也要券商全程督导，具体要求如下：

（1）主办券商应当指导和督促所推荐挂牌公司规范履行信息披露义务，对其信息披露文件进行事前审查；

（2）主办券商发现挂牌公司拟披露的信息或已披露信息存在任何错误、遗漏或者误导的，或者发现存在应当披露而未披露事项的，应当要求挂牌公司进行更正或补充。挂牌公司拒不更正或补充的，主办券商应当在两个转让日内发布风险揭示公告并向全国股份转让系统公司报告。

【案例】券商督导不力被约谈

全国股转系统公司在对挂牌公司2013年年报进行审查的过程中发现，中航新材（430056）年报披露存在违规问题，违反了《全国中小企业股份转让系统挂牌公司年度报告内容与格式指引（试行）》等相关文件的要求。中航新材的主要问题为年报披露形式规范性较差，多个章节出现遗漏应披露信息的现象。

全国股转系统对该公司采取了约见谈话、出具警示函的监管措施，另对中航新材信息披露负责人余罗、主办券商中信建投证券相关人员采取了约见谈话的监管措施。

6.5.2　日常监管

全国股份转让系统公司对挂牌公司的日常监管主要是以信息披露为核心、依托主办券商持续督导的自律监管。具体方式为：主办券商对挂牌公司的信息披露和业务办理进行事先审查和把关，全国股份转让系统公司进行事后审查和监管。在监管实践中，全国股份转让系统公司探索出了由监管员对挂牌公司进行日常监管的方法，监管和处罚的具体方法如表 6-2 所示。

日常监管主要包括以下 4 个方面。

（1）以主办券商来划分监管员对挂牌公司的监管分工。每个监管员负责几家主办券商推荐并持续督导的挂牌公司日常监管工作，以利于保持监管的连续性和稳定性，提高监管和沟通的效率。

（2）通过监管员对挂牌公司信息披露文件事后审查的方式，对信息披露文件中涉及重大事项及风险外溢程度高的挂牌公司进行监管。

（3）主要通过引导、培训、督促的方式，对挂牌公司进行规范和监管。

（4）通过内部晨会及日志的形式及时将监管情况进行汇总，并传递到每个监管员；在对重点监管事项及重点公司处理后，及时形成监管案例，并建立标准化的处理程序。

表 6-2　新三板挂牌公司信息披露的监管和处罚

情　　节	监管和处罚
情节较轻	全国股转公司与主办券商、挂牌公司沟通，要求对披露文件进行更正，及时更新
情节较严重	除要求对披露文件更正外，还将根据违规情况对主办券商和公司当事人等采取自律监管措施或纪律处分
违规行为严重	达到中国证监会稽查标准的，及时移交中国证监会处理

6.5.3　自律监管及限制

根据全国股转系统《信息披露细则》规定，挂牌公司及其董事、监事、高级管理人员、股东、实际控制人、收购人及其他相关信息披露义务人、律师、主办券商和其他证券服务机构违反相关规定及要求的，全国股份转让系统公司将依据《业务规则》采取相应监管措施及纪律处分。

另外，新三板挂牌公司相关人员 12 个月内不允许有下列情况。

（1）挂牌公司或其控股股东、实际控制人，现任董事、监事和高级管理人员因信息披露违规、公司治理违规、交易违规等行为被全国股转公司采取出具警示函、责令改正、限制证券账户交易等自律监管措施合计 3 次以上的，或者被全国股转公司等自律监管机构采取了纪律处分措施。

（2）挂牌公司或其控股股东、实际控制人，现任董事、监事和高级管理人员因信息披露违规、公司治理违规、交易违规等行为被中国证监会及其派出机构采取行政监管措施或者被采取行政处罚，或者正在接受立案调查，尚未有明确结论意见。

（3）挂牌公司或其控股股东、实际控制人，现任董事、监事和高级管理人员受到刑事处罚，或者正在接受司法机关的立案侦查，尚未有明确结论意见。

6.5.4 自律监管及纪律处分内容

1. 纪律处分

新三板挂牌企业信息披露违规的处罚中涉及纪律处分的，根据全国股转系统《业务规则》规定，纪律处分主要包括如下内容：

（1）通报批评；

（2）公开谴责；

（3）认定其不适合担任董事、监事、高级管理人员；

（4）限制、暂停直至终止其从事相关业务（主办券商）。

（5）被采取纪律处分措施的主体都将被记入证券期货市场从业诚信档案数据库。

2. 自律措施

自律监管措施包括：

（1）要求对有关问题做出解释、说明和披露；

（2）要求聘请中介机构对公司存在的问题进行核查并发表意见（申请挂牌公司、挂牌公司）；

（3）约见谈话；

（4）要求提交书面承诺；

（5）出具警示函；

（6）责令改正；

（7）暂不受理相关文件（主办券商、证券服务机构或其相关人员）；

（8）暂停解除股票限售（挂牌公司控股股东、实际控制人）；

（9）限制证券账户交易；

（10）向中国证监会报告有关违法违规行为；

（11）其他自律监管措施。

中篇　专项实务：媒体与危机公关

第 7 章

7

新媒体的全民演化与新三板网络舆情监测和管理

7.1　新媒体的全民演化、特点及其舆情的引入

7.1.1　互联网时代新媒体的全民演化

在互联网的强大趋势与改变下，门户网站、社区、论坛、QQ、博客、微博、微信等新兴媒介相继出现，现今的媒体已经发生了翻天覆地的变化。

自 2005 年以来，媒体最大的变化是供过于求，这个时候，媒体从过去的买方市场变成了现在的卖方市场。几年前谷歌、微软、百度等公司在成立时，迫于经常被媒体爆料、自己却难以澄清与反驳的情况下，他们开发了自己的门户网站，这些网站不仅自用，更大的作用是介入了之前只能由传统媒介才能涉及的领域，为大众服务并为企业创造效益，于是，全国各地各行业、各领域及各类社团群体等都建立了自己的门户网站，遍地开花。

【案例】新媒体让人疯狂：2015 年春晚微信抢红包

点评：地上掉了一块钱你忽略，红包里的每分钱你却不放过。

2015 年春节微信新媒体摇红包算是改变了人们看春晚的习惯，抱着 5 台手机刷一晚上的大有人在。红包由广告主买单，企业营销场景也在微信新媒体中立足，而微信新媒体借此将微信支付向二三线市场做了进一步渗透。曾经支付宝改变了人们的支付习惯，如今微信支付通过新媒体形式将人们的支付习惯又刷新了一遍。

在 20 世纪末，各类社交网站大量产生，最有代表性的就是 1998 年成立的天涯社区。在过去的十多年中，互联网社交网站的形态变化对人们产生了很大的影响，在企业做媒体公关的人可能深有感触，如很多负面新闻一般都是从天涯社区到微博这条“暗线”传播出来的。紧接着，2004 年博客出现，博客改变了整个社会个体和人群的生活方式，从此媒介进入全民时代，自媒体展示出其强大的传播和影响效力。2005 年百度有了贴吧，贴吧似乎是为大众个体量身订制的个体广告与信息发布平台。2007 年之后出现了开心网，它一度影响了最大的 SNS 社交网站。2010 年新浪公司发布了新浪微博，微博的产生将自媒体推到了一个前所未有的顶峰时代。但是，当微博还在如火如荼进行中的时候，2012 年微信诞生了，其灵活、机动、方便的运行模式与强大的包容性与功能掀起了全民媒体时代的一场革命。

7.1.2 结合公关的 7 大新媒体特点

在新媒体时代下，企业外围环境发生了很大的变化，这些公司的投资者关系与媒体的关系越来越密切。新媒体时代下几乎人人皆可成为媒体，媒体已经进入全民化，其特点可以概括为一句话，即“互联网已经日益成为社会意见的集散地与放大器”。将其联系到新三板挂牌企业等公众公司的投资者关系管理问题中的媒体公关上来，主要有如下特点。

（1）新媒体在深刻改变信息传播格局和媒体生态环境的同时，也容易带来传播效果上的放大效应、连锁效应和蝴蝶效应。挂牌或上市企业的业绩与行为表现，传播的效率、广泛度和影响力将会更具立体性、复杂性和可变性。

（2）网络传播的变化使媒体去中心化，很多地方媒体已经中央化了，比如南方都市报、成都商报等。

（3）圈子传播渠道。社区、QQ、微博、微信等媒体就是一个个部落媒体，形成不同的圈子。过去说某人和咱们是不同的阶层，现在说某人和咱们不是一个圈子，这就是典型的网络对社会结构产生的影响。

（4）投资者新闻学的产生。很多新闻不是记者报道出去的，而是内部的同事通过自媒体或网络渠道等方式透露出去的，所谓的“内鬼”消息。

（5）网络研判要快，没有所谓的一小时黄金法则，挂牌企业或上市企业公告是按程序操作的，最重要的不是一小时，而是要符合人的生理周期与传播习惯。

（6）挂牌或上市公司的董事会秘书接触的媒体要从财经媒体走向都市媒体，从传统媒体走向新媒体，还要走向分析师。这里面多了一个券商分析师，现在，券商分析师基本上可以算做是挂牌或上市公司的第二新闻发言人，甚至在中国香港和美国的媒体中，记者宁可采访分析师也不会采访企业的公关经理或董事会秘书，因为董事会秘书是要通过公告发布新闻的，不能轻易给记者做解释，公关经理也不会给记者做更详细的解释，所以券商分析师成为他们的选择。

（7）由于网络媒体的渠道和影响力非常强大，因此监管机构的监管也趋向电子化，银监会、保监会、证监会等都有实时的舆情电子监控。从监管层的执法实践来看，通过网络渠道反映挂牌或上市公司、证券期货经营机构和从业人员违法违规行为的情况，为监管部门提供了重要的线索。

7.1.3 新媒体影响与舆情的引入

对于新三板挂牌企业等公众公司来说，媒体除了出于自身利益要对企业保持高度关注从而对企业产生影响外，还因其在信息市场的特殊地位，对企业信息的传播具有决定性的影响。

如果挂牌企业官方信息不能在第一时间主动传播出去，一旦任何其他信息第一时间占据了人们的脑海，不管它是正确的还是错误的，后面想再用新的正确的信息去覆盖它，就会变得非常被动，而且是一件非常困难的事情，这是人们接受信息的一个普遍规律。所以，新三板挂牌企业或拟挂牌企业需要系统性地做好媒体公关的工作，这是投资者关系管理的重要内容之一。

【案例】舆情影响巨大：淘宝商城事件

事件回放：2011 年 10 月 10 日淘宝商城发布新规，遭到部分中小卖家的反对。10 月 11 日，淘宝商城受到数千名自称“中小卖家”的网民集体“攻击”。一些中小商家通过语音聊天工具、论坛等方式组织对淘宝商城大卖家进行恶意攻击。10 月 17 日，为了解决与中小商户之间的争端，阿里巴巴（微博）集团宣布，将向淘宝商城追加投资 18 亿元，同时还宣布针对商家的五项扶持措施。

分析解读：

这次舆情事件，淘宝网管理层明显缺乏对市场中不同利益群体的准确判断。“用剑者死于剑”，马云后来通过微博对这次惨痛经历很好地诠释了这一点，小商户们用淘宝网的规则狠狠地伤害了淘宝。尽管淘宝方报警，并且诚恳地解释新规的出发点，但小商户们在自己的利益被极大触动时是不会听这些的。可以想象，马云在这次被“绑架”的过程中有多么痛苦。这个例子告诉企业，在做出可能伤害某一个利益群体的行为前，一定要三思，利益的纽带连接起来的群体其团结度非常高，其力量非常可怕。即便企业这种行为有正当的理由，也要先考虑安全性。

在现代新媒体次第出现与全民媒体化的时代，新三板挂牌企业等公众公司的投资者关系管理更加体现出多样化和复杂化，其媒体公关范畴更加广泛和网络化。这里有必要引入舆情概念及舆情监测与解读。

7.2　新三板挂牌企业等网络舆情概念、特点及影响

7.2.1　舆情概念

舆情是“舆论情况”的简称，是指在一定的社会空间内，围绕中介性社会事件的发生、发展和变化，作为主体的民众（包含企业的投资者，下同）对作为客体的社会管理者、企业、个人及其他各类组织及其政治、社会、道德等方面的取向产生和持有的社会态度。它是较多群众关于社会中各种现象、问题所表达的信念、态度、意见和情绪等表现的总和。

网络舆情是社会舆情在互联网空间的映射，是社会舆情的直接反映。传统的社

会舆情存在于民间，存在于大众的思想观念和日常的街头巷尾的议论之中，前者难以捕捉，后者稍纵即逝，舆情的获取只能通过社会明察暗访、民意调查等方式进行，获取效率低下，样本少而且容易流于偏颇，耗费巨大。而随着互联网的发展，大众往往以信息化的方式发表各自看法，网络舆情可以采用网络自动抓取等技术手段方便获取，效率高、信息保真、覆盖面全，而且没有人为加工。

网络舆情是以网络为载体，以事件为核心，是广大网民情感、态度、意见、观点的表达、传播与互动，以及后续影响力的集合，带有广大网民的主观性，未经媒体验证和包装，直接通过多种形式发布于互联网上。

网络舆情的 6 大要素是：网络、事件、网民、情感、传播互动和影响力。

7.2.2　舆情概念的 4 层含义

从传统的社会学理论上讲，舆情本身是民意理论中的一个概念，它是民意的一种综合反映。舆情是舆情因变事项发生、发展和变化过程中，民众所持有的社会态度。在实际工作中，舆情信息员对舆情概念的理解必须把握以下 4 层含义。

（1）舆情是民意（如对企业投资者的意向）集合的反映，即民意是形成舆情的始源，没有民意，就没有舆情。

（2）舆情所要反映的民意，是那些对执政者决策行为能够产生影响的“民意”，而非民意的全部。套用到投资者关系管理中，舆情所要反映的消费者与投资者的民意，是那些对企业决策行为及企业产品投资和消费能够产生影响的“民意”，而非民意的全部。

（3）舆情因变事项是舆情产生的基础，研究、分析舆情，首先要深入研究、分析舆情因变事项的发生、发展和变化的规律。

（4）舆情空间对舆情传播及执政者或企业决策行为的影响有重要作用。这里特别强调的是，舆情定义中的“民众社会态度”是指民众对执政者（或企业）及其所持有的政治（或企业价值）取向的看法、意见和态度。民众的这种社会态度说到底是对自身利益需求的一种诉求和表达，它不仅包括民众对国家政治（或企业价值观、运行等）的看法、意见和态度，对社会政治（或企业模式、运行等）的看法、意见和态度，同时还包括民众对社会事物（或企业产品、服务等）的看法、意见和态度。一句话，“民众社会态度”是民众要求执政者（或企业）不断改善民情状况的一种诉求和意愿的集合。

7.2.3　网络舆情的 5 大特点

在网络环境下，舆情信息的主要来源有：新闻评论、社区论坛、博客、微博、微信等。网络舆情有 5 大特点，如表 7-1 所示。各种渠道的意见可以迅速地进行互动，从而形成强大的意见声势。

表 7-1　新三板企业网络舆情的 5 大特点

1	自由性	互联网是完全开放的，它拓展了所有人的公共空间，给了所有人发表意见和参议政事的便利，每个人都有机会成为网络信息的发布者，每个人都有选择网络信息的自由，通过 BBS、新闻点评和博客网站，网民可以立即发表意见，民情直接上传，民意表达更加畅通。 由于互联网的匿名特点，多数网民会自然地表达自己的真实观点，或者反映出自己的真实情绪。因此，网络舆情比较客观地反映了现实社会的矛盾，比较真实地体现了不同群体的价值
2	交互性	在互联网上，网民普遍表现出强烈的参与意识。在对某个问题或事件发表意见、进行评论的过程中，常常会有许多网民参与讨论，网民之间经常形成互动场面，赞成方的观点和反对方的观点同时出现，相互探讨、争论，相互交汇、碰撞，甚至出现意见交锋。 这种网民之间的互动性实时交流，使各种观点和意见能够快速地表达出来，讨论更广泛、更深入，网络舆情能够更加集中地反映观念和情绪心态
3	多元性	网上舆情的主题极为宽泛，话题的确定往往是自发的、随意的。从舆情主体的范围来看，网民分布于社会各阶层和各个领域；从舆情的话题来看，涉及政治、经济、文化、军事、外交及社会生活的各个方面；从舆情来源上看，网民可以在不受任何干扰的情况下预先写好言论，随时在网上发布，发表后的言论可以被任意评论和转载
4	偏差性	由于受各种主客观因素的影响，一些网络言论缺乏理性，比较感性化和情绪化，甚至有些人把互联网作为发泄情绪的场所，通过相互感染，这些情绪化言论很可能在众人的响应下，发展成为有害的舆论
5	突发性	网络舆论的形成往往非常迅速，一个热点事件的存在加上一种情绪化的意见，就可以成为点燃一片舆论的导火索。当某个事件发生时，网民可以立即在网络中发表意见，网民个体意见可以迅速地汇聚起来形成公共意见

7.2.4　舆情的影响

网络舆情产生于现代网络交流之中，是现代网络媒体的附属物，所以，要讲网络舆情特征，得先讲网络特点。

与报纸、无线广播和电视等传统的传播媒体相比，网络媒体具有进入门槛低、信息超大规模、信息发布与传播迅速、参与群体庞大、实时交互性强等综合性特点。由于网络信息的发布成本极低，信息的提供者、传播者和阅读者之间已经没有明显的界限。信息网络已成为一个“虚拟社会”，具有非常明显的社会群体特征。与此同时，“虚拟社会”与真实社会之间的互动日益显著。

我们也必须清楚地认识到，网络所具有的特性又给网络舆论的自由化带来了一系列的消极影响，比如一些网民通过网络散布谣言、披露隐私、进行偏激和非理性的谩骂与人身攻击。由此可见，网络舆情已然成为影响社会持续有序发展、维护社会和谐与稳定的重要因素。如何因势利导，提高新形势下舆情信息的分析能力，及时、准确地掌握社会舆情动态，积极引导社会舆论，是网络这个新兴媒体所面临的严肃课题与严峻挑战。

【案例】缺乏舆情监测致使企业辟谣滞后

2011 年 2 月，网曝恩施电力总局分红 6 亿元，由此被网友戏称为“史上最牛电力公司”；网友质疑这是国有资产流失。事实上，传闻所说的“分红”和“年终奖”是恩施富源等 4 家民营公司 2010 年年底按有关规定清退股权所获的股权转让收益。这 4 家民营公司是恩施电力系统的部分职工于 2003 年自发投资组建的有限责任公司，“是纯粹的职工参股的民营企业”，与恩施电力公司并无行政隶属关系，也没有资产、产权关系。因缺乏谣言及舆论的监测工具，待网上疯狂传播被大众误解后才澄清事件本质，对恩施电力的名誉造成很大负面影响。

2013 年 12 月 6 日，第三届网络舆情高峰论坛在湖北武汉举行，100 位来自中央、地方党政机关和企事业单位的领导干部和专家学者齐聚论坛，共同探讨网络舆情的发展。随着信息社会的发展和互联网的普及，社会各阶层与网络的接触更加紧密，社会各类信息呈现出传播渠道多、速度快、范围广的特点，容易形成网络舆情。中国互联网舆论环境复杂，网络谣言、非理性声音极易引发公众对立情绪，成为激化社会矛盾、酿成重大社会事件的导火索。因此，社会各界呼吁网上出现更多正能量信息，构建和谐的网络言论环境；另一方面，各级党政机关要及时了解信息，加强舆情监控，提高舆情应对能力和在新舆论环境中的执政能力，及时化解矛盾，处理好政府和民众的关系。

实际上，除了政府部门，企事业单位也需要关注网络舆情。可以聘请专门收集、分析舆情信息的人员，也可以利用市场已有的舆情分析系统和服务平台，或者人员与工具结合。掌控网络舆情，决胜方能千里。

7.3　舆情监测系统及其功能、分析与预警

7.3.1　舆情监测系统简介

舆情监测系统通过对热点问题和重点领域比较集中的网站信息（如网页、论坛、BBS 等）进行 24 小时监控，随时下载最新的消息和意见。下载后完成对数据格式的转换及元数据的标引。对下载到本地的信息，进行初步的过滤和预处理。对热点问题和重要领域实施监控，前提是必须通过人际交互建立舆情监控的知识库，用来指导智能分析的过程。

网络舆情监测系统针对互联网这种新兴媒体。通过网络舆情监测系统，相关部门可以及时了解网络舆情动态，关注自己的部门在网络舆情中的状态，从而可以产生网络舆情预警，及时纠正和应对网络上关于自己的负面舆论影响，为部门网络危机公关或品牌形象营销提供数据依靠。

7.3.2　舆情监测系统的功能

网络舆情监测系统的主要功能如表 7-2 所示。

表 7-2　网络舆情监测系统的主要功能

1	热点识别能力	可以根据转载量、评论数量、回复量、危机程度等参数，识别出一段时间内的热门话题
2	倾向性分析与统计	对信息阐述的观点、主旨进行倾向性分析，以提供参考分析依据。分析的依据可根据信息的转载量、评论信息时间密集度来判别信息的发展倾向
3	倾向性与趋势分析	主题跟踪。主题跟踪主要是指针对热点话题进行信息跟踪，跟踪的具体内容包括：信息来源、转载量、转载地址、地域分布、信息发布者等相关信息元素。对这些信息进行倾向性与趋势性整理

续表

4	信息自动摘要功能	能够根据文档内容自动抽取文档摘要信息，这些摘要能够准确代表文章内容主题和中心思想。用户无需查看全部文章内容，通过该智能摘要即可快速了解文章大意与核心内容，提高用户信息利用效率。而且该智能摘要可以根据用户需求调整不同的长度，满足不同的需求。信息摘要主要包括文本信息摘要与网页信息摘要两个方面
5	趋势分析	通过图表展示监控词汇和时间的分布关系及趋势分析，以提供阶段性的分析
6	突发事件分析	突发事件不外乎有以下几种：自然灾害、社会灾难、战争、动乱和偶发事件等。互联网信息监控分析系统主要是针对互联网信息进行突发事件监听与分析，对热点信息进行倾向分析与趋势分析，以监听信息的突发性
7	报警系统功能	报警系统主要是针对舆情分析引擎系统的热点信息与突发事件进行监听分析，然后根据信息的语料库与报警监控信息库进行分析，以确保信息的舆论健康发展
8	统计报告	根据舆情分析引擎处理后的结果库生成报告，用户可通过浏览器浏览，提供信息检索功能，根据指定条件对热点话题、倾向性进行查询，并浏览信息的具体内容，提供决策支持

【案例】XX微信舆情监测管理系统

产品型号：XXXX-Weixin

外形尺寸：软件

使用范围：政企客户

（1）系统简介。

XX微信监测系统实现微信公共账号和微信文章的监控，可以根据关键词采集公共账号和微信文章的相关数据。XX微信监测系统可独立应用，也可在原有舆情系统中应用。

XX微信监测系统包含微信信息采集功能、智能分析功能和人工服务功能等，实现从信息的获取、分析到服务的全过程管理，支持海量数据分析、处理能力，最终实现对微信公共账号及微信文章的综合分析服务。

（2）系统特色。

全面性：根据关键词在微信公共账号和微信文章中进行采集；可以采集指定微信聊天和朋友圈记录。

实效性：系统能对微信进行实时的采集和监测，采集到的信息经系统分析和处理，对信息进行自动分类、消重、提取关键词等操作，为用户提供准确的信息服务。系统维护简单方便。

稳定性：系统能够 7×24 小时不间断运转，软件系统对海量数据的采集、分析、监测运行平稳，没有出现数据读写拥塞、系统停止响应等非正常情况。

（3）系统功能。

① 根据关键词采集文章信息。

② 根据微信号采集文章信息。

③ 采集微信聊天记录。

④ 采集微信群聊天记录。

⑤ 采集微信朋友圈分享信息。

7.3.3　舆情分析

舆情分析牵涉到热点话题识别、转载识别、多文档摘要、倾向性分析、文本聚类与分类等功能。

网络热点话题的发现是很多舆情监测系统中舆情分析的卖点，但是主要问题是发现热点的速度很慢，而且热点滞后严重，往往是流行了好几天才发现。另外，找出来的热点也仅仅是印证当前的热点，实用性不大，舆情热点的表示与统计分析才是关键点。舆情热点的表示往往是词不达意，缺乏摘要提示，这里面牵涉到多文档摘要及舆情时间趋势和空间发布的综合舆情分析。

一旦确定了舆情研究中将被描述和分析的人或事物，舆情分析人员就可以对这些个人、群体、组织、社区、社会产品、社会现象或社会体制对象的舆情样本进行横向研究，做探索性、描述性或解释性分析，以政策建议为针对性目标做应用性的研究。另外，从时间维度考虑，对于舆情事件与主体的发展变化，可以针对不同人物、组织和群体进行纵向研究。区分舆情分析的不同类型，可以发现：中央部委形象、地方政府形象和企业形象舆情分析侧重发展中亟须解决的焦点问题，一般样本选择比较复杂，特别是网络言论，要运用多种抽样方法；社会热点事件舆情分析要注意题材广泛，一般来说事件呈发展状态，样本选择需要注意时效性与全面性，需要考虑复杂因素进行综合把握；话题、现象类舆情分析的题材也很广泛，要注意抽样与分析的尺度，结合对象发展趋势与特点，找准角度进行参数设置，有些网络舆情虽然时效性强，却有很大的研究价值。

网络舆情监测中的文本分类、聚类与传统的方法差别很大，关键问题是要按照客户的需求进行定制，需要综合各类舆情要素元信息与内容统计特征进行全面计算。一般的舆情系统存在可扩展性差、效率低等问题。

具体评价时，需要了解的问题包括：舆情分析热点识别的效率及时效性、倾向性分析的准确性，转载识别的准确性，多文档摘要的流利程度等。

7.3.4 舆情预警

1．预警概述与环节

舆情预警是指从危机事件的征兆出现到危机开始造成可感知的损失这段时间内，化解和应对危机所采取的必要、有效行动。可以进行预警通知，同时对舆情预警后续状态进行检测。舆情预警可以按照客户需求进行定制，现在的系统往往是采用关键词匹配的方式，其准确性相对差一些，预警效率低下，最后反而降低了舆情响应的及时性。舆情预警涉及到了兴趣相似度计算与反馈的关键技术，要求综合舆情要素挖掘与内容相似度计算等综合报警，报警方式包括弹屏、自动发送 E-mail、发送短信等。预警后对用户的处理效果进行实时监测。

具体评价时，需要了解的问题包括：如何设置预警内容、具体预警方式等。

网络舆情的预警流程主要包括以下环节，如图 7-1 所示。

图 7-1　舆情监测预警流程简图

（1）制定危机预警方案。针对各种类型的危机事件，制定比较详细的判断标准和预警方案，以做到有所准备，一旦危机出现便有章可循、对症下药。

（2）密切关注事态发展。保持对事态的第一时间获知权，加强监测力度，这个可以通过使用如乐思舆情监控系统之类的技术，在第一时间大量采集、汇总各种互联网上的信息。

（3）及时传递和沟通信息。与舆论危机涉及的政府相关部门保持紧密沟通，建立和运用这种信息沟通机制。

2. 意义

网络舆情预警的意义是：及早发现危机的苗头，及早对可能产生的现实危机的走向、规模进行判断，及早通知各有关职能部门共同做好应对危机的准备。危机预警能力的高低，主要体现在能否从每天海量的网络言论中敏锐地发现潜在危机的苗头，以及准确判断这种发现与危机可能爆发之间的时间差。这个时间差越大，相关职能部门越有充裕的时间来准备，为下一阶段危机的有效应对赢得了宝贵的时间。

【案例】某互联网舆情监测的方案与实施

（1）系统架构。

该舆情监测的系统架构如图 7-2 所示。

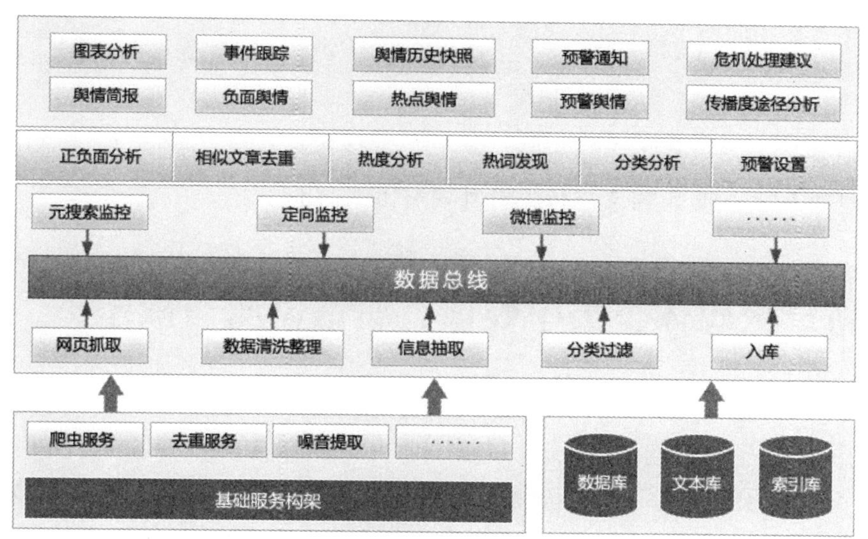

图 7-2　系统架构

（2）系统优势。

① 及时。互联网舆情监测系统通过自主开发的分布式异步高并发的爬虫技术保证了采集的及时性。自动调节采集频率，重点网站优先采集。

② 全面。通过定向采集新闻、论坛、贴吧、问答、电子报、视频、博客、微博

等保证重要信息优先采集、不丢失，通过向主流搜索引擎进行搜索补充，保证了信息收集的全面性。

③ 准确。通过自主开发的包含多项专利技术的自然语言处理技术，确保了抓取信息的准确性、分类的准确性和负面判断的准确度。

④ 相似文章识别。准确识别内容相似的文章，可用于文章的去重和突发事件的发现。

⑤ 无需模板。无需制作模板，可随时增添采集源，不受网页改版影响。

⑥ 全方位的分析报表展示功能。多角度、多层次展示信息特点，揭示数据规律，帮助用户预判所收集到舆情信息的未来走势。

⑦ 简单易用。界面美观实用，全部配置、操作都可以在线完成，直观方便，用户无需长时间培训即可轻松掌握。

（3）适用客户。

① 挂牌或上市公司、投资机构、即溶管理机构：口碑管理。

② 商业企业：竞争情报管理、招投标监测、危机公关及处理、市场调研、趋势分析、营销效果评估等。

③ 政府机关、公安、广播电视、教育：舆情监控监测。

④ 外事部门：涉华舆情分析、对外宣传效果评估。

7.4 新三板媒体公关中媒体、舆情监测与操作

近几年来，随着互联网的快速发展，网络媒体作为一种新的信息传播形式，已深入人们的日常生活。网友言论活跃已达到前所未有的程度，不论是国内、国际重大事件，还是社会层面、企业运营层面的事件，都能马上形成网上舆论，来表达观点、传播思想，进而产生巨大的舆论压力，使得任何部门、机构都无法忽视。可以说，互联网已成为思想文化信息的集散地和社会舆论的放大器。

7.4.1 媒体监测

一般情况下，新三板挂牌企业等公众公司在投资者关系管理中，涉及媒体公关

时需要将传统（常规）媒体监测与舆情监测一并进行，以形成立体化的多渠道效应。常规媒体监测模式如图 7-3 所示。

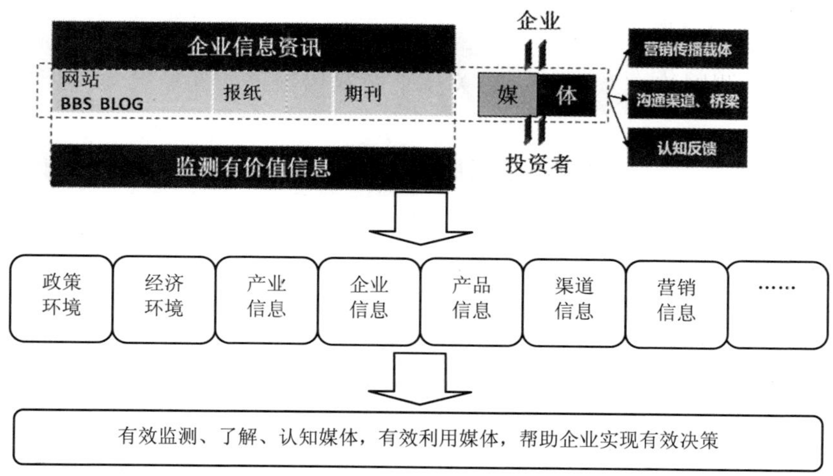

图 7-3　投资者关系管理中的媒体监测

7.4.2　舆情监测结构性信息源

舆情监测与媒体公关操作在选择媒体时，要尽可能地实现媒体的结构性信息源安全，比如，挂牌企业搞活动请了数十家媒体，但是都是地市一级的媒体或某一类媒体，这就表示结构性信息源失调了。结构性信息源安全主要包含以下 4 个层次的内容。

（1）核心媒体，包括中央、地方、财经、行业的媒体都要兼顾。

（2）传统媒体，包括知名财经媒体、知名都市报、非本省党报、地方性经济媒体。

（3）网络媒体，包括综合门户、财经门户、产业门户、地域门户等网站，它们之间是网状结构的，兼顾新浪、腾讯、网易、地方及区域网络，组成一个立体结构。

（4）网络社区，包括核心论坛、核心博客、核心贴吧、核心微博及重要微信圈等。

7.4.3 舆情监测管理

1. 舆情的监测范围

（1）整合监测网络文章，不仅要关注平面媒体报道，还要关注境内外媒体的统筹监管。

（2）把网络媒体统筹监管起来，比如有地域门户网站和行业门户网站。

（3）社区的声音要倾听。

（4）机构的话语特别重要。

（5）做市商、各类投资者及股东的行为与舆论，比如某段时间新三板挂牌公司交易量及价格等变化很大，这就意味着某些事件如媒体报道等已形成影响，需要整合相关网络舆情监测。

2. 指数化方式监测舆情

挂牌公司或上市公司的报道点击量、敏感内容媒体排名、主流传播量、新闻网络转载量排名、研究报告接收变化、研究报告数量变化、资金流向变化、敏感与非敏感内容对比，这些内容都是需要关注的。

3. 建立无缝介质

手机终端等要利用好，利用 Wi-Fi，可用 iPhone 和安卓手机直接上网查看资料、报道与信息等。

4. 缩量舆论管理

网络信息太多太乱，舆情监测问题鱼龙混杂。舆情一定是一套服务体系，而不是一个软件，要将其转变成服务体系，才能真正随时提取并随时快速处理各类舆情。据统计，一个人每天标准新闻阅读量一般有 7 条，所以通过搜索引擎获得的信息一定要有人工干预。

5. 舆情之外的情报监测也很重要

对手情报和行业细分的情报等对企业来说也是很重要的。

7.4.4　舆情安全操作的 4 种方法

（1）阳光披露。面对如今新媒体形态，传播的立体性和多渠道性，阳光披露的意义可能更显重要。

（2）一个口径。企业对外只能一个人来接口，如企业新闻发言人或董事会秘书，不能副总、办公室主任、宣传部领导或其他人来一起讲（除非有必要）。

（3）三重沟通。一是投资者、股东等是一个群体，二是网友、消费者是一个群体，三是相关银行、投行、供货商是一个群体。

（4）道德敬重。互联网是一个人情社会，所以在微博、微信里，道歉是很重要的公关工具，在一个人情社会中，人情之道也是要讲的。

【案例】大学舆情管理的解决方案及反馈

广州暨南大学是中国第一所由国家创办的华侨学府，是我国国际化程度最高的大学之一。随着网络时代的到来，大学生成为网民的主体和生力军。经过该学校有关部门调查，网络在暨南大学学生中的普及率达到 100%，学生获取的信息中超过 1/3 来自网络。1/3 的学生参与网络讨论，平均每周上网时间 16.8 小时。高校的 BBS、百度贴吧、校内网论坛、各种聊天群（室）等成为热门舆情门户，高校网络舆情所包含的信息直接反映出当下学生正在关注或可能关注的热点、焦点话题，分析学生言论有助于了解学校学生的思想动态。

（1）解决方案。

为帮助暨南大学全面、及时、精准、高效地获取网络舆情信息，通过多次沟通并深入分析具体需求，提出以下方案。

① 从深度和广度进行信息采集。

采集面大，支持各种新闻、论坛、博客、贴吧和微博等。采用自然语言理解技术及数据挖掘技术，对境内（外）网站等海量数据进行深度查询，支持分布式采集和多线程并发采集。

② 采集时效性和准确度。

将数据实时发布到全文数据库和数据库服务器中，根据站点关注度划分重要站点，重要站点信息在 5 分钟内采集到系统，满足数据抓取时间的实战需求。系统可以全面分析数据源特征，不同的数据源采用不同的抓取方式，确保数据采集全面、准确。

③ 重要舆情自动预警。

采集的数据根据设置的关键字自动预警，缩小排查范围，提高排查效率；并可通过邮件、短信等方式进行自动报警，实现24小时无人值守。

④ 可定制舆情报告。

系统解决之前人工报文工作量大、浏览不够全面的困难，实现新的工作方式，利用系统添加关注信息，重点信息加入任务追踪，可根据系统形成的报告向上级汇报或做学生思想宣传工作。

（2）效果和反馈。

广州暨南大学互联网舆情综合管理系统经过联合研发建设，目前包括舆情发现、网络舆情研判、话题专题的综合分析、自动生成报文等功能，并逐步得到了全校大规模的应用。舆情系统为暨南大学舆情综合管理提供了技术平台，不仅提高了工作效率，而且在突发事件发生后，暨南大学相关职能部门通过舆情监控系统以最快速度收集网上相关舆情信息，跟踪事态发展，及时向上级部门通报，快速应对处理等，将非理性讨论、小道消息或负面报道等消灭在萌芽状态，避免事态的扩散、蔓延造成对学生不利的影响。

第 8 章

8

新三板媒体公关规划、法则及操作技能

8.1 企业被关注的渠道、主体与媒体公关的缘由和境界

8.1.1 企业被关注的渠道与途径

对于新三板挂牌企业等公众公司，公众了解它们的渠道众多，主要包括：

（1）企业产品；

（2）各类活动，如赞助、冠名、协办等；

（3）市场信息，如挂牌、发行股份、股价和投资者关系互动等；

（4）媒体传播，如广告宣传、新闻报道、信息互动等。对于媒体，权威官方媒体有 CCTV 央视网、新华网、人民网、中国网、中华网等；一线门户媒体有新浪、腾讯、搜狐、网易、凤凰网等；垂直行业媒体有：阿里巴巴、慧聪、中国经济网、投资客网、中国经营网、中国企业网等。

新三板挂牌公司及拟挂牌公司受到各方面的关注，这些关注主要来自监管机构、投资机构、公众和股东、市场和竞争对手及新闻媒体等。而这些关注者都会受到新

闻媒体或多或少的影响（有时形成很大的影响），自然也会影响到投资者的心理及行为，所以媒体公关是投资者管理中较重要的内容，如图 8-1 所示。

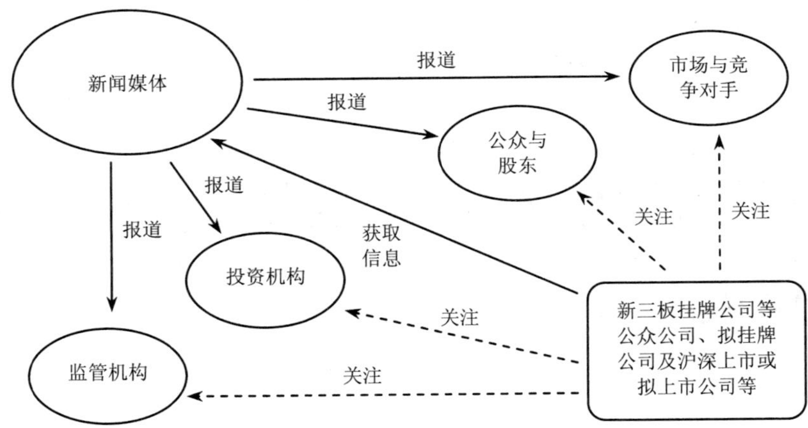

图 8-1　投资者关系管理中媒体与公司各类关注者间的关系

8.1.2　关注企业的 4 大主体

1．监管机构

监管机构在企业申请发行、发行挂牌过程中及挂牌后，会按照规定采取一系列的监管措施，防止企业出现违背“三公”原则的行为，维护市场的正常稳定运行。对于违反规定的行为，调查核实后将采取谴责、停牌、终止上市等一系列措施。

2．专业人士或公众

资本市场以“价值投资”为取向，部分投资者会深入研究公司相关披露文件，可能会发现部分问题，并利用网络等渠道，以个人身份发布出去，并利用个人影响力加以扩散。

3．竞争对手

处于竞争的压力，竞争对手会将业内竞争信息、产品投诉等信息扩大到资本市场领域。

4．各类媒体

部分媒体可能出于新闻报道、扩大发行量或影响力、经营创收等目的，将部分问题曲解或故意扭曲，利用自身的媒体力量将问题扩大化。

【案例】立立电子上市被否定案

2008 年 3 月 5 日，立立电子首次发行股票申请获得中国证监会发行审核委员会通过，预计 7 月 8 日挂牌上市。但在此期间，有媒体发文，质疑立立电子涉嫌掏空浙江海纳资产。一石激起千层浪，很快引起了监管部门的注意。2009 年 4 月 3 日，中国证监会发行审核委员会撤销立立电子公开发行股票核准的决定，立立电子的上市计划失败。

8.1.3　媒体公关的缘由与概念

对于新三板挂牌企业等公众公司来说，影响其品牌、形象的社会力量很多，包括政府、行业协会、专家、媒体、客户、竞争者等，这些社会力量又间接影响到各类投资者对企业的认同与否，从而形成对企业投资的取舍与选择，所以，在挂牌企业的投资者关系管理中，媒体公关成为了一项很重要的内容。

所谓媒体公关，简单来说，就是通过媒体报道传播有利于企业发展、产品推广、品牌影响力的企业相关信息，如企业文化、管理模式、产品/渠道特点、管理者观点、促销信息和市场活动等。

在现代社会，企业特别是新三板挂牌企业或沪深上市的公众公司，要想获得成功就必须具备一定的公关能力，包括媒体公关、政府公关、活动公关、危机公关等。通过公关活动，积极宣传企业文化、化解企业的各类矛盾、争取社会舆论、建立企业的良好信誉和形象等。而在这方面，媒体公关更是发挥着举足轻重的作用。

8.1.4　媒体的“二八定律”

不论是传统媒体，还是现行全民性的新型媒体，几乎都遵循“二八定律”，如图

8-2 所示。这对于我们在进行媒体公关管理的任何一个环节来说，其意义和价值都是很重要的，这里不再展开。

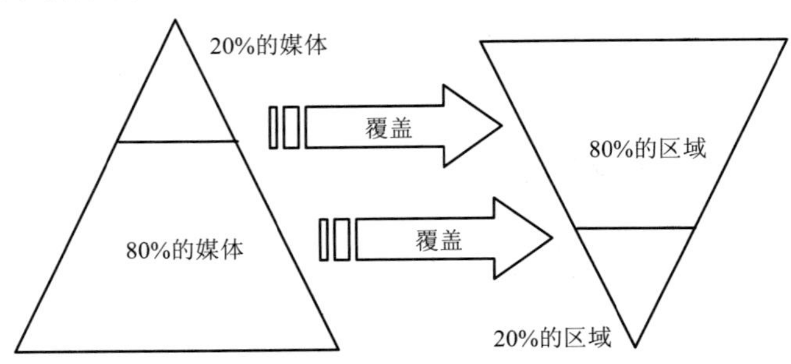

图 8-2　投资者关系管理中媒体公关的“二八定律”

8.1.5　媒体公关的 4 大境界

在投资者关系管理中，媒体公关作为一项柔性科学，缺乏稳定性，实际上往往给企业特别是挂牌或上市的公众公司带来很大的挑战。企业通过实施有效的媒体公关，实现持久、广泛、正面传播的公关目标。在实践中，成功实施媒体公关有 4 大考量标准。

1. 小投入、大产出

衡量公关活动绩效，可以从 3 个方面来看：投资者、销售与传播。通过很少的投资，新三板挂牌企业等公众公司能够促进企业产品的规模性销售，同时广泛地传播和树立了企业的品牌和形象，从而吸引更多的投资者参与到企业的战略投资或股份交易中，增强了企业的股份流动性，从而形成更高的股权溢价，这样便能融得更多资金以促进企业快速、持续的发展。

【案例】借助上市，小投入炒出大订单

2001 年赛欧轿车上市之前，国内 10 万元左右的轿车还很少。于是，上海通用汽车公司找到这个切入点，在赛欧轿车上市之前借助新闻和公关的力量把赛欧“10 万元家庭轿车”的概念炒得妇孺皆知，使赛欧轿车未曾与消费者谋面便已深入人心。

结果上海通用汽车公司在没有投入一分钱广告的情况下，订单就已突破了 16000 份，并且还在不断增加。

2. 让媒体做免费宣传

尽管媒体经营已经商业化、市场化，要靠广告、发行等途径获取利润，并且“有偿新闻”之风正在侵蚀媒体公信力，但是让媒体免费为企业做广告并不是一件不可能的事，关键在于企业的公关能力、策略和技巧。

【案例】零成本亿级传播：“二万，和了”

2015 年 5 月 13 日，万达与万科合作的消息曝光。万达集团“牵手”广告瞬间刷爆朋友圈，“二万”合作消息不断发酵。“二万，和了”主题海报大战推波助澜，网友们从调侃“二万有喜”到八卦“全民老公”，将“二万”合作推向“万万没想到”的高潮。当日，包括百度、搜狗等搜索引擎在内的新闻统计量近 400 万条；相关微信总阅读量共计 200 多万次；相关微博讨论共计 300 多万条，全网微博阅读量高达两亿次。借力创意、平台、渠道优势，“二万”事件完成了一场全民狂欢的零成本的亿级传播。

3. 不出现危及企业的负面新闻

很多企业特别是挂牌企业等公众公司对“控制负面新闻”都很重视，如何“控制负面新闻”确实是一个令人头痛的问题，可谓防不胜防。一般来说，负面新闻来自于政府部门行政检查、客户投诉、竞争企业作梗等，这些因素往往都是不可控的。如果媒体能对企业危机事件更多地表现出体谅和理解，就有可能变换角度报道或不予报道，在关键时刻给企业以最大的支持，但做到这一点并不容易。

4. 媒体对企业客观、善意的提醒

公众公司也不要一味地把媒体提出的有关企业的一些问题当成是恶意的质询或取证，有些可能是一些客观、善意的提醒或建议。只要媒体以尊重、爱护企业的心态为出发点提出建议，企业就应虚心接受，并把这种媒体传播视为一种良性传播。

8.2 知彼金律：媒体行事的12条法则

“知己知彼，百战不殆。”对于新三板挂牌企业等公众公司来说，成功地实施媒体公关，需要对媒体本身的“性情”即媒体的行事方式进行深入了解，这样才能做到心中有数，公关才能有的放矢、事半功倍。

8.2.1 法则概述

任何形式的媒体，归纳起来，一般来说都具备 12 条行事法则。这 12 条法则是 2004 年 2 月 1 日出版的《媒体公关 12 法则》（[美]马克·麦希斯著）一书中的内容。

《媒体公关 12 法则》一书的作者做过记者、播音员、节目主持人、媒体顾问、组织形象策划等工作，丰富的媒体工作经历使他对媒体有着独到的认识和分析，这些分析对于现代组织包括新三板挂牌企业等公众公司如何运用新闻媒体、如何与新闻媒体建立良好关系、如何开展有效的媒体公关工作都是十分有利的。

这 12 条法则虽然总结出来已经有十余年的时间了，但是其“金玉良言”的效能一点儿都不过时，笔者认为未来数十年甚至更长的时期内，都具备很重要的价值，特别是对于诸如新三板挂牌企业等公众公司有关投资者关系管理实务工作来说，对于深刻认识媒体，以便更好地进行媒体公关至关重要。这 12 条法则具体归纳如图 8-3 所示。

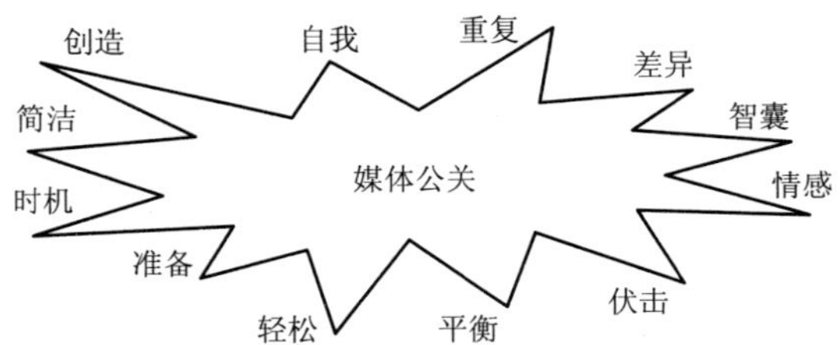

图 8-3 新三板企业媒体公关中媒体行事的 12 条法则

8.2.2 法则的具体内容

1. 差异原则（Defference）

新闻就是与众不同的东西，新闻的取舍跟事件的重要性并不成正比。对新闻事件来说，更重要的是戏剧性、丑闻、惨案、奇闻怪事和喜剧性。也就是说，对记者来说，一条新闻的价值在于它在多大程度上与常规事件不同。

2．情感原则（Emotion）

一个事件要成为新闻，一定要从情感上打动公众，才能引起公众的注意。如果你想要记者关注你正在做的事情，不用引发他们深入的思考，只要让他们在乎就够了。不要试图说服他们的理智，要打动他们的心。

【案例】高大上接地气的"萌"情感：故宫淘宝卖"萌"

2015 年 12 月，故宫在淘宝网开店了。卖啥？卖萌！

放到传统媒体时代，想到故宫，想到皇帝，你的印象一定是威严、庄重的，把与故宫相关的东西冠以"软、贱、萌"的气质恐怕是你无论如何也想不到的。在故宫淘宝店里，你可以买到"朕知道了"的折扇，可以买到"起来嗨"的卡片，也可以买到"萌皇上"的便签。从本质上来讲，故宫淘宝的创意是一种大胆创新，它将一种高高在上的古时人物和物件变得接地气，颠覆了以往人们对于这些形象的认知。

3．简洁原则（Simplicity）

爱因斯坦说过，做任何事情要尽可能的简洁，并不是比较简洁就可以了。这句话似乎是为新闻量身定做的。每天都有数百万的机构想吸引媒体的注意，但大部分人会以失败告终，为什么？因为你提供的信息过于复杂。全世界的记者都很忙，他们没有时间来主动把你的信息压缩到恰当的篇幅，这个工作只能你自己来做。如果你正在推广的活动有好几个方面都特别有意思，也不要试图把它们全部都介绍给记者，做一些牺牲，把你最得意的部分拿出来。任何复杂的计划要吸引媒体的关注，必须把它浓缩成最简洁的语言。

4．准备原则

前面所讲的 3 条原则是 12 条原则里面最基本的原则，以下我们统称前面 3 条原则为 DES。知道了上述原则，实际上我们对媒体的喜好已经有了基本了解，在这个了解的基础上，事先准备是必不可少的。一旦你已经利用 DES 吸引到了媒体的注意，想进一步利用媒体达到更好的宣传效果，准备工作是绝对的关键。公众宣传的力量不仅在于获得多少见面的机会，更重要的是，要在DES方面做好准备工作，用足够简洁的语言表达你想宣传事件的情感和差异。

5. 轻松原则

如果你想让一位记者注意你的事件，最好尽量简化你的故事使之易于报道。如果想让一位记者尽快报道你的事件，除了遵循DES原则之外，还要让媒体轻松地拿到他们想要的所有素材。

6. 重复原则

为了进行有价值的报道，必须认真包装你的事件并为其点明要点，把它呈送给任何愿意接受的媒体。如果有一个记者对此表示关注，不要就此停止，把事件为另外一批受众重新包装一下，再把它送给另一家新闻机构。能引起媒体关注的事件并不需要时常提出新的想法，媒体对同一事件总是喜欢持续不断地反复敲打同一个热点，有时会换个方式，但热点始终不变。

【案例】巧妙的重复：优信二手车

在2015年《中国好声音》节目的总决赛上优信二手车投放了一支广告，广告主要内容就是一句烧脑的重复性歌曲："上上上上上优信二手车"。通过重复形成用户对品牌的认识，也正是因为重复，它在社交网络上引发了吐槽。还是那句话，对于这类营销来说，争议越大，企业越愿意看到。

7. 智囊原则

主动出击寻找记者，任何一个手上有电话、嘴巴能讲话的人都可以轻易地找到当地的记者、编辑和制片人。

8. 创造原则

我们手头的材料往往不能激发媒体的兴趣，其中甚至有复杂的令人心烦的成分。不要因此放弃，如果现成的材料不足以满足媒体的要求，那就创造一些能吸引他们的东西。

【案例】创意爆屏：Uber 一键呼叫直升机

2015 年 4 月 25 日，Uber（优步）在华首次成功推出 Uber CHOPPER 一键呼叫直升机服务。活动当天，明星赵又廷作为一键呼叫直升机服务的首飞乘客，和幸运的 20 名市民在空中以全新视角欣赏上海这座国际都市的魅力美景。当日更有一对年轻情侣乘客在空中求婚，在几百米的高空中为爱人献上了浪漫惊喜。此次造势受到众多年轻人的高度关注，微博、微信朋友圈当天一直刷屏。

9. 时机原则

只有那些时刻在寻找宣传机会的人才能灵活地掌握时机，并在机会消失前，利用时机为自己服务。

【案例】“双 11”抓准时机把 T2O 玩到新高度

在很多商家还对 O2O（线上线下融合）津津乐道的时候，T2O（TV to Online 电视与网络相结合）模式已打响了新式电商大战，从往年的小二争品牌、公关打嘴仗、物流忙刷车到如今的晚会抢明星，“双 11”电商大战衍变成了“芒果”台和央视三套的收视大战，最大看点除了“猫狗大战”的销售数字和花样百出的 T2O 互动惊喜外，当然还有“芒果”台和央视三套的收视率悬念。

10. 自我原则

虽然所有的记者都有非常强烈的自我至上意识，但不要以为你对待记者的最好方式是把他们当做真正的社会精英。你要真正认同他们的工作，在适当的时候赞美他们，你就能真正对他们产生影响。

11. 平衡原则

媒体有种奇特的“平衡感”，那就是保护“弱者”，折磨“强者”，要理解这样的自由主义，采取正确的方法来应对。

12. 伏击原则

大组织是最容易被攻击的对象，因为他们最害怕不好的宣传破坏其形象。如果你在一家知名企业工作，要时刻准备和媒体的这种斗争，在遭遇伏击的时候，保持冷静和理性，柔和地与之对话。但如果媒体硬是逼你拿自己的诚实妥协，那就忘记恐惧，坚定自己的立场，在必要时开始反击。

8.2.3 简略解读

这里简单做三点解读，其他更深刻的内涵将在后面的章节里针对不同的主体进行讲解。

1．媒体及记者的特点和行事方式

每个行业都有自己行事的特点，媒体也不例外。媒体是一个自由的群体，媒体记者时刻行走在一件又一件的事件当中，有巨大的压力。了解记者的特性，换个角度和思维方式来理解他们，才能各个击破。

2．时刻做好接触媒体的准备

机遇总是眷顾有准备的人，要时刻准备着下一秒就要面对媒体。只有做好充分的准备，准备好材料，以简洁、自信有力的语言来描述，才能在被采访时发挥好。

3．冷静面对媒体，掌握必要的方法

大部分人对媒体都有着天生的畏惧，要摈弃这样的畏惧，在了解的基础上，采用适当的方法平等沟通，反而会让媒体更加注意到你和你的企业，当然，你和你的企业的事件需要足够吸引媒体目光的亮点，这些亮点则需要包装和策划。

【案例】成功媒体公关：海底捞勾兑门、偷吃门

事件回放：据《城市信报》报道，该报记者进入青岛奥帆中心心海广场内的海底捞火锅店“卧底”打工，发现海底捞骨头汤和饮料均为勾兑，培训师嘱咐员工“一定不能这么和客人说”。上菜间里有少数的几种菜品是熟的或者半熟的，如鹌鹑蛋是熟的，酥肉和菊花毛肚也是提前加工过的，而这仅有的几种菜品，就成为了上菜间员工偷吃的对象。

点评分析：

（1）对外策略：通过媒体承认错误，请专家解释现熬骨汤和冲兑骨汤的区别及采用冲兑的原因，并承诺以后一定向顾客说明是冲兑的。

（2）对内策略：对员工的处理，公司派心理专家专门对青岛店的员工进行心理辅导，而不是采用时下比较流行的“临时工”对策，有点“不抛弃、不放弃”的意味，试问员工又怎么能不痛改前非，努力工作呢？在员工的努力工作下，生意怎么会不火呢？

结论是：内外结合，面面俱到。其实对内做好，是更好的对外。对员工好，对客人就差不到哪里去；对员工冷漠，对顾客也肯定不是真心热情。这种内外结合的形象重塑方法做得很漂亮，所以到目前为止，舆情还是没能阻止海底捞！

8.3　新三板媒体公关规划与平台投放

8.3.1　媒体总体公关规划

新三板挂牌企业等公众公司可以依据全国股转系统及相关证券法规规定的程序和要求，将信息披露的时间节点结合年度计划来规划媒体总体公关策略，如图 8-4 所示。

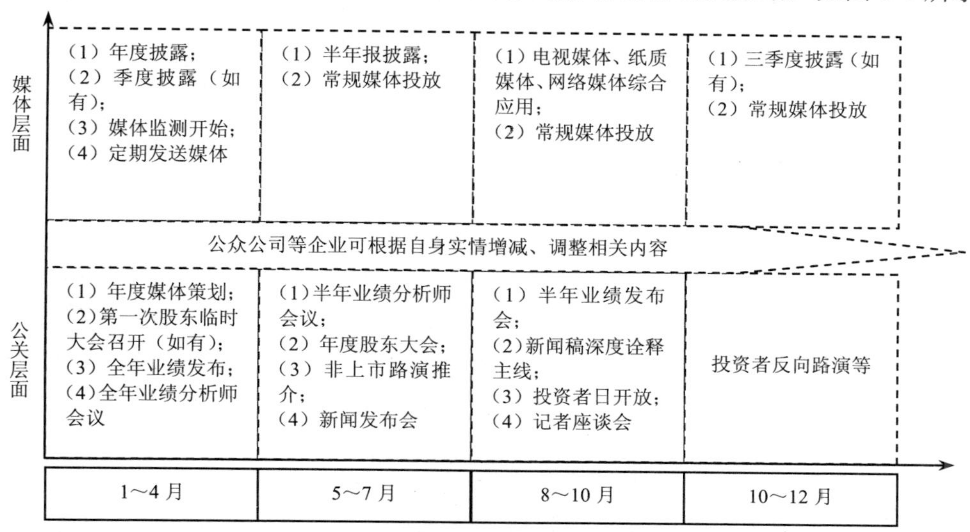

图 8-4　投资者关系管理中媒体公关的总体策划

8.3.2 媒体公关常规宣传

新三板挂牌企业等公众公司也可按公司年度、半年度、季度等时间节点进行广告宣传规划，如表 8-1 所示。

表 8-1 新三板等公众公司广告宣传的规划明晰

传播媒介	时间	宣传内容
电视媒体	年报披露后	拍摄专门的企业业绩宣传片，或者以电视摄像的方式对企业的高管（尤其是董事长）进行访谈，并进行电视广告播放，讲述企业的发展历程，宣传企业良好的经营业绩
网络媒体	季报（如有）、中报、年报披露后	除了法定信息披露之外，可以在财务报表公布之后，用媒体软文的形式对近阶段企业的发展进行论述，并通过网络媒体的转载，大面积地覆盖投资者，宣传企业良好的基本面及未来发展的前景
报刊媒体	中报、年报披露后	介于财经类报刊的权威性，可以在重要的法定信息披露时点，聘请知名的行业分析师，为企业近段时间的发展进行论述和点评，进一步让投资者了解企业的优良业绩和发展动向

8.3.3 媒体公关的日常工作

以汽车销售公司为例，新三板挂牌企业等公众公司媒体公关的日常工作可参考图 8-5。

8.3.4 媒体投放

媒体宣传是企业公关传播的核心部分，除了满足有关监管机构的信息披露要求以外，更重要的是利用此次集中的媒体亮相机会，树立公司正面、鲜明的资本市场形象，向广大投资者传递有关公司的信息，建立投资者对公司的信心。

1. 媒体宣传目标

树立公司鲜明的资本市场形象，使公司明显区别于其他同业上市公司，有效传递公司绩优、成长且具有长期投资价值的信息，完成证监会要求的法定信息的披露。

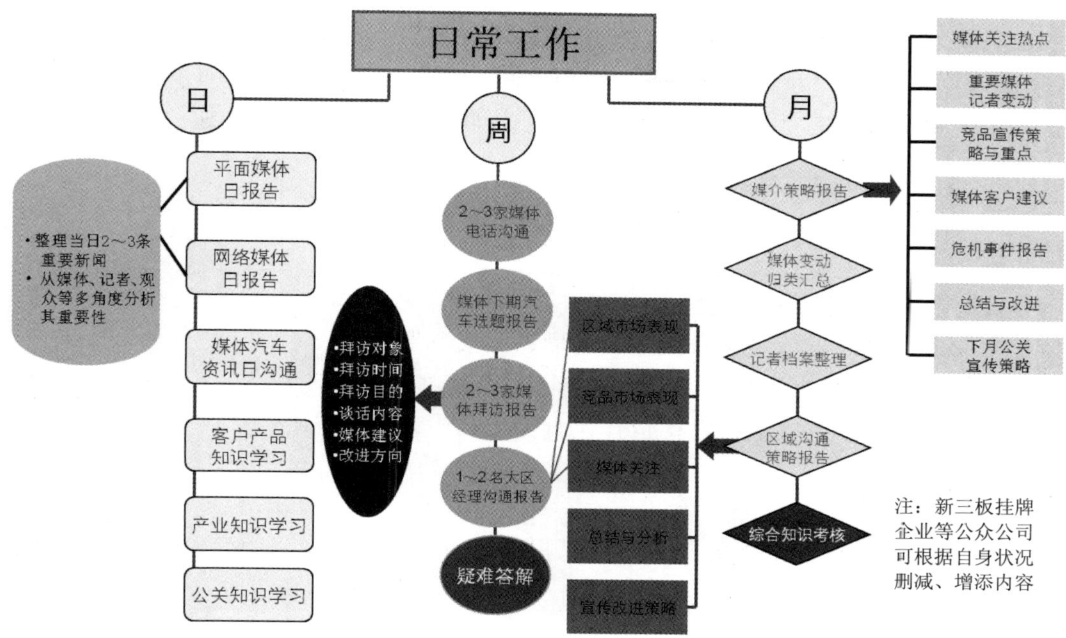

图 8-5　投资者关系管理中媒体公关的日常工作

2．媒体选择策略

（1）侧重：根据不同的投放内容，选择不同的证券媒体进行投放。

（2）平衡：均衡公司在法定证券报的投入，避免因此出现的负面报道。

（3）实效：充分考虑公司的成本支出，追求最佳性价比。

3．媒体投放策略

（1）重点宣传公司所处行业的发展前景。

（2）法定信息披露，宣传公司形象，讲述公司的成长历程。

（3）推介回放、董事长访谈、分析投资价值等。

8.3.5　公关传播与平台搭建

1．公关传播

（1）新闻发布会。

这部分内容后面章节将详细讲解，这里略提两点。

① 背景。媒体传播是定期业绩传播的重要一环，新闻发布会往往和定期业绩发布会相伴随，其目的是通过财经媒体的市场影响力，及时向市场传递公司经营管理的最新进展。

② 时间。半年和年度业绩发布会后，邀请相关媒体、各大财经媒体记者参加。

（2）董事长访谈。

① 背景。企业发展的关键是有一个优秀的领导，因此在关键时刻，通过财经媒体对企业董事长的采访，树立董事长的形象至关重要。

② 时间。年度业绩发布会后，邀请相关媒体进行董事长专访，并在媒体中进行投放，如有必要，可以拍摄宣传短片在电视媒体中播放。

2. 平台搭建

新三板挂牌企业等公众公司，可以根据企业需要搭建信息管理平台，主要包括：

（1）建设相应网站；

（2）设立相关微博并获得认证；

（3）关联各可控论坛、信息发布渠道等；

（4）建立信息自动收集检索系统等。

8.4 新三板媒体公关的15种操作技能

公众公司及其他中小微企业对于媒体公关的操作虽无定律，但也有其原则需要遵循，具体有如下 15 种操作技能，也可理解为规则。

8.4.1 渠道与机制

1. 专业的事由专业的人与机构去做

公关行销是一项技术性、专业性很强的工作，必须实施专业化管理。公众公司需设立专业的公关职能部门，并设置董事会秘书、新闻发言人、新闻撰稿人等关键职位。

2. 换位思考并进行公关策划

企业和媒体对待新闻的角度是不同的，企业喜欢以实现传播目标为出发点，而媒体则要根据媒体风格、内容等进行综合统筹。因此，公众公司等企业进行新闻传播策划时需要站在媒体的角度进行换位思考，才能提高效率，更好地实现信息传播的目的。

3. 完善信息的发布与传播渠道

新闻传播渠道很多，这里概括为两种。一种是“宽泛发布”模式，如新闻发布会、记者座谈会、网络信息发布、名人采访等；另一种是“特定发布”模式，如以面谈、电话、传真、电子邮件等方式传递给目标媒体。二者需要相辅相成。

4. 对媒体公关实施计划管理

媒体公关计划管理主要包括：有计划地选择媒体、有序的信息传播周期、恰当的传播时机及有效的传播方式等。只有这样，才能做到传播的长期性、有序性、节奏性和统一性。

5. 建立多层次媒体对话机制

这里的多层次包括媒体与公众公司的基层、中层、高层之间的沟通与对话，通过机制化保证长期、稳定的合作关系。实践证明，多层次的媒体公关策略，不仅可以促成一线媒体人多为企业“效劳”，同时又可以掐断“不友好”新闻、消息在媒体刊发，使得一些心存不良的记者、编辑失去“报复”企业的机会。

8.4.2　主动与理解

1. 媒体沟通主动化

从某种意义上讲，企业与媒体互为客户，公众公司等企业也应对媒体的主动做出回应，这种主动“奉献”的新闻和信息，更有利于优化与媒体的合作关系。

2. 把媒体视为客户

公众公司应将媒体作为自己的客户进行管理，针对不同的媒体营销自己的企业形象。另外，在必要时，也需要媒体来为企业的一些信息进行加工以创造良好的新闻来吸引顾客或投资者。

3．研究并理解媒体

了解媒体，才能知道媒体的所思所求，才能量身提供新闻和信息；理解媒体，才能创造一种良好的合作氛围。

4．让媒体最大化了解企业

要全面、丰富地展示企业，防止错误传播事件发生，这就需要媒体充分了解企业，因此，无论是发布动态新闻、专访、专题还是评论，都需要向媒体提供完善的企业资料、新闻稿件，甚至深度传播稿，这样可以防止媒体工作人员以偏概全，甚至出现错误。

8.4.3 时机与增值

1．发掘“新闻眼”

信息具有新闻价值，才能通过媒体的层层审核，因此公众公司等企业要善于制造“新闻眼”。要让媒体免费用企业的事件作为新闻，就要巧妙策划，使一件本来可能不具备新闻价值的事件富于新闻性。能触动媒体“神经”的信息一般包括领导的独特魅力、创新产品及技术、行业地位与事件、管理创新等。

【案例】“新闻眼”的《穹顶之下》

2015年农历年后，中国多个城市连日遭遇雾霾，人民对空气质量的关注度空前提高，对城市的生存环境日益不满。柴静的《穹顶之下》便适时地出现了，在多个视频网站播出后迅速引发巨大关注，接下来在更短的时间内借助社交网络引发了巨大的社会讨论，从一线城市扩散到三线城市，从社交网络扩散到日常生活中。一个关注度巨大的社会热点问题往往也会引发争议，《穹顶之下》同样如此，但伴随争议的则是讨论量的几何级上升，雾霾问题从未在短时间内集中获得过如此巨大的讨论。

2. 把握最佳传播时机

媒体传播也要找准时机，在“企业有意义、媒体有兴趣”的时机对接恰当的媒体，往往会形成“时机找对，事半功倍”的效果。在实践中，下面这些时机值得关注：股票挂牌，并购联营、合作、分立，新技术、新材料、新工艺论证，CIS 导入，新产品上市，企业周年庆典，企业品牌转换和企业遭遇危机事件等。

3. 提供“增值服务”

一般来说，媒体记者、编辑的素质和能力关系到新闻传播的质量，因此公众公司等企业也应该给媒体工作人员提供“增值服务”，如培训、旅游、娱乐、体验等。尤其在人力资源方面加以投入，培训媒体合作伙伴很重要。

8.4.4 监测与数据

1. 必要的媒体传播监控

对媒体传播的控制和监测是两个很重要的关键环节。所谓控制即通过事前努力确保媒体报道的内容最大化接近企业预期，或保证报道不偏离基本方向，以及事后对媒体报道失实、不客观所产生负面效应采取补救措施。监测则是通过关注媒体的报道动向，及时发现关于本行业及企业的报道，收集报样、制作剪报，形成媒体公关简报及总结报告，对报道的真实性、准确率、影响力加以及时把握，并把存在的问题与媒体沟通。这两大环节紧密相关、非常关键。

2. 建立媒体资源数据库

媒体关系是一种宝贵的资源，公众公司等企业应把相关媒体加以分类管理并建立数据库，根据媒体人员变动情况予以及时更新。这样可以防止因公关人员流失或与公关公司业务终止而导致的媒体资源流失，同时也可以避免受制于某个公关人员的情况发生。

3. 网络媒体要高度重视

这里单独将网络媒体列出来，说明此项工作的重要性，前面已经做了详细描述，这里不再赘述。

媒体是柄“双刃剑”，要让媒体展露“善”的一面，这是投资者关系管理中媒体公关所要肩负的重要责任。

第 9 章

9

新三板媒体公关 5 类常规模式实务与操作

9.1　媒体新闻发布会特点、流程与操作

对于新三板挂牌企业等公众公司来说，新闻发布会、媒体报道、新闻稿发布等都是投资者关系管理、企业产品推广、市场公关的必备手段。实际上，从广义概念上讲，企业产品推广和市场公关都属于投资者关系管理的内涵。

所谓新闻发布会，是指社会组织（含挂牌、上市及其他所有企业）在发生重大、具有积极影响的事情时，向新闻界公布信息，借助新闻提升该组织或者与该组织密切相关的事物的形象。新闻发布会一般针对企业等组织在发生意义重大、媒体感兴趣的事件时举办。

9.1.1　新闻发布的渠道及特点

1. 渠道比较

新闻发布的渠道很多，主要渠道及特点如表 9-1 所示。

表 9-1　新闻发布常规渠道的特点及比较

发布渠道	花　费	媒体范围	操作难度	适用范围及要求
新闻发布会	大	广	大	大型企业、重大事件
代发	小	广	小	产品推广、日常公关、重大事件
自建媒体关系	很小	小	中	需要文案专员、媒介专员
免费投稿	无	小	大	稿件创意及质量要求高，难以嵌入广告信息
传媒代发	小	广	小	大、中、小企业，产品推广

2. 新闻发布会的特点

新闻发布会有以下几个特点。

（1）正规隆重：有组织、有规划，形式正规，档次较高，地点精心安排，隆重而有序。

（2）参会人员广：记者、媒体负责人、行业部门主管、各协作单位代表及有关的政府官员等。

（3）新闻传播面广：报刊、电视、广播、网站、论坛、知名或官方博客、微博、微信等。

（4）方式优越：具有时间集中、人员集中、媒体集中和迅速扩散的优势。

（5）沟通活跃：双向互动，先发布新闻，后请记者提问并回答。

3. 新闻发布会与记者招待会的区别

新闻发布会与记者招待会是有区别的，主要区别如下。

新闻发布会侧重于发布新闻，对公众公司等企业来说，主要是做出了某项重要的决策、进行重大并购重组、研制生产了某种新产品或推出了某项对社会有重要影响的革新项目。企业若想通过大众媒介把这些信息广泛地传播出去，就可以举办新闻发布会。

记者招待会则有所不同，它不一定是有新闻要发布，它的主要目的是和新闻媒介、公众进行沟通。任何企业在与社会各界公众的交往中，都会遇到很多错综复杂的问题，如本单位与外单位发生了法律纠纷，企业受到了顾客的批评、受到了社会舆论的谴责、受到了新闻媒介的公开指责、受到了某一个社会组织的诬告等。当这些问题发生后，企业为了挽回影响并争取舆论的支持，就有必要招开记者招待会。

9.1.2 流程与操作

新闻发布会也是媒体所期待的。在全国性的媒体调查中发现，媒体获得新闻最重要的一个途径就是新闻发布会，几乎 100%的媒体将其列为最常参加的媒体活动。由于新闻发布会上人物、事件都比较集中，时效性又很强，且参加发布会免去了预约采访对象、采访时间的一些困扰，所以通常情况下记者都不会错过这些机会。

新闻发布会的整个流程与详细操作如图 9-1 所示。

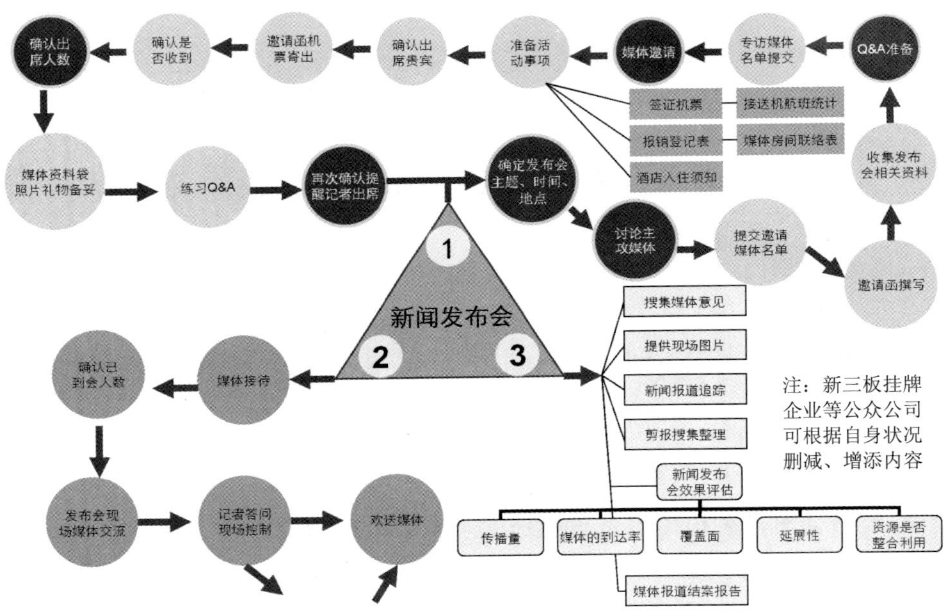

图 9-1 投资者关系管理中媒体公关的新闻发布会流程及操作

其中，现场流程主要有：（1）迎宾签到；（2）分发资料；（3）会议过程；（4）会后活动；（5）效果评估；（6）注意事项。

9.1.3 策划与误区

1. 策划的关键

在进行新闻发布会策划之前，公关公司要对新闻媒体议程（媒体的采前会、编前会）、新闻传播途径、新闻话题设置、公众舆论走向、媒体运作机制有深刻理解，同时对新闻发布会主办方所在行业背景、产业动向、竞争对手传播策略有着透彻的分析和把握，具备这些专业知识，才能策划出好的新闻事件，达到好的传播效果。另外，要吸引公众关注，首先要在形式和内容上引起媒体兴趣。

（1）借势当前公众关注的新闻事件，迎合新闻热度，释放相关性话题。

（2）结合宏观背景、产业背景、行业背景，为新闻发布会造势，为媒体提供更多新闻由头和报道角度。

（3）借明星、大腕助阵（如有必要）。

2. 误区

（1）没有新闻的新闻发布会。在这种情况下，由于新闻的缺乏使得组织者往往在发布会的形式上挖空心思、绞尽脑汁，热闹倒是热闹了，效果却未见得理想。如果过于喧宾夺主，参会者只记住了热闹的形式，却忘记了组织者想要表达的内容。造成的后果是，企业虽然花了不少的精力，但几乎没有效果。

（2）新闻发布的主题不清。从企业的立场出发，主办者希望把企业的所有荣誉与优势全部展示出去，但是偏离了主题的东西在媒介眼中形同废纸。有时，媒体想知道的信息，企业怕泄露商业机密，无法提供；媒体不想要的，企业发布者又喋喋不休。

9.1.4　时机、主题与标题

1. 时机和主题

新闻发布会的时机与主题需要注意以下几点。

（1）合适的主题：主题应集中、单一，不能同时发布几个不相关的信息。

（2）恰当的时机：一般来说，安排在事件前一个月或两个月左右。

2. 标题与要求

每个新闻发布会都会有一个标题（名字），这个标题会印在有关该次新闻发布会的一切表现物件如请柬、会议资料、会场布置、纪念品等之上。新闻发布会标题的选择，一般有如下要求。

（1）避免使用新闻发布会的字样。我国对新闻发布会是有严格申报、审批程序的，对公众公司等企业而言，并没有必要如此烦琐，所以直接把发布会的名称命名为“某某新三板挂牌企业信息发布会”或“某某新三板拟挂牌企业媒体沟通会”即可。

（2）最好在发布会的标题中说明发布会的主旨内容。如“某某股份企业 2016 年新三板挂牌暨重大资产重组信息发布会”。

（3）通常情况下，需要写出会议举办的时间、地点和主办单位。这些信息可以在发布会主标题下面以字体稍小的方式出现。

（4）可为发布会选择一个具有象征意义的标题（如需）。一般采取主标题加副标题的方式。主标题表现公众公司等企业想要表达的主要含义，副标题则说明发布会的内容。如“新能源掘金——某某新三板挂牌公司定向增发信息发布会”。

9.1.5 时间和地点

1. 时间

新闻发布的时间选择要与新闻何时播出或刊出的时间一起来考虑。时间方面需要注意如下技巧。

（1）发布会的时间尽可能安排在周一、周二和周三的下午为宜，会议时间保证在 1 小时左右。这是因为多数平面媒体刊出新闻的时间是在获得信息的第二天，这样才可以相对保证发布会的现场效果和会后见报效果。

（2）发布会尽量不要选择在上午较早时候或晚上。部分主办者出于礼貌的考虑，有的希望可以与记者在发布会后共进午餐或晚餐，这并不可取。如果不是历时较长的邀请记者进行体验式的新闻发布会，一般不需要进行类似的安排。

（3）有一些以晚宴酒会形式举行的重大事件发布，也会邀请记者出席，但应把新闻发布的内容安排在最初的阶段，至少保证记者的采访工作可以比较早的结束，确保媒体次日发稿。

（4）在时间选择上还要避开重要的政治事件和社会事件，媒体对这些事件的大篇幅报道任务，会冲淡企业新闻发布会的传播效果。

2. 地点

场地可以选择户外，如事件发生的现场，便于摄影记者拍照，也可以选择在室内。根据发布会规模的大小，室内发布会可以直接安排在公众公司等企业的办公场所或者酒店。酒店有不同的星级，从企业形象的角度来说，重要的发布会宜选择五星级或四星级酒店，以体现规格和权威性。

选择的酒店风格要与发布会的内容相统一。同时，还需考虑以下两点。

（1）地点的交通便利与易于寻找，包括离主要媒体、重要人物的远近，交通是否便利，泊车是否方便等。

（2）酒店会议厅容纳人数、主席台的大小、投影设备、电源、布景、胸部麦克风、远程麦克风、相关服务、住宿、酒品、食物和饮料的提供、价钱是否合理、有没有空间的浪费等。

9.1.6　布置、席位与资料

发布方在寻找新闻发布会的场所时，还必须考虑以下问题。

1. 会场布置与道具

（1）酒店外围布置，如酒店外横幅、竖幅、飘空气球、拱形门等。同时要考虑当地市容主管部门是否有规定和限制等，以及酒店是否允许布置。

（2）背景布置。主题背景板内容含主题、会议日期、召开城市（可选），注意颜色、字体尽可能以企业 VI 为基准，美观大方（可询问酒店是否会代为安排）。新闻发布会背景板主要衬托出会议主题，所以在设计及选材上一定要慎重考虑，一般采用高清晰写真布，这种材料具有无异味、不反光和高清晰的特点，对会场气氛营造和媒体摄像都有好处。

（3）会场外围布置。一般在大堂、电梯口、转弯处有导引指示欢迎牌，一般酒店有这项服务。事先可聘请礼仪小姐进行迎宾；如果是在企业内部安排发布会，也要酌情安排人员做记者引导工作，这些都需要提前安排。

（4）道具。主要有麦克风和音响设备，需电脑展示的还要准备投影仪、笔记本电脑、连线、上网连接设备、投影幕布等。相关设备在发布会前要反复调试，保证不出故障。

2. 席位

（1）摆放原则。职位高者靠前居中，自己人靠边靠后。

（2）摆放方式。发布会席位的布置一般是主席台加下面的课桌式摆放，注意确定主席台人员，需摆放席卡，以方便记者记录发言人姓名。有些会议采用主席台只有主持人位和发言席，贵宾坐于下面第一排的方式；摆放成回字型会议桌的发布会也出现得较多，发言人坐在中间，两侧及对面摆放新闻记者坐席，这样便于沟通，同时也有利于摄影记者拍照。一些非正式、讨论性质的会议是圆桌摆放式的。

（3）注意席位的预留，一般在后面会准备一些无桌子的坐席。

3. 资料

提供给媒体的资料，一般是广告手提袋或文件袋的形式。资料要整理妥当，按顺序摆放，在新闻发布会前发给新闻媒体。资料的摆放顺序如下：

（1）会议议程；

（2）新闻通稿；

（3）演讲发言稿；

（4）发言人的背景资料，包括头衔、主要经历、取得成就等介绍；

（5）公司宣传册；

（6）挂牌、定增或并购等相关新闻主题的说明资料（如有）；

（7）有关图片；

（8）纪念品（纪念品领用券）或其他消费券等；

（9）企业新闻负责人名片，用于新闻发布后进一步采访、联络；

（10）用于方便记者记录的空白信笺和笔等。

【案例】新闻发布会培训

新闻发布会培训的主要内容如表 9-2 所示。

表 9-2　新闻发布会培训计划

“河北昌黎假葡萄酒事件”新闻发布会					
培训学员	学员一	学员二	学员三	学员四	学员五
模拟角色	河北秦皇岛市政府新闻发言人	国家质检总局食品司负责人	中国酿酒工业协会专家	国家质检总局执法督察司负责人	新闻发布会主持人

续表

新闻背景	10 元钱就能买一瓶葡萄酒，可能大多数人不会相信。但在北京的一些酒类批发市场，这样的葡萄酒确实存在。在城北的回龙观交易市场，最便宜的葡萄酒一瓶还不到 10 元。据了解，这些低价葡萄酒都来自河北秦皇岛市昌黎县，记者前往昌黎县进行了调查，发现生产过程存在大量造假行为，出厂价甚至仅为 5 元。昌黎县密集分布着众多葡萄酒生产企业，大大小小加起来有近百家。在昌黎县更好酒业公司，记者看到了这种出厂价才 5 元钱一瓶的葡萄酒。在秦皇岛丘比特葡萄酿酒公司和昌黎韩愈酒业公司，记者也发现了几块钱一瓶的低价葡萄酒。销售经理告诉记者，酒里的酒汁少、水多自然便宜，但要当真酒卖，仅仅掺水还不够。从外观到口感，还要用特殊的原料调制。按照我国 2003 年公布的《中国葡萄酿酒技术规范》规定：葡萄酒必须用 100%的葡萄原汁，经过发酵酿造而成。像这种用少量葡萄原汁加水和各种添加剂勾兑出来的葡萄酒，说白了就是假酒。 中国酿酒工业协会葡萄酒技术委员会教授黄卫东表示，这种不规范的生产容易造成一些有害微生物的污染，甚至一些有害物质的进入，以致饮酒者头疼、心率不正常，甚至可能致癌。从各种勾兑原料到假商标、假包装，昌黎县及周边已经形成了一个造假酒一条龙的完整链条。经过这样的产业链，最终出炉的假葡萄酒经过批发，再销售到零售市场，利润相当惊人。 2010 年 12 月 23 日，中央电视台《焦点访谈》曝光该事件后，国家质检总局高度重视。总局局长支树平、副局长蒲长城连夜进行紧急研究部署，决定立即派出督察组赶赴河北，督导地方进行查处。要求严格依法查处葡萄酒造假违法行为，对造假的葡萄酒生产企业一律吊销生产许可证，一律停止生产，责成立即召回问题产品，对涉嫌犯罪的一律移交公安机关，对监管不力的部门和人员要严肃处理（2010 年 12 月 27 日 16:20:37 来源：新华网）
新闻发布程序	（1）主持人介绍出席发布会的发布人员（请相应的领导进行开场发布）； （2）主要负责人进行开场发布，时间 3～5 分钟； （3）发布会主持人点请记者提问； （4）新闻专业学生进行提问（5～10 名）； （5）发布人员答记者问； （6）发布会主持人适时宣布发布会结束； （7）培训教师点评；教师和学员互动讨论
答问要求	一次答问的时间尽量控制在 3～5 分钟
备注	每位发布者均要有针对某一家媒体“专访”的预案及相应准备

9.2 新闻发布会媒体邀请、问答与公关技巧

新闻发布会主要就是媒体的公关，如何选择媒体、邀请记者，如何与记者互动，发言人有哪些要求、具备哪些技能，以及发布会的主题要求等都是很重要的环节，所以这里专门用一节来讲解。

9.2.1 媒体记者参会的因素

媒体记者参加新闻发布会有以下几个主要因素。

（1）是否对口。综合性报纸和财经类报纸不是泾渭分明的，有跨行业交叉报道的可能，但是对于大多数都市报的记者而言，这种对口性是第一要务。

（2）是否有新闻性。在具备一切新闻要素的前题下，中央级综合性媒体更注重倾向于大背景、大主题、大角度切入的报道，而都市类媒体更多的从易于被普通百姓熟知和接受的小角度切入，且更愿意参加本地新闻活动。因此，媒体公关在准备新闻稿的时候，最少要有 3～5 个版本，并且新闻素材要更丰富。

（3）是否有新闻采访权。网络媒体只有几个主流新闻网络，如人民网、新华网、千龙网、东方网等有采访权，而像新浪、搜狐这样的商业网站是没有采访权的，他们提供的内容服务基本上都是“只能转载，不能独创”。所以，为了让新闻发布会的内容第一时间出现在网络上，邀请网络媒体记者出席时应区分清楚，哪些媒体可以原发，哪些媒体只能转载。所以，很多新闻发布会上出现最多的是平面媒体记者的身影。

（4）主办单位的身份。如果是政府部门举办的新闻发布会，那么跑口记者责无旁贷。由于政府部门的“车马”费一般较低，因此记者更愿意出席有实力、有知名度的大企业召开的新闻发布会。那么，没有知名度的企业，特别是大多数新三板挂牌企业，要靠什么来吸引媒体的注意力呢？

投资者关系管理中新闻发布会的媒体沟通流程如图 9-2 所示。

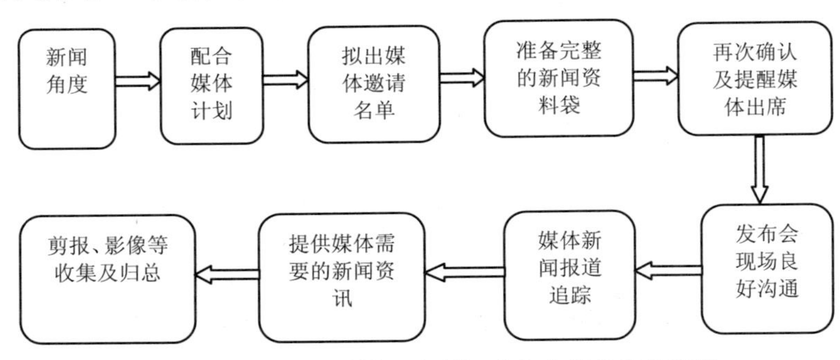

图 9-2　投资者关系管理中新闻发布会媒体沟通流程

9.2.2 媒体记者邀请技巧

邀请媒体的技巧很重要，既要吸引记者参加，又不能过多透露将要发布的新闻。

邀请媒体记者时要注意如下内容。

（1）一般企业应该邀请与自己联系比较紧密的商业领域记者参加，必要时如事件现场气氛热烈，应关照平面媒体记者与摄影记者一起前往。

（2）一定要邀请新闻记者，而不能只邀请媒体广告业务部门的人员。有时，媒体广告人员希望借助发布会的时机进行业务联系，并做出也可帮助发稿的承诺，此时必须进行回绝。

（3）在媒体邀请的密度上，既不能过多，也不能过少。联系比较多的媒体记者可以采取直接电话邀请的方式，相对不是很熟悉的媒体记者或发布内容比较严肃、庄重时可以采取寄送书面邀请函的方式。

（4）邀请的时间一般以提前 3～5 天为宜，发布会前一天可做适当的提醒。

（5）常规技巧：适当地制造悬念可以吸引记者对发布会新闻的兴趣，一种可选的方式是发布会前不透露新闻，给记者一个惊喜，“我要在第一时间把这个消息报道出来”的想法促使很多媒体记者都在赶写新闻。无论一个企业与某些报社的记者多么熟悉，在新闻发布会之前，重大的新闻内容都不可以透露出去。如果事先就透露出去，记者看到别的报纸已经报道出来了，写新闻的热情就会大大减弱，甚至不想再发布。

9.2.3　发言人及要求

新闻发布会是公司要员同媒介打交道的一次很好的机会，值得珍惜。与媒体互动，特别是涉及媒体记者的问答，发言人很关键。代表公司形象的新闻发言人对公众认知会产生重大影响。如其表现不佳，公司形象无疑也会令人不悦。

对新闻发言人的要求有以下几点。

（1）新闻发言人应该在公司身居要职，有权代表公司讲话，一般是公司的领导之一。

（2）具有良好的外型和表达能力。发言人的知识面要丰富，要有良好的语言表达能力、倾听能力及反应能力。另外，发言人的着装要整洁、大方、得体。

（3）要有现场调控能力，可以充分控制和调动发布会现场的气氛。

（4）要有执行原定计划并加以灵活调整的能力。

【案例】发言人制度不健全，消极应对：三亚宰客事件

事件回放：2012 年 1 月 28 日，网友罗迪微博爆料称，“朋友一家三口前天在三亚吃海鲜，三个普通的菜被要近 4000 元”。由此引来众多对三亚旅游业的全面声讨。但是，三亚相关部门却给出“今年春节零投诉”的回应。之后还有“明码标价，客户签字确认就不算宰客”等对其他网友晒出的账单做出的回应，引起网友强烈不满。

分析解读：

（1）不重视细节，发言人制度不健全。比如三亚，2012 年春节期间收入 33 亿元，如果这次宰客事件应对不当，导致 1/10 的游客不去三亚了，那么损失将是 3.3 亿元，这个代价应该足够打造完整的舆论应对系统了。

（2）消极应对，不正面对待舆论，而是和大众对着干。在三亚宰客事件中，有关部门用“零投诉”来回应，马上引起群众一片哗然。其实三亚方面在处理宰客事件时是十分积极的，商家也受到了相当严厉的处罚，但是在应对舆论时，三亚方面却不提这些，反而一再跟网友对着干，抛出了诸如“取证难，请消费者站出来”、“追究法律责任”等言论。这样的应对结果就是，活也白干了，骂也白挨了。这种情况一定要避免。

9.2.4 问答与互动

在新闻发布会上，通常在发言人进行发言后，有一个答记者问（Q&A）的环节。这个环节通过双方充分的沟通，可以增强记者对整个新闻事件的理解及对背景资料的掌握。有准备、亲和力强的领导人接受媒体专访，可使发布会所发布的新闻素材得到进一步的升华。答记者问的流程与操作如图 9-3 所示。

在这个环节，有以下细节与技巧需要注意。

（1）发布会前主办方要准备答记者问的备忘提纲，并在事先取得一致意见，尤其是主答人和辅助答问者要取得共识。

（2）在答记者问时，一般由一位主答人负责回答，必要时，如涉及到专业性强的问题，由他人辅助。

（3）在发布会过程中，对于记者的提问应该认真作答。注意，对于无关或过长的提问可以委婉、礼貌地制止；对于涉及到企业机密的问题，可以直接、礼貌地告

诉记者这是企业机密或委婉答复，不宜采取“无可奉告”的方式，一般来说，记者也是可以理解的；对于复杂而需要大量解释的问题，可以先简单答出要点，同时邀请会后探讨。

答记者问环节不宜采取事先安排好媒体提问，以防止媒体问到尖锐、敏感的问题。

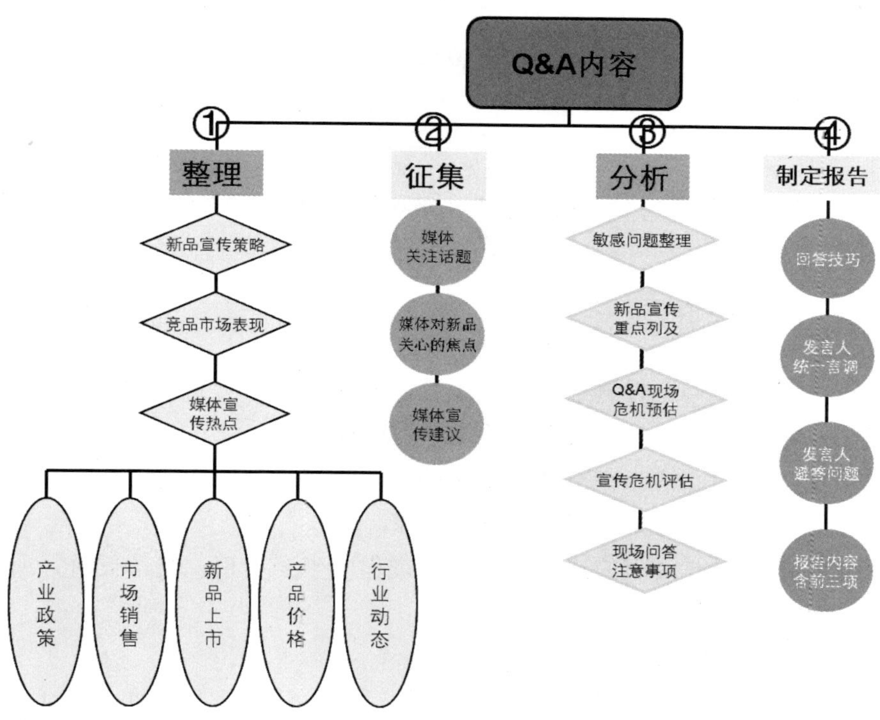

图 9-3　投资者关系管理中媒体公关的 Q&A 操作（以投融新品为例）

9.3　新三板媒体公关中的电话沟通与媒体面谈

9.3.1　电话沟通与要求

电话沟通是一种比较经济的个体沟通方式，在媒体公关中，电话沟通经常用到。对于新三板挂牌企业等公众公司，电话沟通所反映的应该是企业的风貌、精神、文化，甚至管理水平、经营状态等。因此，在电话应对上表现不当，就会导致媒体等外部人员做出对企业不利的判断。

在与媒体电话沟通时，需要礼貌、机智、积极和自信，注意交流时语言清晰、语速适中，如图 9-4 所示。

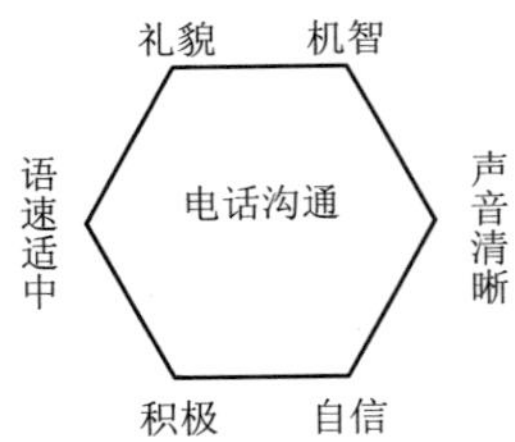

图 9-4　投资者关系管理中媒体公关的电话沟通要求

9.3.2　电话礼仪和技巧

（1）重要的第一声。打电话时，一接通，若能让对方听到亲切的招呼声，就会很快拉近双方的心理距离，使双方对话能顺利进行。

（2）要有喜悦的心情。打电话时要保持良好的心情，这样即使对方看不见你，也能被你欢快的语调所感染，留下极佳的印象。

（3）端正的姿态与清晰的声音。打电话过程中坐姿端正，身体挺直，所发出的声音也会亲切、充满活力。

（4）迅速、准确的接听。

（5）认真、清楚地记录。牢记 5w1h 技巧，所谓 5w1h 是指 when（何时）、who（何人）、where（何地）、what（何事）、why（为什么）、how（如何进行）。在工作中这些资料都是十分重要的。

（6）有效的电话沟通。电话交谈事项，应注意正确性，将事项完整地交待清楚，使对方认同，不可敷衍了事。

（7）挂电话前的礼貌。

9.3.3　具体操作与难缠的电话处理

1. 媒体电话操作

与媒体电话沟通的操作与技能如图 9-5 所示。

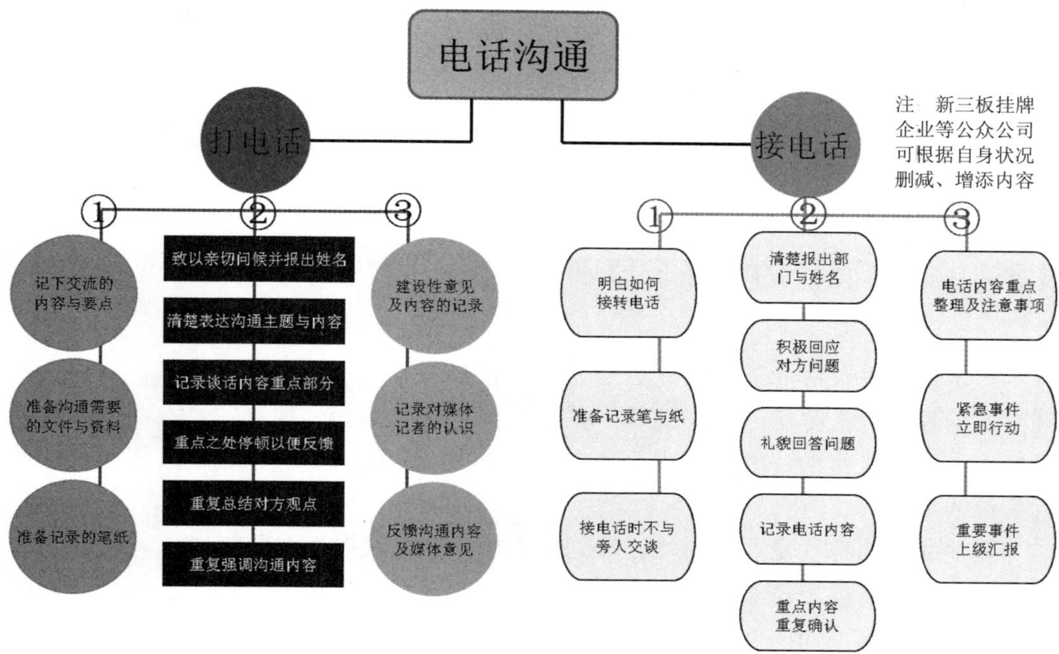

图 9-5　投资者关系管理中媒体公关的电话沟通操作与技能

2．难缠的电话处理

在媒体公关的电话沟通中，有时会遇到难缠电话的情况，下面从两个角度来谈谈操作与技巧。

（1）企业人员应做到以下几点：

① 主动提出帮忙；

② 不打断对方的牢骚；

③ 回应抱怨，态度随和；

④ 鼓励对方说出不满；

⑤ 清楚问题症结，避免再次发生误会或出现相似问题；

⑥ 引导对问题的看法；

⑦ 概括提出且对方同意的解决办法；

⑧ 不要再次惹恼媒体。

（2）企业人员应避免以下几点：

① 避免试图解释什么；

② 不轻易建议或同意某种解决办法，甚至指责第三方；

③ 不对没有办到的答应之事找借口；

④ 不加入媒体的抱怨、煽动媒体的情绪；

⑤ 不答应能力或权限之外的事。

9.3.4 媒体面谈的特征与原则

对于新三板挂牌企业等公众公司来说，在投资者关系管理过程中，媒体面谈是经常性的媒体公关事项。所谓面谈，是指任何有计划的和受控制的、在两个人（或更多人）之间进行的、参与者中至少有一个人是有目的的并且在进行过程中互相有听和说的谈话。

媒体面谈的特征是：目的性、计划性、控制性、双向性和即时性。

媒体面谈需要坚持平等、客观、互惠与求同存异的原则，这四个方面是相互联系与相互制衡的，如图 9-6 所示。

图 9-6 投资者关系管理中媒体面谈的原则

9.3.5 媒体面谈的流程、操作与异议处理

1. 媒体面谈的流程与操作

媒体面谈要有目的、有准备、有组织，其流程操作如图 9-7 所示。

2. 媒体面谈时的异议处理技巧

媒体面谈时的异议处理技巧如下。

（1）不要迅速作答，那是抬杠。一是再听一下，以确定自己清楚了解对方的意思；

二是回答太快，让对方感觉你早有准备或自己的提问太幼稚，从而给对方造成压力。

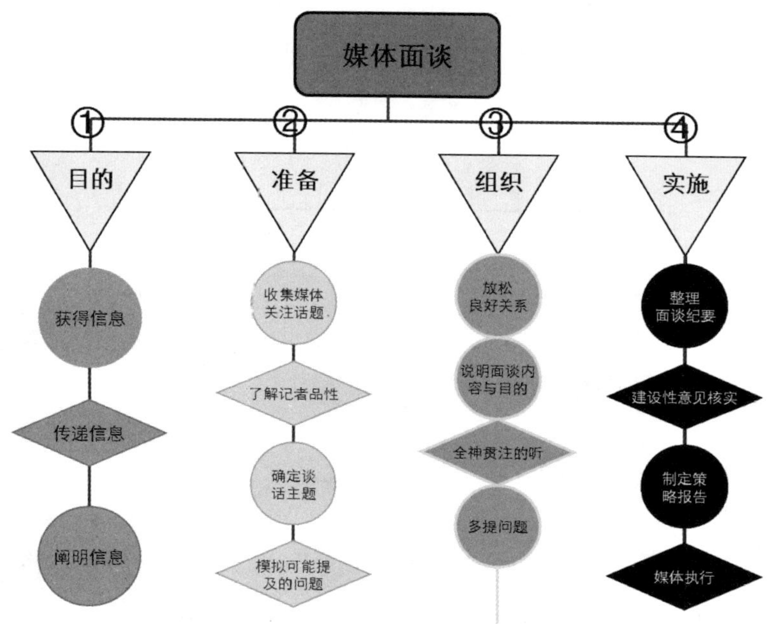

图 9-7　投资者关系管理中媒体公关的媒体面谈技能与操作

（2）不要回答得过多过长。处理反对意见时，要展示更多的正面信息而不是重复反对意见，不是争辩。

（3）欢迎对方提反对意见。对方不说话或借口赞成，其实只是隐藏真实想法，要区分合理的要求和意见。

（4）当不知道时不要猜测或给出错误的信息，而应承诺一段时间后再答复，不要流露出疑惑，给对方以更多的信心。

9.4　新三板企业媒体采访与新闻主题发布的组织

9.4.1　媒体采访与职责划分

对于新三板挂牌企业等公众公司及其内部各部门及分公司、子公司来说，保持良好的媒体关系，明确公司对新闻媒体采访的接待原则、接待流程，有效避免媒体负面报道，是投资者关系管理的一项较重要的内容，也是维护和提升企业形象与品牌价值较重要的途径。具体的媒体采访实务操作如图 9-8 所示。

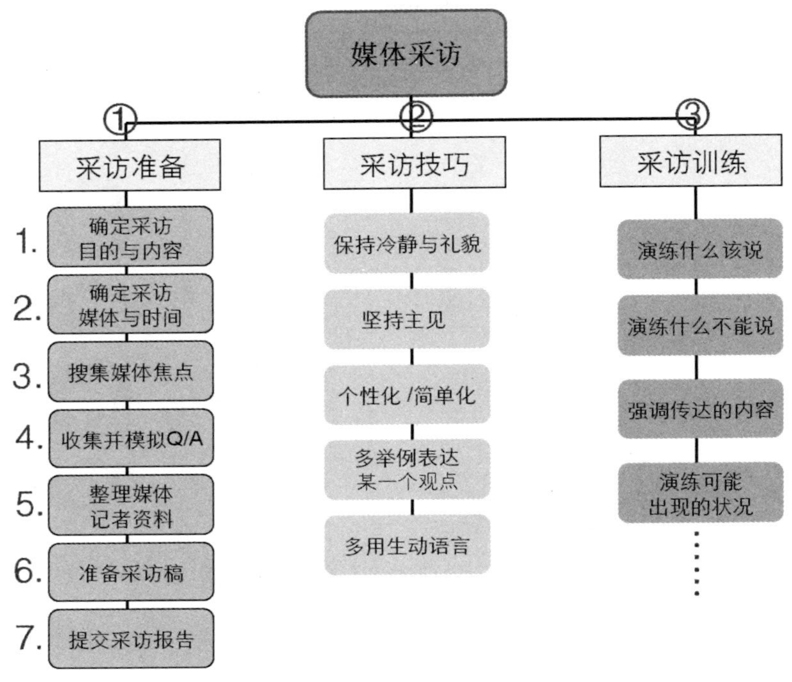

图 9-8　投资者关系管理中媒体采访的实务操作

对于公司涉及的媒体采访，公司内部的部门和相关人员可简单划分职责，如表 9-3 所示。

表 9-3　某公司媒体采访部门和相关人员职责划分

部门/岗位	工 作 内 容
办公室（或媒体公关直接关系部门）	负责新闻媒体采访的对接、沟通工作
	负责定期对公共媒体（如电视台、报纸杂志、网站等）关系进行维护
	负责与政府相关职能部门保持沟通，建立长期、良好的沟通渠道
	负责定期更新政府职能部门及媒体的通讯录
新闻媒体发言人	代表公司接受媒体采访、发表言论
各相关部门人员	负责新闻媒体采访单位、采访人及所采访事件等情况的记录

9.4.2　接待原则

（1）公司形象宣传、重要新闻发布由新闻媒体发言人、董事会秘书或指定授权人发言。除新闻媒体发言人（如有）、董事会秘书或指定人员外，建议任何员工未经允许，不得以其公司身份接受媒体采访，尤其是带有负面倾向的或突发性的媒体采访。

（2）媒体采访如涉及公司或集团信息，须由办公室或媒体公关直接负责的部门在采访前知会公司或集团相关部门及其他相关部门，根据回复意见进行处理。

（3）部门接到任何媒体采访的要求时，建议统一口径回复；对媒体记者应保持热情、友好的态度。如遇突发性采访，任何情况下，尤其是面对镜头时，不宜有阻扰或躲避采访的行为，应坦然面对镜头、保持笑容、热情接待，并引导至公司或集团责任部门接待并接受采访。

9.4.3　新闻主题发布

新闻主题是指新闻报道的中心思想和基本观点，也就是记者对客观事实的看法、态度和通过事实的报道所表达的主观意图。主题在新闻中起主导作用，贯穿全文、支配写作，是新闻构思、选材、表达和运用语言的依据。

对于新三板挂牌企业等公众公司来说，其新闻主题的发布该如何来组织呢？具体流程与操作如图 9-9 所示。

9.4.4　主题评价与发布技巧

1. 新闻主题的评价

新闻主题的评价主要看如下 4 点。

（1）主题是否符合新闻事实。

（2）事实是否足以成为记者所定主题的依据。

（3）主题是否具有社会人文意义上的针对性。

（4）主题是否鲜明、深刻和集中。

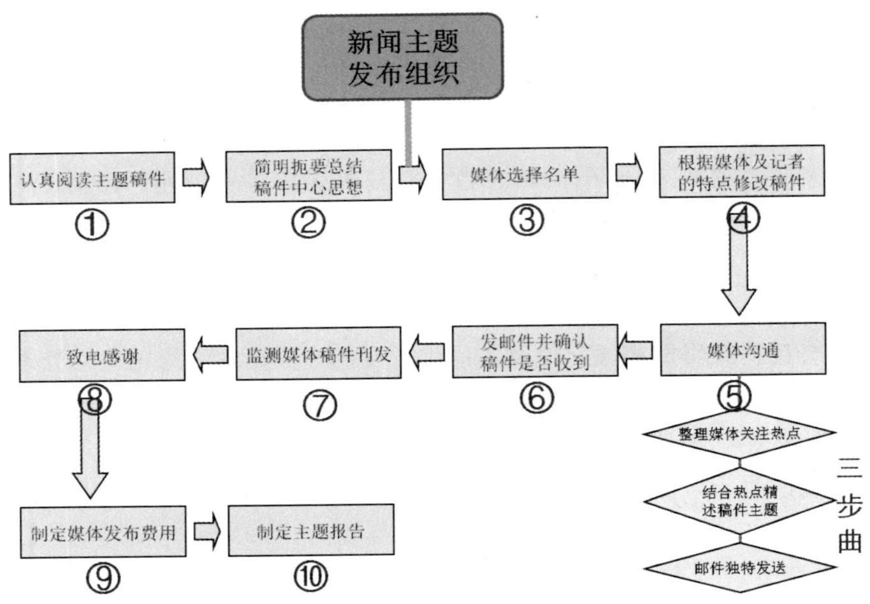

图 9-9 投资者关系管理中媒体公关的主题发布流程与操作

2. 新闻主题发布技巧

企业组织新闻主题发布需要具备的技巧是：在了解媒体的习惯、特质、运作流程，以及媒体关注的热点之后，配合媒体新闻进行选题，寻找企业需要对外公布的或宣传的主题与媒体选题的契合点，灵活而有原则地推动相关事宜，如图 9-10 所示。

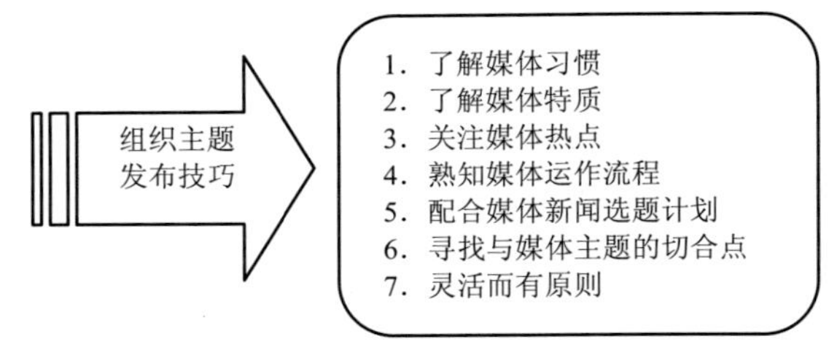

图 9-10 投资者关系管理中媒体公关的组织主题发布技巧

【案例】媒体揭露造假案

2008 年 4 月 18 日，珠海银邮首发申请获得通过。其后由于公司员工自揭造假，

5 月 12 日《每日经济新闻》报道了“珠海银邮上市造假事件”。媒体的报道引起证监会高度重视，5 月 13 日就对珠海银邮事件立项，找公司董事长谈话，证监会预审员又按照举报程序，以书面形式向企业发布“举报程序调查函”。9 月，珠海银邮不得不起草撤回 IPO 申请，对外公布撤销原因：一是该公司董事、高级管理人员发生重大变动；二是媒体及互联网针对公司的大量负面报道给本公司正常经营带来负面影响。其实，媒体报道的情况可能只代表一个人、一些人，甚至是一批人的质疑。如果这些人的质疑没有通过媒体，只是通过其他渠道提出，就不会造成这么大的影响，也不可能阻止上市的法定程序。但一经媒体传播，影响就大了。即使没有人强迫公司停止上市，公司自己也会止步，因为面对负面环境勉强上市，在公司估值和融资额方面都会受到重大挫折，甚至发行上市失败。

第 10 章

10

新三板企业危机概述及危机管理的要素解读

10.1 新三板企业危机概述及其引发事件归纳

10.1.1 企业危机的概念

新三板挂牌企业等公众公司在投资者关系管理中，危机管理（公关）是不可忽视的一项重要工作和内容。在解读危机管理之前，我们先来了解一下企业危机的概念和形成等内涵。

企业危机可分为企业运营性危机和企业突发性危机。企业运营性危机指的是企业经营过程中，由于宏观大环境的突然变化如国家标准、行业问题的暴露及企业在经营的过程中没有按照规范进行生产运营，而因此引发的一系列危害企业的行为。企业运营性危机大体可以分为经营危机、制度危机、管理危机、安全危机和竞争危机。

企业突发性危机主要指企业因为管理不当、经营不善、防范不力、安保疏忽等原因引发诸如商业机密泄露、利润严重下滑、渠道及商业危机、信誉受损、重大伤亡事故等突发性危机。

注意，本书所解读的企业危机，专门指的是企业突发性危机。在全球化、商业模式与产品日益更新的现代社会，企业的危机随时有可能牵一发而动全身，引发整个企业甚至整个行业的动荡。在这些突发性危机中，一些企业遭遇了血与火的考验。所以，进行危机管理（公关）就显得格外重要。

10.1.2　企业危机的特点

一般来说，新三板挂牌企业等公众公司的企业危机具有 7 大特点，如表 10-1 所示。

表 10-1　新三板挂牌企业等公众公司企业危机的 7 大特点

必然性	危机的必然性是指危机是不可避免的，原因是：（1）在企业中，人们认识事务与驾驭事务的能力必然会存在偏差，所以任何的错误都可能变为现实；（2）企业生产经营不确定因素的复杂性增加了危机产生的必然性；（3）信息传递的过程中由于噪音的干扰势必产生失真现象，失真即有误差，误差导致错误，错误导致危机；（4）信息经过多层系、多渠道、多阶段的传输之后，其失真现象渐趋严重，导致系统的稳定性减弱，一旦震荡度加大，危机便接踵而至。所以，任何一个社会组织在它的发展过程中都会遇到性质不同、表现形式各异的危机
普遍性	任何一个社会组织（包括企业）在它的发展过程中都会遇到性质不同、表现形式各异的危机，幻想企业不会发生危机、总是一帆风顺是不可能的
意外性	企业运营的任何一个薄弱环节都可能因某种偶然因素而致失衡、崩溃，形成危机。危机每时每刻存在于企业中，发生的时间、态势、规模、影响程度和深度是很难完全预测的
扩散性与放大性	危机往往会通过媒体、网络在较短的时间内迅速扩散，其不良影响会被放大，社会对此广泛关注
聚焦性	危机一旦发生，与企业有关联的上下游客户、消费者首先成为直接关注者，随着媒体、公众的介入与放大，危机将被聚焦，进而促使危机进一步恶化
紧迫性	企业危机总是在短时间内突然爆发，使组织立刻处于备战状态，这就要求公关人员在第一时间全面掌握事实真相。危机爆发所造成的巨大影响令人瞩目，它常常成为社会和舆论关注的焦点和讨论的话题，成为新闻界争相报道的内容，成为竞争对手发现破绽的线索，成为主管部门检查批评的对象。所以，危机在突然与缺乏防备的情况下或将迅猛演化，企业如果不能及时控制，危机会急剧恶化，因此可供做出决策的时间有限
两面性与建设性	危机即“危险中的机会”，一般来说，危机会不同程度地给企业造成破坏或损失。但是另一方面，危机中也蕴含着机遇，危机处理得当，会促进企业的发展和变革。只有认识到这一点，企业决策者才会积极主动、沉着冷静，从危机中寻找和抓住任何可能的机会，甚至为企业建立富有竞争力的声誉，树立企业形象，为重大问题的解决创造机会

10.1.3　危机的基本类型

从不同的角度划分，企业危机有以下几种类型。

1．从存在的状态看，可分为一般性危机和重大危机

（1）一般性危机。一般性危机主要是指常见的各类关系纠纷和事件。只要及时处理，做好工作，这些纠纷和事件就不会给企业造成严重危机。

（2）重大危机。重大危机主要是指企业诸如产品或信誉危机、突发性大规模收购、突发性的商业危机、重大生产失误、重大工伤事故、大的劳资纠纷及严重性火灾损失等，这些都是企业面临的必须及时处理的真正危机。

2．从危机与企业关系及归咎的对象看，可分为内部危机和外部危机

（1）内部危机。内部危机是发生在企业内部的危机，主要是由该企业的成员直接造成的，危机的责任主要由该企业内部的成员承担。

（2）外部危机。外部危机与内部危机相对而言，是指发生在企业外部，影响多数公众利益的一种公关危机。本企业只是受害者之一。

这里讲的内部和外部是相对的，诸如谣言引起的危机、政策变动引起的危机、敌意收购带来的企业重组危机等危机的发生，内部和外部原因都有，所承担的责任大小也相差不多，所以，对具体危机的划分与处理必须具体分析、恰当处理。

3．从危机给企业带来损失的表现形态来看，可分为有形公关危机和无形公关危机

（1）有形公关危机。有形公关危机是给企业带来凭借肉眼即可观测到直接而明显的损失，如房屋倒塌、爆炸、商品流转中的交通事故等造成的人员伤亡或财产损失等危机。

（2）无形公关危机。无形公关危机是给企业带来的损失表现得不明显的危机，如企业形象、声誉损害等危机。

10.1.4　引发危机的事件

对于新三板挂牌企业等公众公司来说，可能引发的危机事件有：

（1）利润全面下滑或局部下滑；

（2）突发性的商业危机（如产品出现重大质量问题、渠道严重受损、企业计算机网络被“黑客”袭击而导致的危机等）；

（3）涉及一些有争议的问题（与行业上下游客户或竞争对手）而引起的危机；

（4）重大生产、工伤事故（如生产性意外、商品流转中的交通事故等造成的人员伤亡或财产损失等安全问题）；

（5）重大灾难（如严重火灾、房屋倒塌、爆炸等）；

（6）环保问题引起的危机；

（7）企业信誉出现一定或较大损害；

（8）债务危机或重要的债务人出现危机；

（9）突发性大规模收购（如具有敌意的兼并重组、新三板或股市上大股东的重大购买）；

（10）产业或行业环境等出现重大变化或危机；

（11）宏观经济政策发生不利于公司的重大变动；

（12）股东信心丧失；

（13）重要人才流失；

（14）组织内人员的贪污腐化；

（15）公司及其员工的违法行为对外形成一定的影响；

（16）公司或高级管理人员等受到监管部门处罚或被提起诉讼；

（17）公司涉及法律问题（如打官司）而引起的危机；

（18）谣言或向大众传媒泄露组织内的秘密；

（19）有关团体或机构公布某些信息而导致的危机；

（20）财经媒体、网络上发布或出现不良消息、不利言论；

（21）大的劳资纠纷及罢工等；

（22）涉及种族、宗教、文化差异、性别歧视等社会问题而引起的企业危机；

（23）自然灾害或其他不可控因素导致的危机；

（24）恐怖破坏活动引起的危机。

这些突发事件都可能对公司造成不良影响或引发一定的危机甚至严重性危机，都可能涉及危机管理。

【案例】福喜事件：不同表态，不同结局

事件回放：

2014 年 7 月 20 日，据上海广播电视台电视新闻中心官方微博报道，麦当劳、肯德基等洋快餐供应商上海福喜食品公司被曝使用过期劣质肉。随后，福喜、麦当劳、肯德基陷入危机，并展开危机公关。

一直以来，福喜集团给人们的印象是不仅规模大、历史久、设备好，而且通过了 HACCP、ISO、GMP 乃至 LEED 等众多国际性行业标准认证，所以福喜总是显得“自信满满”，危机发生后一天便声明说：“福喜集团管理层相信，本次事件是一起个体事件。”且福喜集团首席执行官坚持称，集团在全世界的工厂都严格遵守最高的质量标准。当上海市食品药品监督管理局于 2015 年初召回上海福喜生产的 521.21 吨问题食品时，福喜集团居然“表示遗憾”。

肯德基的东家百胜集团在事件曝光之后，在第一天和第三天分别发布了两个声明，内容涵盖品牌的立场、对事件的态度和相应的处理对策。最为重要的是，声明和大众站在一起，明确表达出对公众尤其是消费者的歉意。虽然公关技巧十足，但至少让消费者易于接受。2014 年 8 月 1 日，百胜集团又发布《致广大消费者公开信》，就肯德基、必胜客牵涉其中引发大家忧虑和不安向广大消费者致歉，同时启动吹哨人制度，对举报危害百胜食品安全的违法违规行为给予奖励，同时表示，百胜中国已经全面断绝与福喜中国的供应关系，百胜集团也已经全面断绝与福喜集团的全球供应关系，百胜中国全力配合政府部门的调查，并按照指引和要求处理所有后续事宜。这一系列态度和立场的表述，对挽回消费者信心起了很大作用。

而作为此次福喜事件中最大的受害方之一，麦当劳很快发布首发声明，从基调上表现出麦当劳“对违法违规行为零容忍”的坚决态度，表示“立即停用并封存由上海福喜提供的所有肉类食品”，表明“食品安全是麦当劳的重中之重”的一贯立场。然而，这篇声明对自己最大的公关对象群体——消费者没有半句道歉，对食用过问题肉的消费者的赔偿问题只字未提。10 个小时之后，或许是意识到之前声明的僵硬，麦当劳发布了试图走情感路线的第二篇声明。事件发生 4 天后，麦当劳没有为公众带来此次食品安全危机的真相解释或是解决方案，取而代之的是第三篇声明的“我们无比震惊”，并有继续为福喜撑腰的“嫌疑”——“决定换上海福喜于河南福喜”。在外界压力下，事件发生第 5 天麦当劳才发布第四篇声明，宣布与福喜暂停一切合

作。福喜受调查一事公开以来，麦当劳股价累计下跌了约 5.2%。

分析启示：

福喜这家已经进入中国 20 年的知名企业，危机公关表现与自己的行业地位极不相称。反应速度慢，一味自信的表述，只给外界留下不负责、不真诚、没有担当意识的态度。在此事件上，麦当劳拖拉、扭捏地打“感情牌”，让人不能确定麦当劳的立场，甚至“有些‘犯晕’，已经搞不清楚自己是受害者还是同谋”。而肯德基用两个干净利落的声明完胜麦当劳。

在危机更易爆发的信息时代，企业必须重视危机公关，同时，公关团队须得有话语权，对内能及时了解情况，防范危机，对外能沟通情况，缓解社会情绪和压力。危机公关成功与否，技巧和策略固然重要，但决定成败的是立场和态度。出现问题要及时承担责任，这一点很多企业都未做到。

10.2　公众公司信息传导引发危机的传播与连锁反应

登陆资本市场包括挂牌新三板或沪深股市上市，将为公司股份和债券的发放、募集资金、并购等资本运营拓展较为广阔的途径，并形成众多潜在的竞争优势。但是，公司从此变成了公众公司，包括财务数据、公司治理及公司一切好的和坏的变化，都要披露出去，公司变得透明化，由此社会、行业及竞争对手等各种力量出于各自目的都可能会给公司“揭短”，带来危机。

10.2.1　信息传播的特点与传导环

在讲述新三板挂牌企业等公众公司危机形成之前，先讲解公众公司的各类信息是如何传播的，有何特征。

1. 公众公司信息传播的特征

公众公司的信息传播有以下特征：

（1）公众公司实行强制信息披露政策；

（2）在所属行业中具有代表性；

（3）信息传播的市场影响广泛；

（4）信息披露与反馈受到多方监管。

2. 信息传导环

新三板挂牌企业等公众公司的各类信息在传播过程中，逐渐形成信息市场消费链，其传导路径形成一个环状，本书称之为“信息传导环”，如图 10-1 所示。

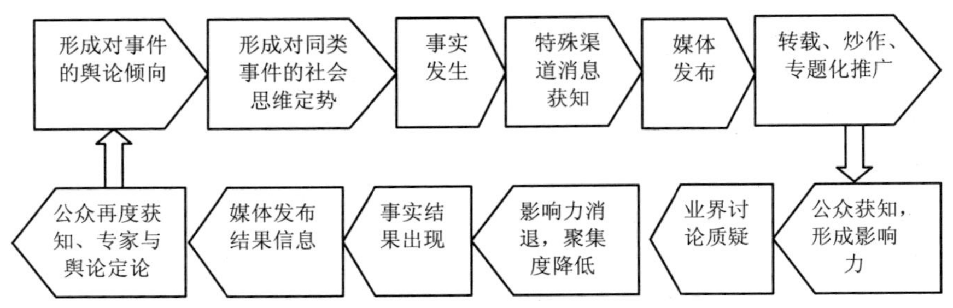

图 10-1 新三板公众公司信息在市场消费链中形成的传导环

10.2.2 危机引发的基础

公众公司危机引发的基础如下：

（1）公众公司透明度高，与运营有关正面的、负面的较重要表现等皆需披露；

（2）正如企业名为“公众公司”，显然公众性强，受到社会有关各类人群和团体的关注；

（3）公众公司大多在行业内具备一定地位，行业关注度高；

（4）对于媒体，特别是业务对口的财经类或都市类媒体，相关公众公司与其媒体新闻要求对口，记者往往希望用此吸引读者，所以具有传播价值大的效应；

（5）新三板、沪深股市的监管部门和政府机构监管很严格，问题容易暴露。

10.2.3 危机的传播

新三板挂牌企业等公众公司危机的传播，可分为内生性（如图 10-2 所示）和外生性（如图 10-3 所示）两种传播形式。

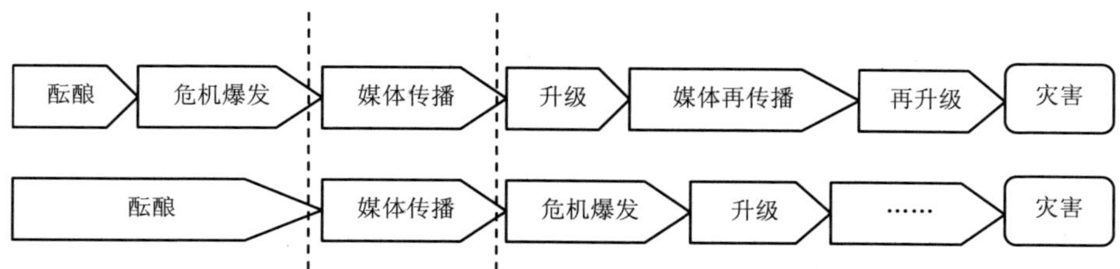

图 10-2　新三板公众公司危机媒体传播图（内生性）

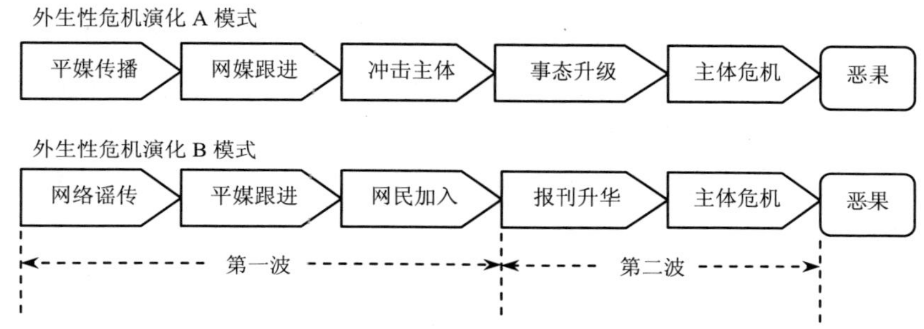

图 10-3　新三板公众公司危机媒体传播图（外生性）

10.2.4　危机的连锁反应

新三板挂牌企业等公众公司一旦出现危机，很有可能产生危机的连锁反应，依次出现如下情况：

（1）消费者信心下降；

（2）导致股价暴跌；

（3）产品、服务遭受抵制；

（4）品牌资产受到重大损失；

（5）资金链和生产出现问题；

（6）市场环境恶化；

（7）潜在管理危机爆发；

（8）限制法规出台；

（9）严重时或将引发强制退市；

（10）更极端情况下或将宣布破产。

【案例】携程“泄密门”事件

事件回放：

2014年3月22日晚间，国内漏洞研究机构乌云平台曝光称，携程系统开启了用户支付服务接口的调试功能，使所有向银行验证持卡所有者接口传输的数据包均直接保存在本地服务器，包括信用卡用户的身份证号、卡号、CVV码等信息均可能被黑客任意窃取。

当时正处于央行对于第三方支付表示质疑的关口，加上安全漏洞关乎携程数以亿计的用户财产安全，舆论对于这个消息表示了极大的关注，根据中国上市公司舆情中心监测数据显示，“泄密门”事件在很短的时间内，以“携程+安全漏洞”为关键词的新闻及转载量高达120万篇之多，按照危机事件衡量维度，达到“橙色”高度预警级别。

3月22日晚23时，携程官方微博对此予以回应，称漏洞系该公司技术调试中的短时漏洞，并已在两小时内修复，仅对3月21日、22日的部分客户存在危险，“目前没有用户受到该漏洞的影响造成相应财产损失的情况发生”，并表示将持续对此事件进行通报。

这个说法引发了用户的强烈回击，一些业内人士声称，携程“官方信息完全在瞎扯”，并附上信用卡记录为证。

3月23日，携程官方微博再以长微博形式发表声明称，93名潜在风险用户已被通知换卡，其余携程用户用卡安全不受影响。不过，其微博公关并未收到很好的成效，不少网友在其微博下留言，以质问语气表达不信任的态度：怎么证明携程没有存储其他客户的CVV号？怎么才能确认用户的信用卡安全？……面对质问，携程客服视若无睹，仅以“关于您反馈的事宜，携程非常重视，希望今后提供更好的服务”等官方话语加以回应。

在舆论对其违规存储用户信用卡信息、并未能妥善保存的重重压力下，3月25日，携程官方发出最新声明承认此前的操作流程中确有违规之处，今后携程网将不再保存客户的CVV信息；以前保存的CVV信息将删除。

3月26日，21世纪网直指“携程保存客户信息属于违反银联的规定，携程不是第三方支付机构，无权保留银行卡信息。另一方面，PCI-DSS（第三方支付行业数据安全标准）规定不允许存储CVV，但携程支付页面称通过了PCI认证，同样令人费解”。《21 世纪经济报道》更是简单明了地表示，在线旅游网站中，只有“去哪儿”网已经引入该认证标准，“此前携程曾有意向接入该系统，但是公司工作人员去考察之后发现，携程系统要整改难度太大，业务种类多且交叉多，如果按照该系统接入而整改会使架构都会有所变化”。

针对上述质疑，携程官方一直保持着沉默，而不少业内人士已经忍不住跳出来指责其“闭着眼睛撒谎”。3 月 27 日，《中国青年报》更是发表题为《大数据时代个人隐私丢哪儿了》的署名文章，谴责企业“在用户不知情的情况下收集有限的数据，在一定程度上忽略了人的权利”。

案例分析：

（1）事件曝光后，携程方面坚称“网络支付是安全的”，并将“泄密门”原因归结于“个别技术开发人员”的疏忽。同时对用户的质疑始终含糊其辞，最后在强大压力下承认此前的操作流程中确有违规之处，然而此时携程的品牌形象已经受损。

（2）危机发生后，携程方面虽然及时、不断通过官方微博对事件进行回应，但是对于用户的继续质疑，携程客服没有拿出解决问题应有的诚意，没有提供更多的具体解决问题的举措，而是以官方话语加以回应，其敷衍的态度导致危机更加严重。

（3）在整个危机处理过程中，携程方面始终在自说自话，没有邀请权威的第三方为自己证言，没有收到好的社会效果。

10.3　公众公司危机管理组织和危机处理原则

10.3.1　危机管理小组

对于新三板挂牌企业等公众公司来说，危机管理是指企业或机构遇到危机时，为避免或者减轻危机所带来的严重损害和威胁，通过有组织、有计划地制定和实施一系列管理措施和应对策略，包括危机的规避、控制、解决及危机解决后的复兴等活动来获得社会公众的谅解，从而避免不良影响，并巩固良好形象的一项工作。本节主要讲解危机管理的组织与原则。

危机管理小组是专门从事企业危机管理工作的组织和机构，具有非常设性的特点。危机管理小组的任务是搜集系统的情报和管理危机资讯，使企业危机防患于未然或者使危机损失最小化。

10.3.2 危机管理小组成员

（1）企业领导。重要问题尽早做出权威决断的决策人物。

（2）公关专业人员。负责危机管理程序的优化和实施，是理论参谋和具体执行者。

（3）生产、质检、销售人员。熟悉企业生产、销售、质量检验等流程，清楚产品生产、流通各个环节的问题，便于应对来自消费者及媒体的疑问。

（4）核心技术专家、行业专家（如有必要）。用于应对产品、管理等涉及危机有关核心技术性问题的咨询及解决。

（5）法律工作者。企业法律事务顾问熟悉企业日常运作过程中可能出现的法律问题，便于在法律程序上保证企业行为的正确性，危机产生后有利于规避非合规性法律程序及尽早通过法律途径解决相关纠纷。

（6）接待人员或投诉处理人员。危机管理的第一道门户，是接受消费者投诉、沟通信息和对外树立形象的重要环节，如果处理得当，往往会把由投诉引起的危机消灭在萌芽状态。

10.3.3 危机管理小组的成员类型

英国公关专家迈克尔·里杰斯特在《危机管理》一书中提出了危机管理小组成员的类型，如表 10-2 所示。

表 10-2 新三板挂牌企业等公众公司危机管理小组成员类型

点子型	富有创造性的人才，能够不断提出新建议与新点子，使危机管理方案不断丰富和完善
沟通型	沟通协调、承上启下，使各方交流顺畅，并能与媒体融洽合作
逆向思维型	擅长于从反面不断运用逆向思维提出修正意见，尽量考虑完善
记录型	善于总结完善，形成文字方案
人道主义型	充分以人为导向，倾向于顾客利益至上，真正为社会大众利益着想，这正是危机管理获得成功最应该具备的基本条件。能够迎合消费者心理需求，切实为消费者考虑，能够赢得顾客的信赖与支持

10.3.4　危机管理的 5 大原则

1．积极预防原则

“凡事预则立，不预则废。”企业危机管理应从事前做起，建立危机应急预案，尽量避免危机的发生，在危机的诱因还没有演变成危机之前就将其平息。

2．主动面对、真诚沟通原则

当危机发生时，企业应立即承担第一消息来源的职责，主动回答公众的提问并配合媒体的采访，掌握对外发布信息的主动权。危机发生后，无论危机责任在哪一方，企业都应主动承担一定的责任，不能遮遮掩掩，需要开诚布公，对外界澄清事实真相，避免引起各种猜测，导致局面失控。对于确实不便发布的消息，不可简单以“无可奉告”应付，应说明理由，求得记者的谅解，甚至在某些情况下，还应该通过新闻媒体谢罪，表示企业愿意承担责任。对于危机所损害的群体或投资者，危机处理人员在接触时，要有诚意，对其不满、愤怒需要耐心化解，并言辞缓和地予以沟通和交流。

3．快速反应原则

危机一旦发生，会马上引起公众的注意。企业必须以最快的速度调集人员、设备、资金，以便迅速查明情况并进行处理，实施危机管理计划，并在第一时间采取以下措施：

（1）告知专业的危机管理公司，借助第三方力量进行危机的控制；

（2）告知企业对外公关及其相关的员工，统一口径，避免企业员工在面对媒体采访时不知所措；

（3）组织危机涉及部门迅速采取措施，调查事件真相，新闻发言人发布公司采取的措施，安抚公众并对受害者事件进行处理；

（4）把真相告知政府部门或者相关权威机构，进行公众信心的树立；

（5）引导媒体沿着良性的方向进行危机报道。

4．单一口径原则

在危机来临时，企业内部很容易陷入信息混乱的状态，不利于形成有效的危机传播，因而形成一个统一的对外传播口径是形势要求的必然结果。新闻发言人专门负责与外界沟通，只有经过他所传递的信息才是企业的最终决定，才是向新闻媒体公开的内容，其他人不能随意代表企业发表意见，只能维护、服从新闻发言人的权威。尤其在面对新闻媒体时，一定要及时、准确、口径一致地按照企业对外宣传的需要把公关信息发布出去，形成有效的对外沟通渠道，这样就可以避免危机来临时对外宣传的无序、混乱及由此可能产生的公众猜疑，便于企业驾御危机管理信息的传播。

5. 绝对领导原则

缺失权威必然引发混乱，所以企业领导应在危机刚出现时便赋予危机事件管理者充分的权力，对危机实行“集权管理”。公司应成立危机公关委员会统一领导、处理公关危机，由董事长、总经理、董事会秘书、总经理办公室主任任领导小组成员，领导、协调董事会办公室、总经理办公室、法律事务部等部门，统筹处理好与投资者、分析师、财经媒体等各方面的关系。

【案例】尼康“黑斑”事件：拖延症患者

案例回放：

尼康 D600 相机率先在美国和英国上市后，就深陷“黑斑门”。2013 年 2 月 22 日，尼康公司发表公告，承认一些用户指出使用尼康 D600 数码单反相机拍摄时，照片上会出现多个颗粒状影像。当时尼康公司给出的解决办法是让用户按照用户手册（第 301～305 页）关于“清洁影像感应器”进行清洁，或用气吹手动清洁，或者到尼康售后服务中心进行清洁。

央视 2014 年 3·15 晚会报道称，我国多位消费者发现用新买的尼康 D600 相机拍摄照片后出现黑点。用户就此到尼康维修点进行过四五次清洗进灰，也无法解决问题。随后尼康公司通过更换快门等方式，也无法解决这款宣称防尘防潮相机的问题。按照“三包”规定，相机因质量问题返修两次之后，可以退换产品。不过尼康公司售后人员辩称清灰不算修理，但尼康公司官方规定清灰属于修理范围。在随后发布的公告中，尼康公司再次要求用户对 D600 相机进行清理更换。

2014 年 2 月 26 日，尼康公司再度发表公告，表示将免费替所有出现进灰问题的全幅单反 D600 相机用户进行检查、清洁，并进行快门等相关零部件的更换。

据悉，尼康公司在处理 D600 相机“黑斑门”事件时内外有别。据外媒报道，欧洲部分用户把机身内部进灰的 D600 相机送到服务站除尘后收到了全新的 D610 相机；而在法国，进灰的 D600 相机换全新 D610 相机的代价也仅需要支付很少一笔费用；但是在中国，遭受 D600 相机进灰困扰的用户显然没能受到如此待遇，尼康公司在拖延一年之后给出的解决办法仅是免费清洁而已。

案例分析：

（1）尼康公司“黑斑门”事件早在 2013 年相机上市之初就已经被曝光，然而公司并没有认真对待，导致危机进一步蔓延。

（2）面对消费者的质疑，尼康公司并没有拿出诚恳、负责的态度与用户进行沟通，而是坚决否认相机存在质量问题，严词拒绝用户退机、换机的要求。这种态度严重损害了公众对尼康公司的信任，使“黑斑门”愈演愈烈。

（3）危机发生后，对于多次清洗仍然存在黑点的问题，尼康公司只是以相机中进入灰尘来搪塞，甚至连一份质量监管部门出具的产品检测报告都没有拿出，不能让公众信服。

（4）尼康公司缺少公关应对策略，仅用两份公告了事。在央视的压力之下，对 3·15 晚会让步，而不是对消费者让步。

10.4　公众公司危机演化的4大阶段与危机管理的4个步骤

10.4.1　危机演化的 4 大阶段

对于新三板挂牌企业等公众公司来说，企业危机是一种突发性事件，但又不是绝对不可完全预见的，它往往以渐进式的方式演化，是一个从量变到质变的转化过程。危机一般可简单地分为 4 个阶段：潜伏期、爆发期、持续期和终止期。

潜伏期：在这个时期，危机的隐患往往会初露端倪，向外界发出警告。这时危机处在一个不稳定的状态，此时重要的是如何使这种状态向好的方面转化，扼制住它向坏方向转化的可能，化险为夷，转危为安。如果对潜伏期的某些前兆的危机信号熟视无睹，到一定程度后，就会形成企业危机的爆发，并迅速蔓延，产生连锁反应，使企业措手不及。

爆发期：这个时期，企业潜在问题暴露，公众投诉、媒介跟进接踵而至，企业或社会公众已较清楚地了解到底发生了什么事情，企业声誉大降。

持续期：短则一两天，长则持续数周、数月或更长时间。在这个时期，企业危机一旦加剧，任何控制危机的努力都将变成对损失程度的控制。

终止期：这个时期企业危机被遏制，并渐渐趋于平复，对企业来说，除了要着手准备详细的调查报告外，还要配合主管部门和公关部门做一些具体的事，妥善处理危机后期工作，安抚人心。同时，要依靠公共关系手段消除影响，矫正形象。

投资者关系管理中危机解决的时机与阶段性操作如图 10-4 所示。

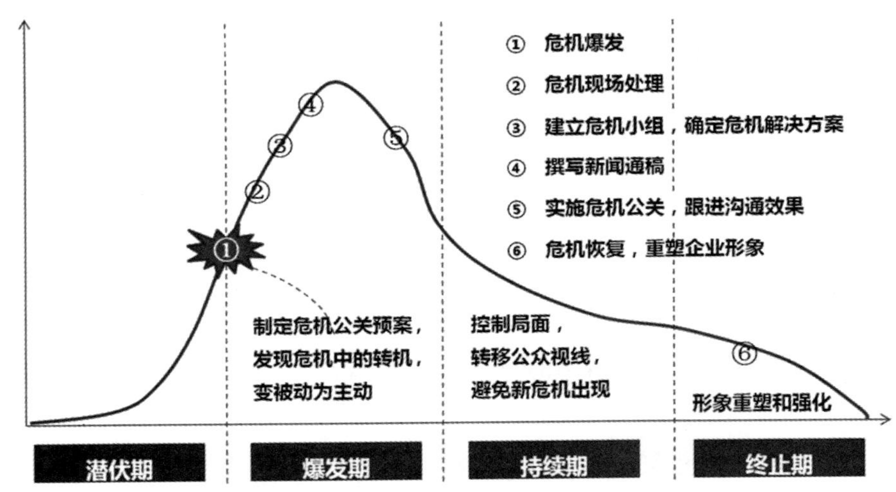

图 10-4 投资者关系管理中危机解决的时机与阶段性操作

10.4.2 危机预防（媒体监控）

一般来说，新三板挂牌企业等公众公司的危机管理分为 4 个步骤，对应危机演化的四大阶段，下面先讲解预防期。

危机预防一般对应危机的潜伏期。常见的危机预防手段有：建立有效的媒介沟通、形成良好的媒介关系等。但是现在媒体众多，沟通所有的媒体是一件费时费力的事情，所以笔者认为媒体监控是高效而精准的危机预防手段。

1．危机预防——危机防御系统

（1）漏洞审查：环节排查、制定危机流程。

（2）现存危机隐患排查：建立备忘制度。

（3）设置危机反应小组：对流程熟悉、有相应权限、有反应力。

（4）危机管理计划：制定预案、确定联络人、有反馈系统。

（5）设立重点监测对象和跟踪支持网络。

（6）实时监测和预警。

（7）危机反应培训和模拟练习。

2．危机预防——网络支持体系

构建网络支持体系也是重要的危机预防的要求与模式，具体要求如下：

（1）建立完善的资料库；

（2）定期更新资料库；

（3）主动提供公司资料；

（4）日常沟通、节日问候；

（5）赞助、战略性合作；

（6）建立跟踪表，加强体系中重要人物的观察；

（7）定期组织公关活动，如媒体见面会、分析师会议等；

（8）定期召开圆桌会议，讨论行业热点，向公众传达公司的意图和想法。

10.4.3　危机评估

危机评估一般对应危机的爆发期。在问题被媒体曝光或因其他原因出现危机后，公司应迅速组建“危机评估工作小组”，对危机的性质进行评估，分析危机的严重程度，同时确定危机的发生原因和传播途径，然后迅速制定公关方案。危机评估的具体内容如下。

（1）定性，即对危机的性质进行评估。

（2）定量，即分析危机的影响范围和损失。

（3）定点，即确定危机发生和传播的关键点。

（4）定案，即根据以上内容制定公关方案。

10.4.4 危机处理

危机处理一般对应危机的持续期。“危机”意味着“危险”，也意味着“机会”，应该运用积极有效的“危机公关”措施，化“风险”为“机遇”，通过危机的消除树立公司正面的企业形象，凸显公司规范的运作、良好的投资价值。这个时期的工作一般包括调查情况、自我分析、安抚公众和联络媒介等。

在经过危机评估及内外部沟通后，应针对危机制定统一的宣传口径，并通过多种方式对外发布，用“主流”的声音盖住“噪音”。

（1）设立对外联系方式，培训内部人员，以统一口径回复投资者主动联系时的咨询、质疑，设立专门的新闻发言人。

（2）组成机构沟通小组，针对机构投资者进行“一对一”、“一对多”的沟通，争取机构投资者的理解、认可。

（3）企业应设立信息中心，按时把危机工作的最新消息传送给媒介人士。在发表各种消息时，一定要坚持“公开事实真相”的原则，以避免新闻媒介和社会公众的猜疑、质询。

（4）开展多种形式的公共媒体宣传。媒体宣传内容上应该采取多个诉求点交叉进行的方式，如专门针对危机的释疑文章、公司管理层致投资者的一封信、公司管理层接受媒体采访、公司投资价值分析、公司企业形象宣传片等。另外，从时效性、覆盖率等角度考虑，公司在危机期间应充分利用新媒体如网站更新速度快、传播范围广的特点，开展多种形式的公关活动。

（5）多种形式的公关活动，例如投资者网上交流活动等。通过公关活动树立公司不回避问题、勇于面对投资者的姿态，另一方面通过交流，真正地消除投资者的误会，取得投资者的理解和支持。

10.4.5 重塑形象

重塑形象一般对应危机的终止期。危机发生后，企业形象受到了影响，公众对企业会非常敏感，要靠一系列危机善后管理工作来挽回影响，重塑企业形象。

（1）对危机管理工作进行全面评价，包括对预警系统的组织、工作程序、危机处理计划、危机决策等各方面的评价，要详尽地列出危机管理工作中存在的各种问题。

（2）对问题进行整顿。多数危机的爆发与企业管理不善有关，通过总结提出改正措施，责成有关部门逐项落实，完善危机管理内容。

（3）一般而言，在危机公关过后，企业一般会采用低价促销的策略，先确保企业产品销售或服务的数量，即使有利润的损失。

（4）根据社会发展的不同情况，多做社会公益活动，如捐建希望小学、大灾难时捐款捐物等，树立良好的企业形象。

（5）寻找商机。危机给企业制造了另外一种环境，企业管理者要善于利用危机探索经营的新路子，进行重大改革，这样危机可能会给企业带来商机。

总之，危机并不等同于企业失败，危机之中往往孕育着转机。危机管理是一门艺术，是企业发展战略中的一项长期规划。一家企业在危机管理上的成败能够显示出它的整体素质和综合实力。成功的企业不仅能够妥善处理危机，而且能够化危机为商机。

【案例】优酷“约架”：“双输”闹剧

事件回放：

2014 年 8 月 1 日，Zealer（国内热门的手机评测工作室）发布了关于锤子手机 Smartisan T1 的评测视频，其创始人王自如称 T1 算不上“东半球最好用”的手机，还列举了诸多弊端。此举刺激了锤子手机创始人罗永浩。罗永浩公开表示：“王自如你别瞎猜，有时间去优酷公开辩论。”2014 年 8 月 27 日 19 时，两人如约在优酷面对面 PK，双方就“锤子手机是否易碎”、“散热设计是否有问题”等话题展开了激烈辩论。此次优酷“约架”引发 250 万人围观，被网友称为“决战优酷之巅”。虽然辩论结果罗永浩略占上风，但事实上两者皆为输家。

案例分析：

在这场全民围观的大秀当中，已经不是谁是谁非的问题了。公众除了关注事件本身之外，也关注双方在公众面前的表现。对于罗永浩来说：

（1）大量贬低同行，将目前国内行业描绘成没有品位、没有理想的混沌状态，四处树敌，容易将自己陷入被动之中；

（2）在论战中，罗永浩准备非常充分，连放三大招，让王自如根本没有还手之力。罗永浩的强势更让公众有了同情弱小的心理，使得自己反而失去了支持和信任。

对于王自如来说，有两大昏招：

（1）罗永浩攻击王自如接受4家厂商的投资，不是“独立、客观、第三方”。论战第二天，王自如主动发视频道歉，并去掉“独立、客观、第三方”。虽然在危机公关中承担责任是第一原则，真诚道歉也没有错，但是这场论战是论理，本无输赢之分，王自如此举相当于承认了对方的指责。

（2）从硬件评测变为“反盗版斗士”。王自如揭露了锤子商店的侵权，这虽然是对方的错，但无疑再次坐实了罗永浩对Zealer专黑锤子的指责和猜测，反而给了罗永浩再次回击的机会，非明智之举。

结论：危机发生时，不能自乱阵脚，硬搬危机处理原则，要随时调整危机应对策略。国企资产雄厚、实力不凡，即使有理也不能太过强势。

11

第 11 章

新三板危机管理对策、实务详解与经典模型介绍

11.1　新三板公众公司化解危机的8大策略

对于新三板挂牌企业等公众公司来说，当危机发生时，企业应当果断采取应对策略，以便有效地化解危机或把危机带来的负面效应控制到最低。这里参考相关文献并对企业实践所采用的策略和经验进行归纳。

11.1.1　战略与根源

1. 上升到战略高度

在实践中，很多企业危机管理失利的主要原因是没有把看起来较小的危机事件当回事，在此种态度下导致事件的影响与危害不断递增，甚至不可收拾，发展到完全失控的地步。所以，对于企业来说，不管危机事件大小，都要高度重视，需要站在战略的高度，从整体性、系统性、全面性和连续性上来认识和管理企业的危机事件。只有这样才能把不该发生的危机扼杀在摇篮之中，把已发生的危机事件的影响程

度降到最低，把危机的解决转变成企业展示综合实力与快速反应等其他价值的契机。

2．发现问题本质与根源

发生危机时，应该先客观、全面地了解整个事件，然后冷静地观察问题的核心，找到问题的关键与根源，研读相关法规与规定，把问题完全参透，或聘请专业公关公司把脉支招，切忌毫无准备、贸然行动。在实践中，一些企业，特别是新三板挂牌企业中的小微企业，许多危机管理人员在处理相关事件时，往往是哪里出现问题就管哪里，而本质性的根源问题却没有得到解决，最终导致只治标不治本，不能彻底解决危机，甚至导致事态不断的扩大。

11.1.2 速度与责任

1．迅速反应与快速行动

速度是危机管理中的一项原则。一般来说，危机爆发后，企业立即处理便可以避免许多损失。但是，实践中因为看似很小的问题，没有引起企业重视或缺乏危机处理经验等，从而错过了最佳处理时机，结果导致事件不断扩大与蔓延。

【案例】取缔余额宝风波

2014 年 2 月 21 日，央视证券资讯频道执行总编辑兼首席新闻评论员钮文新发博文《取缔余额宝!》称，“余额宝是趴在银行身上的‘吸血鬼’，典型的‘金融寄生虫’”。

钮文新认为，余额宝冲击的是整个中国的经济安全。因为，当余额宝和其前端的货币基金将 2%的收益放入自己兜里，而将 4%到 6%的收益分给成千上万的余额宝客户的时候，整个中国实体经济、也就是最终的贷款客户将成为这个成本的最终买单人。这个评论当时引起较大反响。

2 月 22 日凌晨，支付宝官方发长微博《记一个难忘的周末》幽默回应。支付宝方面表示，余额宝加上增利宝，一年的管理费是 0.3%、托管费是 0.08%、销售服务费是 0.25%，利润只为 0.63%，除此之外再无费用；并对“吸血鬼”一说加以调侃称，“老师您能别逗了吗？我查了一下，2013 年上半年，16 家国内上市银行净利润总额达到 6191.7 亿元人民币，全年起码翻一番，12 000 亿元吧？”同日，阿里小微金融服务集团首席战略官舒明称：即使与总规模约 10 万亿元的银行理财产品相比，货币市场基金也不到其总规模的十分之一，很难想象，规模如此之小的货币市场基金会对市场整体利率水平产生巨大的影响，会“严重干扰利率市场”。

事件分析：支付宝在被质疑后，第二天一早便及时发微博进行回应，微博内容诙谐调侃，却又态度明确，将对方质疑的观点予以反驳。此外，公司高管也及时与媒体进行了沟通，对质疑者的说法进行了驳斥，符合快速反应与迅速行动原则。

2. 承担责任比什么都重要

在实践中，很多危机事件发生后媒体与受众甚至是受害者并不十分关心事件本身，而更在意责任人的态度。推诿、不负责任的态度会激发公众的更大愤怒，把事件本身严重放大。所以，危机事件发生后的第一时间应该把所有质疑的声音与责任都承接下来，不能含糊其辞、态度暧昧、速度迟缓，要拿出最负责任的态度与实际行动迅速对事件做出处理。

11.1.3　沟通与第三方

1. 耐心、持续的沟通与再沟通

在实践中，危机激发矛盾 80%的原因都来自缺乏沟通或沟通的质量不佳，所以，危急时的沟通是非常重要的一项工作。

首先，要和企业全体员工进行沟通，让大家了解事件细节，保持一致的口径、一致的行动等；其次，第一时间向媒体提供真实的事件情况及随时提供事件发展情况，主动出击以有效填补此时舆论的“真空期”，避免小道消息、猜测，甚至是竞争对手恶意散布的消息而引发事件恶化；再次，与政府及相关部门进行沟通，得到政府的支持或谅解甚至是帮助，对控制事态发展有很大的帮助。同时，也要和合作伙伴等进行沟通，以免引起误解及不必要的恐慌。

2. 让第三方为自己说话

在危机发生时，积极的做法是：自己尽量不要在事件还未明朗、大众还存在误

解时多说话，应该请第三方权威部门介入，让权威部门为自己说话，有了证据之后再主动联系媒体，让媒体为自己说话，必要的时候再让消费者为自己说话。

如果自己确实有责任与过失，则态度要诚恳，诸如“对不起，我们将承担全部责任”。首先消除消费者的不满情绪，博取同情很重要，而后用事实来证明。如果不是自己的责任或问题，也不能出来反驳，不能与媒体、受众甚至政府打口水仗，这样的结果往往是即使弄清楚了事实的真相也失去了公众对公司的好感，更容易导致事件的扩大，扩展到企业诚信问题、社会责任问题等，导致有理的事反倒没了理。

11.1.4 视线与机会

1. 转移视线

企业在妥善处理危机之后，要尽快把公众的视线吸引开，否则纠缠下去对企业将十分不利，但是需要注意时机和方式，目的是在正确采取措施并得到妥善处理后让事件的余震尽快结束，而不是推委责任。诸如企业捐助公益事业，推出新产品、新发明等相关新闻，以转移公众的视线。

2. 危机中创造机会

一般来说，企业发生危机事件后媒体与大众的关注度很高，这时若企业危机管理手法得当，不仅可以化解危机，还可以提升企业或品牌的知名度，树立良好的企业形象。所以，利用危机还能找到为企业创造额外价值机会的可能。

总之，危机管理是一个系统性的工作，平时就应当防患于未然，建立完善的危机防范预案机制，这样可以防范绝大部分危机的发生，至少可以把危机的不良影响控制到最小。

11.2 公众公司所涉及的7类群体危机公关技能详解

11.2.1 组织内部对策

（1）成立专门机构或扩充常设的危机管理小组以便迅速处理危机事件。建议副总裁以上级别的高级管理人员担任该机构组长，行政部公关事务人员必须加入这个机构，汇同各有关职能部门的人员组成一个有权威性、有效率的工作班子。如果企业没有专业的公关人才，就要借助专业公关公司的力量，请他们加入机构并策划如何开展工作。

（2）迅速而准确地判别情况、把握事态的发展，确定危机事件的类型、特点，确认有关公众对象，以便争取主动。

（3）在了解并诊断危机之后，制定处理危机事件的原则方针、具体程序与对策。

（4）以危机处理机构作为唯一权威的信息发布源头，确保对外发布的信息高度一致，避免让媒体找到借题发挥的把柄。同时，将处理危机事件的原则、程序和对策通告全体员工，以统一口径和思想认识，协同行动。

（5）向有关媒体、群体（如社区）意见代表等公布危机事件的真相，表示企业对该事件的态度和将要采取的措施。

（6）如有必要，企业各部门或有关部门围绕危机处理机构共同参加急救实务。如危机事件是由不合格产品引发的，应不惜代价立即收回不合格产品，或立即组织检修队伍，对不合格产品逐个检验，并通知有关部门立即停止出售这类产品；危机事件若造成伤亡，一方面应立即进行救护工作或进行善后处理，另一方面应立即通知受害者家属，并尽可能提供一切条件，满足受害者家属的要求。

（7）危机结束后，调查引发危机事件的原因，并对处理工作进行评估，同时奖励处理危机事件的有功人员，处罚事件的责任者，并通告有关各方。

11.2.2 受害者对策与客户对策

1. 受害者对策

（1）应由专人负责与受害者及受害者家属谨慎的接触，认真了解受害者情况，耐心而冷静地听取受害者的意见，包括他们要求赔偿损失的意见，诚恳地向他们及其家属道歉，并实事求是地承担相应的责任。

（2）企业应避免出现为自己辩护的言辞，避免与受害者及受害者家属发生争辩与纠纷。即使受害者有一定责任，也不要在现场追究。

（3）给受害者安慰与同情，并尽可能提供其所需的服务，尽最大努力做好善后处理工作。

（4）了解、确认和制定有关赔偿损失的文件规定与处理原则，确定向受害者及受害者家属进行补偿的方法与标准，并尽快实施。

（5）如无特殊情况，在处理危机事件的过程中不可随便更换负责处理工作的人员。

2. 客户对策

（1）危机事件发生后，应尽快如实地向企业的上下游有关客户传达事故发生的消息，并表明企业对该事件的坦诚态度。

（2）以书面的形式通报正在或将要采取的各种对策和措施，如有必要，还可派人直接与重点大客户进行面对面的沟通和解释。

（3）在事故处理的过程中，定期向企业上下游客户传达事故进展情况与处理经过。

（4）事故处理完毕后，应用书面的形式对上下游有关客户表示歉意，并向理解和援助的单位表示诚挚的谢意。

11.2.3 新闻媒介对策

（1）危机处理机构首先要对如何接待媒体的采访、谁来担任公司的新闻发言人等做出明确的规定。向新闻界公布危机事件时，公布时如何措辞、采用什么形式、有关信息怎样有计划的披露等，应事先达成共识，具体对策如图 11-1 所示。

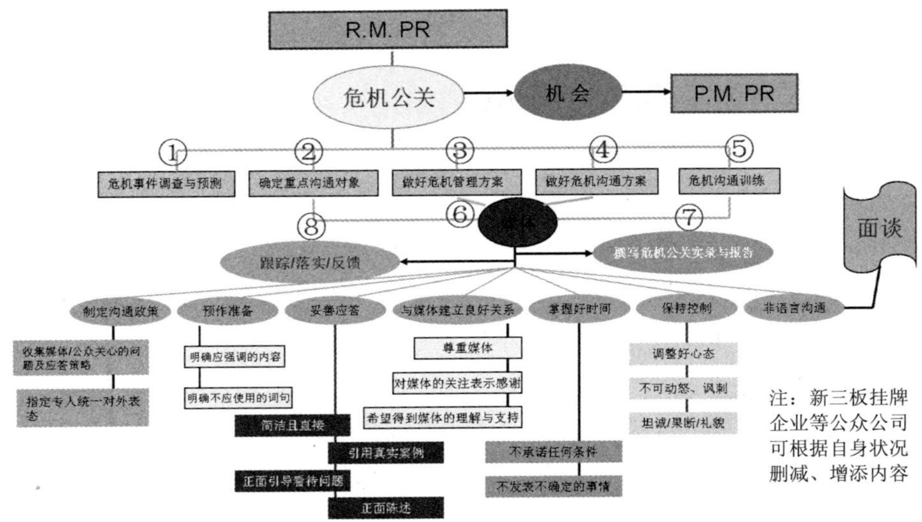

图 11-1 新三板挂牌企业等公众公司危机公关中的新闻媒体对策

（2）对新闻媒体表示出合作、主动的态度，不可采取隐瞒、搪塞、抵抗的态度。不要一边向记者发表敏感言论，一边又强调不要记录。对确实不便发表的消息，不要简单地表示“无可奉告”，而应说明理由，求得记者的同情和理解。

（3）设立记者接待机构，专人负责发布消息，集中处理与事件有关的新闻采访，向记者提供权威的资料。为了避免报道失实，向记者提供的资料应尽可能采用书面形式。介绍危机事件的资料要简明扼要，避免使用技术术语或难懂的词汇。

（4）通过权威媒体渠道发布企业最新的信息，主动向新闻媒体提供真实、准确的消息，公开表明企业的立场和态度，以减少新闻媒体的猜测，帮助新闻媒体做出正确的报道。同时，在刊登有关事件消息的报刊上向公众说明事实真相，承担责任。注意，在事情未完全明了之前，不要对事故的原因、损失和其他方面的任何可能性进行推测性的报道，不轻易地表示赞成或反对；以公众的立场和观点来进行报道，不断向公众提供他们所关心的消息。

（5）当记者发表了不符合事实真相的报道时，应尽快向该报刊提出更正要求并指明失实的地方，同时，向该刊提供全部与事实有关的资料，派重要发言人接受采访，表明立场，特别注意避免对媒体产生敌意。

（6）危机结束后，如有必要，可以策划以“新闻”的方式多角度、多层次地为企业、产品或人物进行正面宣传，吸引公众的注意，化解企业信任危机，消除公关危机对企业形象的影响。这样能让信息从“焦点”变为“记忆点”，进而产生“卖点”，无论是短期还是长期都能为企业带来积极的效应和价值。

11.2.4 上级部门对策

（1）危机事件发生后，应以最快的速度向企业的直属上级部门实事求是地报告，争取他们的援助、支持与关注。

（2）在危机事件的处理过程中，应定期汇报事态发展的状况，求得上级领导部门的指导。

（3）危机事件处理完毕后，应向上级领导部门详细地报告处理的经过、解决方法、事件发生的原因等情况，并提出今后的预防计划和措施。

11.2.5 消费者对策与社区居民对策

1. 消费者对策

（1）迅速查明和判断危机事件所涉及的消费者类型、特征、数量、分布等情况，收集受到不同程度影响的消费者对事故处理的意见和愿望。

（2）通过不同的传播渠道向消费者发布危机事件概况、经过和处理方法。不隐瞒事故的真相，所有的对策、措施都应以尊重消费者权益为前提。

（3）热情地接待消费者团体的代表，回答他们的询问、质疑，及时与消费者团体中的领导及代表进行沟通、磋商。

（4）通过新闻媒介向外界公布与消费者团体达成的一致意见或处理办法，以及今后的预防措施。

2. 社区居民对策

（1）社区是企业生存和发展的基地，如果危机事件给社区居民带来了损失，企业应组织人员专门向他们致歉。可根据危机事件的性质，进行群体道歉或派人到社区居民家中分别道歉。

（2）针对社区的特点，通过张贴公告或在有影响的地方报刊上发布道歉广告，明确而鲜明地表明企业敢于承担社会责任、知错必改的态度。

（3）必要时应向社区居民赔偿经济损失或提供其他补偿。

除上述关系对象外，企业还应该根据具体情况，通过媒体传播、回答咨询、巡回解释等方式分别对与事件有关的交通部门、安全部门、市政部门、邻居单位等通报情况，调动各方面的力量，协助企业尽快度过危机，把对企业形象的影响降到最低。

【案例】丰田汽车召回事件

事件回放：

2009 年 8 月 28 日，在美国加州圣迭戈的高速公路上，驾驶一辆丰田凌志轿车的车主因突然加速导致车祸，一家四口死亡。经过美国媒体的轮番报道，丰田汽车的质量问题引发关注。政府部门介入，责令丰田公司对其汽车安全系统进行检查，由于油门踏板和脚垫的安全故障，丰田公司自 2009 年年底开始在全球大规模召回车辆，其总裁全球“巡回道歉”，由此爆发了丰田的“召回门”事件。

据统计，受“召回门”事件影响，2010 年 1 月份，丰田公司在美国市场销量同比下降 15.8%，市场份额环比下降 4.1 个百分点至 14.1%。

更为不利的是，召回事件对丰田品牌造成了巨大的负面影响。据著名调查机构贝叶思的调查显示：在丰田公司经历了大规模的召回后，丰田品牌在消费者心目中的品牌影响力下降十分明显，其品牌影响力由召回事件发生前的第一位，下降至目前的第五位。

在“召回门”事件愈演愈烈之时，我国国家质量监督检验检疫总局就丰田汽车加速踏板等缺陷发出风险警示通告，提醒消费者谨慎使用部分车型，同时在全国范围内搜集缺陷信息。

2010 年 3 月 1 日，丰田汽车公司总裁丰田章男在北京举行记者会，就大规模召回事件进行说明，并向中国消费者道歉，宣布召回丰田在中国销售的多款品牌汽车。过去十年一直高速发展的丰田汽车公司，遇到了重大的危机，公司发展速度大受影响。

案例分析：

2009 年突然爆发的丰田“召回门”危机事件其实就是企业过往细微质量瑕疵的集中性显现后果。在这场危机中，丰田公关经历了一个从早期的“不作为”、“动作迟缓”，到后来的不得不“正面出击”、“全力布局”的过程。

早先，丰田公司的危机公关策略曾经出现重大失误，迟滞、傲慢、抓不住重点，这反映了一家全球性的制造公司危机意识的不足。随着事态的发展，丰田公司也采取了不少应对措施，甚至公司总裁在美国国会的听证会上掉着眼泪表示对此事件负责，并及时到中国向中国消费者道歉。然而，多数媒体并没有因此而改变对丰田公司的指责，这让丰田公司陷入了前所未有的困境。幸好丰田公司认识到自身的错误，重新制定危机策略，在全球范围内进行召回，并积极与消费者沟通，总裁亲自现身致歉，上书政府承认错误，丰田危机才没有愈演愈烈。

启示：在危机事件的处理上，态度比方法更重要。如果态度过关，方法就算有所欠缺也会挽回损失；而态度不好，再好的方法也会无济于事。

11.3 危机管理的5S、5B原则和“五度”法则介绍

本节对危机管理的 5S、5B 原则和“五度”法则[1]做简单介绍，5S 即危机管理 5S 原则、5B 即公关传播 5B 原则，“五度”即新闻发言人“五度”法则。

11.3.1 危机管理 5S 原则

1. 承担责任原则（Shoulder the matter）

危机发生后，公众会关心两个方面的问题。一方面是利益的问题，利益是公众关注的焦点，无论谁是谁非，企业都应该承担责任。即使受害者在事故中有一定责任，企业也不应首先追究其责任，否则会各执己见，加深矛盾，引起公众的反感，不利于问题的解决。另一方面是感情问题，企业应该站在受害者的立场上表示同情和安慰，并通过新闻媒介向公众致歉，解决深层次的心理、情感关系问题，从而赢得公众的理解和信任。

危机发生后，对于企业应该怎样处理危机事件，公众和媒体往往在心中已经有了一杆秤，对企业都有心理上的预期，所以企业的态度至关重要，绝对不能选择对抗。

2. 真诚沟通原则（Sincerity）

企业处于危机漩涡中时，是公众和媒体的焦点。企业的一举一动都受到质疑，因此千万不要有侥幸心理，企图蒙混过关。企业应该主动与新闻媒体联系，尽快与公众沟通，说明事实真相，促使双方互相理解，消除疑虑与不安。真诚沟通是处理危机的基本原则之一。

这里的真诚指“三诚”，即诚意、诚恳和诚实，具体如下。

（1）诚意。在事件发生后的第一时间，公司的高层应向公众说明情况并致以歉意，体现出企业勇于承担责任、对消费者负责的态度，赢得消费者的同情和理解。

（2）诚恳。一切以消费者的利益为重，不回避问题和错误，及时与媒体和公众沟通，向消费者说明事件的进展情况，重拾消费者的信任和尊重。

---

1 来源于关键点传媒集团官网等，由该集团董事长游昌乔首创。2012 年 6 月，危机公关 5S 原则等 7 项公关原创理论经中国版权保护中心审核并予以著作权登记，正式获得知识产权保护。

（3）诚实。诚实是危机处理最关键也是最有效的解决办法。我们会原谅一个人的错误，但不会原谅一个人说谎。

3．速度第一原则（Speed）

在危机出现的最初 12～24 小时内，消息会以裂变的方式高速传播。这时，可靠的消息往往不多，社会上充斥着谣言和猜测。公司的一举一动将是外界评判公司如何处理这次危机的主要依据。媒体、公众及政府都密切注视公司发出的第一份声明。对于公司在处理危机方面的做法和立场，舆论赞成与否往往都会立刻见于传媒报道。

公司必须当机立断，快速反应，果断行动，与媒体和公众进行沟通，从而迅速控制事态，否则会扩大危机的范围，甚至可能失去对全局的控制。危机发生后，能否首先控制住事态，使其不扩大、不升级、不蔓延，是处理危机的关键。

4．系统运行原则（System）

在逃避一种危险时，不要忽视另一种危险。在进行危机管理时必须系统运作，绝不可顾此失彼，只有这样才能通过表面现象看本质，创造性地解决问题，化害为利。

危机的系统运作主要是做好 6 项工作，如表 11-1 所示。

表 11-1　新三板挂牌企业等公众公司危机公关中的危机系统运作

1	以冷对热，以静制动	危机会使人处于焦燥或恐惧之中，所以企业高层应以“冷”对“热”、以“静”制“动”，镇定自若，以减轻企业员工的心理压力
2	统一观点，稳住阵脚	在企业内部迅速统一观点，对危机有清醒的认识，从而稳住阵脚，万众一心
3	组建班子，专项负责	一般情况下，危机管理小组由企业的公关部成员和企业涉及危机的高层领导直接组成，这样一方面保证高效率，另一方面保证对外口径一致，使公众感受到企业处理危机的诚意
4	果断决策，迅速实施	由于危机瞬息万变，在危机决策时效性要求和信息匮乏条件下，任何模糊的决策都会产生严重的后果，所以必须最大限度地集中决策使用资源，迅速做出决策，系统部署，付诸实施
5	合纵连横，借助外力	当危机来临时，应充分和政府部门、行业协会、同行企业及新闻媒体充分配合，联手应对危机，在众人拾柴火焰高的同时，增强公信力、影响力
6	循序渐进，标本兼治	要真正、彻底地消除危机，需要在控制事态后，及时、准确地找到危机的症结，对症下药，谋求治“本”。如果仅仅停留在治标阶段，就会前功尽弃，甚至引发新的危机

5．权威证实原则（Standard）

在危机发生后，企业不要抱怨、叫冤，而要请重量级的第三方在“前台”说话，使消费者解除对企业的警戒心理，重获公众的信任。

【案例】麦当劳山东招远血案

案例回放：

2014年5月28日21点多，在山东招远的一家麦当劳快餐店内发生了一起命案，一名就餐的女子遭到6名男女的疯狂殴打，最终不治身亡。案发后，招远市公安局出警民警快速反应，4分钟内到达案发现场，将张某某等6人抓捕到案。经初步审查，张某某等6人对殴打吴某的犯罪行为供认不讳。

5月30日晚7点，麦当劳才在官方微博上发布了第一条简短的信息："对于山东招远事件，我们深感痛心。此案件正由相关部门处理，我们全力配合调查。"5月31日，麦当劳更新了一条微博称："关于招远事件，麦当劳深表痛心，我们对事件中遇难的受害者表示沉痛的哀悼，并对因上前阻止而受伤的员工深表关切。在事发当时，餐厅已立即报警。目前店内监控录像已交由当地警方调查。"

招远市公安局官方微博发布消息，"5·28"案件发生后，招远市公安局立即成立专案组，经参战民警连夜审讯，张某某等人对自己的犯罪行为供认不讳。当时，除张某某之子因未达到刑事责任年龄另行处理外，张某某等5人因涉嫌故意杀人均已被依法刑事拘留。

案例分析：

根据游昌乔先生危机公关5S原则，对该案例做如下点评。

（1）承担责任原则。

虽然在这起悲剧事件中麦当劳可以说是"躺着中枪"，但案件发生在其餐厅内，麦当劳势必要拿出应有的态度，承担起应有的责任。但遗憾的是，命案发生后，麦当劳在第一时间选择了沉默。两天后，仅仅是在官方微博上发表了两条对逝者表达哀悼的信息。麦当劳在第一时间的失声，以及之后对事件、对死者的零行动、零举措，没有让公众看到一个勇于担责、充满温情的品牌形象。

项目分数：40分 评分：5分

（2）真诚沟通原则。

案件发生后，麦当劳第一时间选择失声，在之后的两条微博中，也只是简单地对死者表达悲痛之情。之后便没有了更加深入、真诚的沟通，丝毫看不到其诚意所在。

项目分数：20 分 评分：5 分

（3）速度第一原则。

危机发生后，麦当劳并没有在第一时间站出来表达态度，而是时隔两天后才发微博表态，引发了网友的指责，危机愈加激烈。

项目分数：20 分 评分：0 分

（4）系统运行原则。

案件发生后，麦当劳除了发布两次微博之外再无其他行动，不符合系统运行原则。

项目分数：10 分 评分：0 分

（5）权威证实原则。

在这次危机中，麦当劳没有邀请权威的第三方来证言，仅仅是通过官方微博发布信息，显然不符合权威证实原则。

项目分数：10 分 评分：0 分

案例评分：总分 100 分，实际总评分 10 分。

11.3.2　公关传播 5B 原则

危机公关中公关传播的 5B 原则如表 11-2 所示。

表 11-2　新三板挂牌企业等公众公司危机公关中的公关传播 5B 原则

结合点（Binding point）	品牌传播的方向是否正确，取决于是否符合品牌的个性；而品牌传播是否有效和有力，则取决于有没有挖掘出品牌的核心内涵，有没有找到与品牌之间最牢固的结合点。否则，就会南辕北辙，达不到传播的目标并造成对品牌的伤害
支撑点（Backstop）	品牌建设不是空中楼阁，传播不是空穴来风，一切传播都必须有落地的措施予以支撑
亮点（Bright point）	如何才能事半功倍？必须要有能引起公众关注、媒体兴奋的亮点
沸点（Boiling point）	水即使烧到 99 度，如果没有加最后一把火让水烧到 100 度，也不是沸水。品牌传播同理，一定要保证足够的传播量，才能达到预期的传播效果
保护点（Bodyguard）	在媒体多元化和“草根媒体”时代，在公关传播的过程中引起关注的同时，势必引发一定的质疑。如何才能处变不惊，化危为机？凡事预则立，不预则废。要想把舆论始终按照预定的方向进行引导，使一切尽在掌控之中，就必须在事前找到各个层面及各个环节的保护点，做好危机管理，为品牌传播当好保镖，保驾护航

11.3.3 新闻发言人“五度”法则

如何在当下复杂、严峻的舆论环境中通过新闻发言人与公众沟通？关键点传媒集团董事长游昌乔通过长期积累，首创新闻发言人“五度”法则（如表 11-3 所示），并申请著作权专利，获得知识产权保护。在历次新闻发言人咨询中，该理论得到学员们的普遍赞誉，成为新闻发言人素养中必修的一项技能。

表 11-3 新三板挂牌企业等公众公司危机公关的新闻发言人“五度”法则

高度	作为公众人物，必须对以下两点有一定的认识：（1）公众人物拥有更多的社会资源，理应承担更大的社会责任；（2）引导社会舆论、实现社会正义是媒体的责任
态度	人们会原谅一个犯错误的孩子，但不会原谅一个不承认错误的孩子。每个公众人物，在面对媒体时，始终要记住最重要的一件事情：第一是态度，第二是态度，第三还是态度
风度	保持低调谦逊，不要忘本，任何时候都不要得意忘形
气度	得饶人处且饶人。宽容是宽容者的通行证，狭隘是狭隘者的墓志铭
尺度	不要过激反应，不要自我纠结，不要给大家任何理由让自己成为话题，更不要让自己成为关注的焦点。因为只要你在话题中心，就会继续受到伤害

11.4 公众攻略4S原则、危机管理6C原则及模块介绍

本节对与危机管理有关的公众攻略 4S 原则、危机管理 6C 原则和建立危机管理体系的方法、原则及模块[1]做简单介绍。

11.4.1 公众攻略 4S 原则

社会大众作为企业的外部公众，是企业经营活动现有或潜在的对象，企业要注意争取社会公众的理解、支持与信任，防止社会信任的丧失。公众攻略 4S 原则如表 11-4 所示。

1 来源于关键点传媒集团官网等，由该集团董事长游昌乔首创。2012 年 6 月，公众攻略 4S 原则、危机管理 6C 原则等 7 项公关原创理论经中国版权保护中心审核并予以著作权登记，正式获得知识产权保护。

表 11-4　新三板挂牌企业等公众公司危机公关的公众攻略 4S 原则

对不起（Sorry）	公众不仅关注事实真相，在某种意义上更关注当事人对事件所采取的态度。在危机发生后，企业以最快的速度与受害者接触，了解情况，坦诚相待，并积极查明事实真相，给消费者以圆满解释，履行企业的社会责任与承诺，并尽力做出超过有关各方所期望的努力。同时，企业要冷静地倾听受害者的意见，向受害者道歉，给受害者以安慰和同情，诚恳地对待受害者及其家属
住口（Shutup）	务必闭嘴。始终把企业形象放在首位，了解公众，倾听他们的意见，确保企业能把握公众的情绪，并设法使观公众的情绪向有利于自己的方面转化。不要和消费者争论，永远不要和公众去辩论谁对谁错
展示（Show）	值得注意的是，沉默并不是金。之所以闭嘴，是不与消费者争辩，但务必重视与消费者的沟通，建立有效的沟通渠道，与新闻媒体保持良好的合作关系，主动把自已所知道的和自己所想的展示给公众，不要试图去愚弄公众，否则会给公众留下傲慢和不尊重消费者的形象
让公众满意（Satisfy）	让公众满意。“公众利益至上”是公众攻略的根本。制定对策时，要尽量站在消费者的角度考虑问题，结合企业实际使解决方案能与消费者的期望相一致。企业从消费者的思路出发考虑问题，会有助于解决投诉危机

11.4.2　危机管理 6C 原则

危机管理 6C 原则如表 11-5 所示。

表 11-5　新三板挂牌企业等公众公司危机管理 6C 原则

全面化（Comprehensive）	全面化可归纳为三个“确保”，一是确保企业危机管理目标与业务发展目标相一致；二是确保企业危机管理能够涵盖所有业务和所有环节中的一切危机；三是确俣危机管理能够识别企业面临的一切危机
价值观的一致性（Consistent value）	危机管理有道亦有术，危机管理的“道”根植于企业的价值观与社会责任感，是企业得到社会尊敬的根基；危机管理的“术”是危机管理的操作技巧与方法。危机管理之“道”是企业危机之术的“纲”
关联化（Correlative）	有效的危机管理体系是一个由不同子系统组成的有机整体，企业危机管理的有效与否，在很大程度上取决于它所包含的各个子系统是否健全和有效运作
集权化（Centralized）	集权化的实质是在企业内部建立起一个职责清晰、权责明确的危机管理机构。同时，企业应确保危机管理机构具有高度权威性，并尽可能不受外部因素的干扰，以保持其客观性和公正性
互通化（Communicating）	从某种意义上讲，危机战略的出台在很大程度上依赖于其所能获得的信息是否充分。而危机战略能否被正确执行则受制于企业内部是否有一个充分的信息沟通渠道。如果信息传达渠道不畅通，那么执行部门很可能会曲解上面的意图，进而做出与危机戓略背道而驰的行为
创新化（Creative）	危机管理既要充分借鉴成功的经验，也要根据危机的实际情况，尤其要借助新技术、新信息和新思维，进行大胆创新，切不可墨守成规，固步自封

11.4.3 危机管理体系方法、原则及模块

1. 危机管理体系的管理对象

危机管理体系对政府和企业的形象进行管理，这是影响企业生存最重要的方面之一。

2. 危机管理体系的组织架构

以企业为例，一般由总经理、副总经理担任企业危机管理小组组长，由公关部、市场部、销售部、综合部、其他部门的人员担任企业危机管理小组的成员。

3. 危机管理体系的内容

危机管理体系主要包括 34 个模块的内容，分别为：企业形象定位、公关传播预算制度、年度公关传播方案、危机分级制度、舆情监测制度、新闻发布制度、新闻发言人制度、媒体采访接待制度、信息员制度、新闻报道和公文稿件词汇规范制度、新闻发布会、媒体分级管理制度、意见领袖管理制度、恶性竞争自律制度、明星代言管理制度、广告宣传规范制度、促销活动规范管理制度、投诉处理制度、微博管理制度、论坛管理制度、政府事务管理制度、法律事务的公共关系管理、员工礼仪规范、危机之中的沟通准则、危机管理的财物资源准备、危机的应变指挥程序、危机管理人力资源、培训与演习计划、恢复和发展计划、危机管理的评估、危机管理方案、突发事件应急处理机制、危机管理执行手册、PACE 清单等主要内容。

【案例】金浩茶油致癌物超标事件

事件回放：

2010 年 8 月下旬以来，国内最大茶油生产企业之一的金浩茶油股份有限公司（以下简称“金浩公司”），其金浩茶油被曝出苯并（a）芘超标，受到公众强烈质疑。实际上，早在 2 月 18 日湖南质监局即已通过抽检，查出金浩茶油的 9 批次产品存在苯并（a）芘超标，却在长达半年之内未公之于众。国家质检总局和湖南省质监局早在 3 月即获悉部分茶油企业抽查结果不合格的情况，企业也在内部自查中发现致癌物“苯并芘”严重超标。有专家质疑质监总局未及时发布信息涉嫌行政不作为。

9 月 1 日，在曝光的压力下，金浩公司终于承认了一个隐瞒 5 个月的消息：今年 3 月，金浩公司等一批公司生产的茶油被查出含有超国家标准 6 倍的强致癌物质。金浩公司的道歉中还透露，尚有近 10 吨含致癌物质的茶油未被召回。金浩公司还承诺将按照相关规定对消费者进行退款和补偿。9 月 2 日，湖南省质量技术监督局也开始“发声”，就该事件进行说明，并于随后采取了一系列处理措施，包括责令金浩公司停产整顿，召回问题产品等。9 月 6 日，金浩公司董事长刘翔浩在其微博上透露：现在消费者手中还未召回的 9 个问题批次的产品数量为 491 公斤，价值约 30 万元。据不完全统计，事件导致的市场损失至今已过亿。

案例分析：

看似简单的产品质量“个案”，演化成一场公众信任危机。企业联合有关部门共同上演了一出失败的危机公关戏码。

（1）当初，金浩茶油被查出含有致癌物质超标 6 倍的消息在网上广泛流传时，金浩公司的第一反应却是矢口否认，后来实在瞒不住了才改口承认并道歉。显然，致歉可以说是被逼出来的。这样延迟了 11 天的时间，失去了与消费者坦诚沟通的最佳时机，也丧失了公众的信任。

（2）金浩公司在处理本次危机事件时，忽略了如今互联网、自媒体的传播效力，在这样的背景下，企业妄想通过欺骗和隐瞒来蒙骗消费者，不仅是徒劳的，而且会对企业的品牌造成损害。最好的处理方式是企业正视自己存在的问题，大胆地站出来去面对现在发生的这场危机。

（3）越早公布结果，越能降低受害者的受损程度，也越能体现企业和监管部门的社会责任心，从而也越能赢得百姓的理解和尊敬。相反，则会使事件升级恶化。

结论：国内部分企业因为自身或者环境的因素，对于自身品牌和利益认识不够，尤其是一些地区性企业，仅仅看到了物质收获，而忽视了品牌和形象这些无形利益，最为缺失的就是危机公关。金浩公司处理危机事件的方法值得食品企业乃至国内的所有企业深思。

下篇　专项实务：财经公关与路演

12

第 12 章 财经公关概述及政府沟通流程与实务

12.1 新三板等财经公关概念、服务领域、作用和影响

12.1.1 财经公关概念

所谓财经公关，是指新三板挂牌公司或沪深上市公司为了寻求和维护其在资本市场的特定形象和价值定位，针对投资者和那些对投资者有重要影响的权威人物、组织和重要媒介等而展开的一系列有谋划、有设计的企业展示、解释和沟通等公关推广活动，从而增强投资者投资或持有公司股权（股票）的信心，使其股权（股票）价格和真实价值相匹配。

财经公关在美国被称为“Investor Relations Consultant”，即“投资者关系顾问”，其理念在欧美已经深入人心，原因是其资本市场相对比较发达。在我国，“财经公关”已经不再只是针对企业沪深上市公关或已上市企业开展并购重组、再融资等资本运作所进行的一系列公关活动了。现今，随着我国多层次资本市场的快速发展，这个概念和意识正在被越来越多的国内企业所接受，特别是在新三板如此迅猛发展、大

量中小微企业涌进资本市场的情况下，企业融资、收购兼并及市值管理等需求，必将涌现出巨大的投资者关系和金融公关需求。一方面，由于时代发展日新月异，很多高新技术企业的科技类型与含量、增值服务的细分特点很不容易被市场广泛理解，需要加强投资者行业背景、科技知识、市场应用价值等方面的传播和公关；另一方面，市场多层次下资本高度甚至过渡竞争造成股权（股票）高换手率的情况下，面对不断变换的广大投资者，进行或加大财经公关力度，已经成为企业规避各类风险与持续成长的一项必不可少的工作。这些状况和需求必然迎来这个行业的大发展。

12.1.2　必要性和特点

1. 必要性

当今的世界是资源整合的时代。一家企业仅靠自我积累和滚动发展已难以迅速膨胀，更多的企业选择了通过沪深股市、新三板市场等资本市场实现做大做强。然而，要成功完成一个企业资本项目，除了外部因素起作用外，企业自身的财经公关角色的扮演也是相当重要的。

在现实生活中，企业的高级管理人员在面对企业资本财经活动时，由于个人技能及商业才智方面的欠缺，常常会显得捉襟见肘，因此有必要了解和具备一定的知识，以便应对企业的资本项目，应对能够为资本项目带来增值的政府、投资银行、媒体及其他的相关利益者。

2. 特点

财经公关的核心在于打造企业良好的品牌形象，提升企业品牌知名度，为企业获得更多投资商的关注做好铺垫。财经公关有以下特点。

（1）结合现代媒介特色，立体性地运用好官方媒体、一线门户地方媒体，以及互联网新媒体等多种形式，三维式、全方位实现全新的价值营销，达到更权威、更广泛和更大影响的传播效果。

（2）企业有关价值、品牌的新闻、宣传及链接可随时随地在互联网、手机等任意终端阅读查看，且永久存在。

（3）发挥好官方姿态与最广泛声音的多管互动效益，这样公关声音就显得更加权威、可信赖。

12.1.3 服务的 6 大领域

财经公关的服务领域很广泛，主要包括 6 大类，如图 12-1 所示。

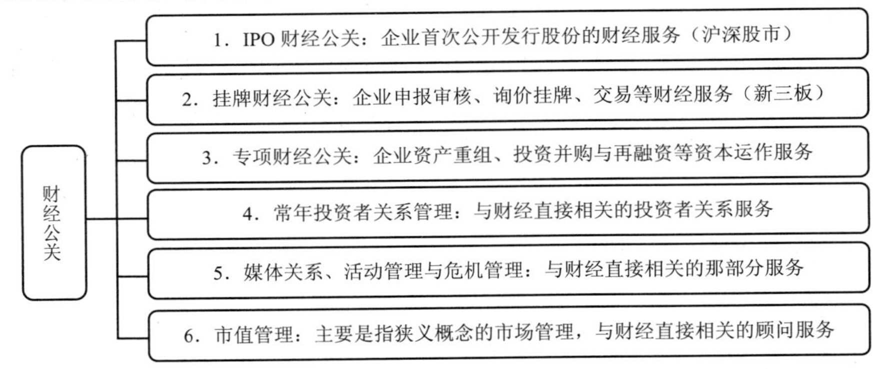

图 12-1 财经公关的服务领域

1. IPO 财经公关

IPO 财经公关即为公司首次股票发行提供相应财经公关支持。对于即将进入资本市场的拟上市公司，财经公关为 IPO 公司提炼最核心的价值，应对市场偏好做出有效梳理，并制作各种推介资料。服务对象为沪深上市在即的公司。

2. 挂牌财经公关

主要针对公司在新三板挂牌过程中的股改、申报、审核、询价、挂牌、交易等环节涉及的各类与财经相关的服务。

3. 专项财经公关

为企业资产重组、投资并购、再融资等项目提供运作策略建议、媒体关系支持，同时凭借公关公司广阔的投资界人脉协助资源整合，依靠资本运作，打通投、融资渠道，妥善应对公司重大经营事件，促进项目正面效果最大化。服务对象为新三板挂牌公司或沪深上市公司。

4. 常年投资者关系管理

该领域属于本书“投资者关系管理”中的部分工作，这些工作与财经直接关联，服务对象为新三板挂牌公司或沪深上市公司。

5．媒体关系、活动管理与危机管理

这三方面的内容本书主要放在“媒体公关”部分用了专门的章节来讲解，这里进行简单说明。

媒体公关：通过媒体，企业能够有效地传递信息、增加品牌价值、维护公司声誉、创造有利的经营环境。财经公关能为公司准确地评估自身的舆论形象，帮助制定合适的传播目标与策略。与广大财经媒体建立的关系网可以为企业提供信息披露、价值推介、舆论管理、危机应对、媒体应对培训等方面卓越的财经传播服务。

活动管理：企业挂牌或上市前后，都有组织各类公关活动的需求，如路演推介会、挂牌或上市答谢酒会、产品发布会、经销商大会、企业年会、企业庆典等。

危机管理：随着舆论和投资环境的日趋复杂，新三板挂牌企业或上市公司面临的危机事件越来越多，危机管理是一项巨大挑战。

6．市值管理

这里的市值管理更多指的是狭义市值管理（本书不再展开，如可能，本系列书将以专著的方式对市值管理进行解读）。在资本市场成熟化发展进程中，市值管理成为上市公司和新三板挂牌企业的全新挑战。财经公关以稳定和提升企业市值为服务点，以企业市值合理化为服务目标，通过一系列渠道运作与沟通，争取投资者认可，提升公司估值水平。

12.1.4 作用和影响

财经公关是新三板挂牌企业与沪深上市公司和投资者之间进行交流、沟通的桥梁。在我国资本市场向国际化、市场化迈进的过程中，企业挂牌或上市，通过资本市场再融资，以及挂牌或上市公司之间对市场资金的激烈竞争，都促使挂牌（上市）公司需要在专业财经公关顾问的协助下，树立良好的资本市场形象和声誉，建立良好的投资者关系。

现今的资本市场，挂牌或上市公司也需比以前有更高的警惕性。一方面，他们不仅要留意披露给投资者的信息内容，还要小心披露信息的方式，稍有疏忽就会违反某些条款。另一方面，随着新三板挂牌企业和拟挂牌企业不断增多，大多数小公司即使在市场最好的时候仍要付出相当努力才能进入潜在投资者的视线。另外，对这些小公司来说，一系列公司丑闻曝光后引发的更加严格的监管，使得财经公关比以前更加重要。

【案例】2014 年中国 10 大咨询及财经公关公司排名

根据前瞻产业研究院《2014—2018 年中国市值管理服务市场前瞻与发展战略规划分析报告》统计数据显示，2014 年中国 10 大咨询及财经公关公司排行榜如下：

（1）润言投资咨询有限公司

（2）北京和君咨询有限公司

（3）上海怡桥财经传播有限公司

（4）北京金证互通投资顾问有限公司

（5）九富投资顾问有限公司

（6）北京翰海宏业投资咨询有限公司

（7）深圳市万全智策商务咨询有限公司

（8）上海秦凰企业顾问有限公司

（9）深圳智又盈投资顾问有限公司

（10）北京鹿苑天闻投资顾问有限公司

许多小公司希望从众多同类公司中脱颖而出，让投资者听到他们的声音，因此，从事财经公关工作的专业人士的重要性倍增。对于财经公关的服务机构，知名的财经公关公司如果参与项目的人员是非专业的新晋人士往往不如非知名财经公关公司但行业经验丰富的专业人士来得关键。

欧美现今资本市场显示，往往一些小公司在聘请第三方财经公关公司后，它们在信息披露方面（财务信息和其他公司行为）有了极大的提高，在媒体报道、交易活动、机构投资者持有量、分析师跟踪研究及市值上也有非常大的进步。这对于起步不久的国内新三板等多层次资本市场来说，或许能带来启发。

12.2 财经公关的核心价值、沟通及其操作注意

12.2.1 财经公关的价值

对于新三板（拟）挂牌企业等公众公司及沪深（拟）上市公司来说，企业财经

公关的价值不是充当技术与专业服务的角色，其核心是沟通，不断而有效的沟通。因此，企业的项目负责人在和专业机构打交道的过程中，应该懂得一些财经的技能，要掌握沟通的方法。

在财经公关中，作为企业的高级管理人员，其财经公关对象应该是在沟通的价值层面，而非自己去充当一些服务中介，以及为资本活动提供技术和手段的人。也就是说，企业高级管理人员要学习财经专业沟通并熟练掌握资本活动财经公关的运作套路，而非学习财经知识与技术层面的东西。

12.2.2　两类沟通及运用

1. 中国式沟通

财经公关沟通的核心价值有两个方面，一是中国式沟通，二是专业沟通。其中，中国式沟通如图 12-2 所示，主要包括：

（1）企业高级管理人员与政府领导之间就企业发展等相关情况进行汇报；

（2）非正式拜访；

（3）陪同出访；

（4）专题报告。

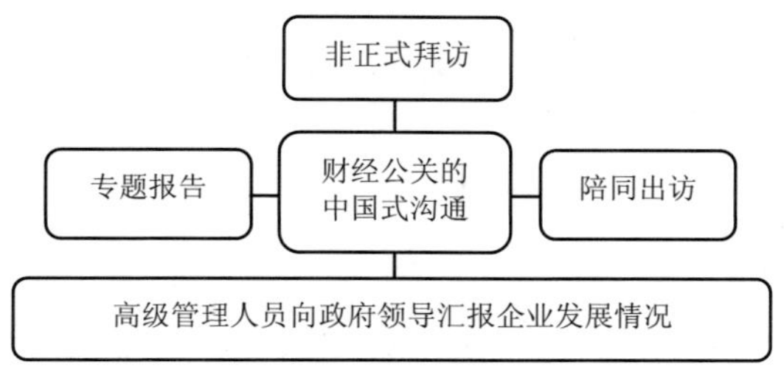

图 12-2　财经公关中的中国式沟通

2. 专业沟通

专业沟通主要是针对中介和财经服务机构来说的，主要包括以下几点。

（1）项目团队与专业机构的沟通。此类沟通取决于做项目的人员怎样去完成它，特别擅长做资本项目的中介能够就企业的需求以专业的方式去完成。

（2）CEO 与专业机构的沟通。在企业的资本活动中，CEO 这个角色也很重要，

CEO和专业机构的沟通水准及方案的讨论过程决定了这个资本项目能不能达到一个很高的要求。

3．两类沟通的运用

在我国，除非企业双方的资产都是私有，而且不涉及一些开放领域的外资并购，否则都应该采用中国式沟通。也就是说，在国内做资本项目，如果两个企业中有一方涉及到政府出资的，这个股权变更一定要经过政府的行政审批。在股权变更或转让过程中，哪怕只有1%的国有成分，都涉及到大量和政府沟通的工作。企业必须把中国式沟通与国际通行做法巧妙结合起来，一定要经过行政过程，才能达到理想效果，完成全部的项目计划。

一般来说，一家企业进行投资或融资，或者进行股权转让等资本活动，其财经公关对象必须面对重要的机构、部门和其中的当事人，每一项工作都涉及大量的沟通，而且项目团队成员需要具备一定的技能和商业的才智。这些重要的部门或机构包括政府审批部门、政府监管部门、政府职能主管部门、相关媒体、会计师事务所、非盈利性的权威机构、政府认可的第三方权威机构、有公信力的律师事务所、业务与人脉俱佳的投资银行和所涉商业银行等，如图12-3所示。

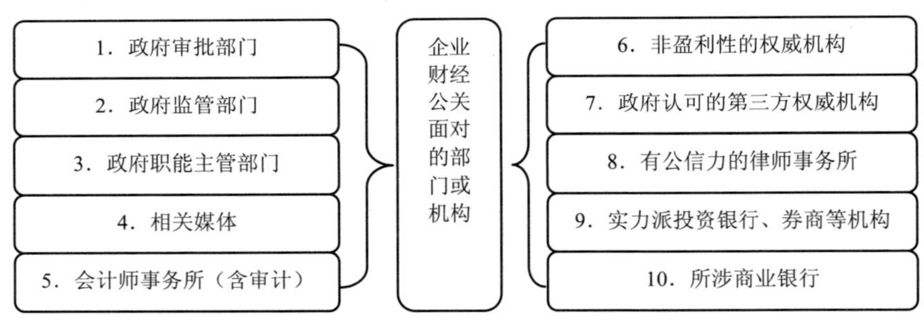

图12-3　企业资本运作时财经公关所面对的部门或机构

12.2.3　操作与注意

借鉴欧美国家相关财经公关的经验，结合国内刚刚起步的新三板等场外市场，财经公关在操作中需注意5个方面的事项，如表12-1所示。

表 12-1　新三板等市场财经公关操作与注意

1	制定公关方案与内容	财经公关（第三方公司）需要透露给分析师和投资者一些信息，这些信息包括说服公司的管理层提供额外的、更为完整的、超过交易场所规定的信息披露，无论是财务信息还是非财务信息。如提供与某些客户长期协议的具体细节，或者是某项新产品试验进入了新阶段的详细内容
2	管理层的魅力指数	财经公关（第三方公司）需要安排服务公司的管理层（卖方）与大型机构投资者、分析师和证券公司（买方）会面，目的是使股票的买家和卖家都能熟悉和喜欢公司的管理团队。这不能仅以公司股份评估或市盈率（有交易）来衡量其价值，而是要看管理层是否有好的理念、有没有出色的商业计划，以及公司是否在采取正确的措施来使其盈利。投资者很大程度上是把“宝”押在管理层上，而不是财务数据上
3	避免短期利益	不论是财经公关的专业人士还是第三方服务中介，一般不会接受那些只追求短期效应诸如刺激股价短期内上升以求套现的公司行为。这往往会让企业和服务者们无意间被卷入一个炒高再抛售的阴谋中去，丧失道德准则的公司会蓄意在短期内炒高公司的股价，这样知情人就能从中牟利。这是投资者最愤恨的地方。新三板市场曾经出现过不少这样的现象，国内沪深股市更是厉害
4	生命周期与投资者的变化	财经公关包括沟通、市场、财经和法律，每个部分都同样重要，缺一不可。公司有成长、进化的生命周期，所以它的投资者构成也在变化，管理层必须帮助投资者理解公司前进的方向，让他们知道公司未来发展趋势及现金流会出现什么变化。所以，投资者都是不一样的，特别是有很多单独的投资者，财经公关的任务就是发现每个投资者想要什么和想听到什么
5	不是简单做广告	财经公关不是简单地做广告。公司的管理层其实是在向投资者做出一项长期而艰巨的承诺，其中包括让投资者能够更多地了解公司管理和信息披露。这个过程是长期的和可设计的，绝不能将其与做广告等同起来

12.3　财经公关项目政府审批及其沟通与操作

新三板挂牌企业或沪深上市公司的资本项目，对于那些国资参股或国有企业及某些涉外企业，都需履行相关的政府审批程序。政府审批部门的资本项目大多都是通过政府的一些办事机构来完成的。这些办事机构包括政府办公厅（室）、财政部（厅、局）和商务部（厅、局）外资审批部门，国资委国有资产管理部门等职能会审部门，以及跨地区政府批文审批和会审部门等。

12.3.1　政府办公厅（室）

对企业来说，资本项目政府是否同意（如需审批），能否启动，一般在于政府办公厅（室）的审核和批文的出具。所以，办公厅（室）里有一些比较重要的部门或人物是沟通的重点对象，要熟悉其工作流程和时间表。

1. 综合室（科）

很多政府部门，其办公厅（室）一般下设有综合室，如综合一处（科）、综合二处（科）。企业的资本项目要看涉及到哪一个综合室（科）。这个综合室（科）一般都是代表政府对国有企业的重大投资、股权转让项目进行立项、审核和出具批文的具体办理部门。

2.关键人物

在办公厅（室）里，综合室（科）这个部门是重要文件审核确立部门，在财经公关中很重要。其中，一些关键的角色需注意，一是办公厅（室）主任，是对来文进行审核的一个重要的当事人；二是综合室（科）处长，此外还有办批文的经办副处长、科长等。这几个角色的任务很重要，需要建立联系。其中每一个角色承担的职能都不一样，但最终是由办公厅（室）主任来完成整个审核过程。

3. 工作时间表

一项好的批文在非常好的公关效果下，从企业报材料到批文拿到手，一般是5～10个工作日。

12.3.2 审批及沟通

很多涉及资本项目的企业在上报材料的过程中，有时不仅多走弯路、多交学费，而且批文很长时间下不来，这是因为政府部门收到材料后，要研究项目，需要政府领导抽出时间，要开会，要走程序。不是政府部门不为企业着想、不站在企业的角度去考虑问题，而是政府部门需要处理的事情太多。实际上，这里面沟通起了很大作用。审批流程如图12-4所示。

1. 企业领导与政府部门主要领导和分管领导沟通

一般来说，企业资本项目都会涉及很多审批监管机构，如国有资产管理、税务、海关等，很复杂。如果企业领导首先和政府部门的主要领导或分管领导进行沟通、汇报，拿到政府的旨意或肯定后，再由项目团队准备材料，以很快的时间报到政府部门那里，下面的流程办起来就会比较顺利。其中，为企业办批文的高级管理人员应该懂得沟通的技巧和流程。

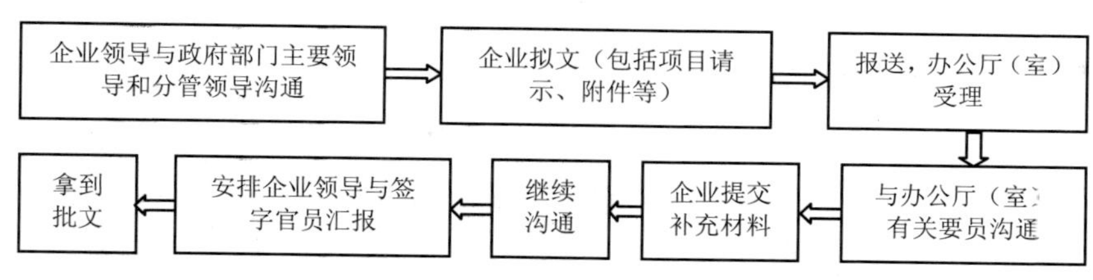

图 12-4　企业资本项目政府部门审批（如有）简易流程

2．企业拟文（包括项目请示、附件等）

拟文也就是项目请示，包括说明项目的具体内容，后面一般会附上一些附件。注意，企业的请示或附件要简洁明了，可以参考政府的批文，基本上就一页纸，一般非常简要且行文非常严谨。

3．报送，办公厅（室）受理

企业将请示报送办公厅（室）受理，这时，企业项目团队需要随时准备上门沟通、解释、提交补充材料。注意，项目团队要职业化，需要由各种人才组成一个懂法律、懂业务、善于沟通和协调的综合团队，要配备专车、专人和专笔，这样或能给办公厅（室）的人形成一些无形的压力，以促成项目的达成。

4．与办公厅（室）有关要员沟通

办公厅（室）是负责受理材料和出具批文的主要单位，项目材料能否顺利传达到领导手里，与办公厅（室）有很大的关系。项目的有关要员主要指的是主任或主要负责人，项目团队的主要任务就是跟其沟通。因此，项目团队要清楚、如实地向办公厅（室）有关要员讲清楚项目和企业的有关情况，与有关要员一定要沟通顺畅。

5．企业提交补充材料

在递交请示之后，项目团队要随时做好准备，随时应政府部门的要求及时提交补充材料。

6．继续沟通

有时，政府部门领导看了办公厅（室）报上来的文件之后，觉得有疑问，往往会与办公厅（室）主任就项目的情况进行意见交换。如觉得不妥或跟现行政策不太吻合，项目或将因此被搁置下来。这时，企业要继续与办公厅（室）有关要员再沟通，而且针对问题提供专门的解决方案，直到项目最后达成。

7. 安排企业领导与签字官员汇报

前面的程序走完了，等待领导签字，一般来说，这个字是不容易签的，特别是涉及到资本项目的，现在政府办理行政审批的人越来越多，领导的水平越来越高，对一个项目，各有各的观点，企业不可能去左右，但可以去说服、解释，最终让其认可。所以，接下来就是安排企业领导与签字官员汇报的事情。要了解政府部门的运作套路，那么获得批文的速度就会加快。

8. 拿到批文

如果没拿到批文，不仅前面的工作前功尽弃，而且不能展开经营活动，否则就是违法的，这时企业需要重新跟政府部门进行沟通，看是哪个环节出了问题。

12.3.3 办理批文的注意事项

财经公关办理批文的注意事项如表 12-2 所示。

表 12-2 财经公关办理批文的注意事项

1	信息要畅通	企业资本项目涉及的部门和程序很多、很复杂。一个批文出来，政府办公厅（室）会写一个会审表，发给相关部门。每个部门要了解审核部门对材料审核的意见，有时批文到了一个会审部门，会审部门看所有的部门不是一个调子，就会进行研究，因此项目团队要随时做好准备，哪个部门意见不统一，就要做解释工作，甚至要把另外一个部门同意的意见传递过去。企业信息要特别灵通，要善于用各种方式和会审部门进行沟通，而且保持信息的直接联系，这一点非常重要。切记不要只等着办公厅（室）
2	沟通人员的工作能力要特别强	任何项目都很难让所有所涉部门都通过，有时候需要做解释工作。企业沟通人员一是要对项目烂熟于心，且能清楚表达；二是语言水平要高，沟通能力要强
3	对等与谦逊	根据办事的对等原则和实践总结，项目团队的主要人员需承担跟政府部门关键人物的沟通，职位要高于对方。如果政府部门是一个处长管控会审的意见，则项目团队的一把手得亲自出面；如果政府部门是科长或以下职位的人员管控会审的意见，则经理要出面。在对等的交流层面上，一定要体现出尊敬和谦逊，这是做财经公关一个很重要的品质

12.4　政府会审、签字及跨区域审批项目及其沟通

12.4.1　会审部门

相关企业资产受让或股权变更都涉及到股权的变动，涉及政府出资及外资（内资）等问题，此时需要几个相关的政府职能部门会审。这些部门主要有以下几个。

（1）财政部（厅、局）国有股权转让的审批部门。

我国只要是国有企业，都离不开财政部或财务厅（局）对企业资产审核这一环节。这个部门出具会审或审核意见。

（2）商务部（厅、局）外资审批部门。

在外资和内资中涉及到很多部门，其中一个就是商务部或者商务厅，有的也叫做对外经济贸易合作厅或局。商务部的外资审批部门对来文的会审作用很大，审核的权力也很大，所以一般涉及到外资的事项都要跟这个部门打交道。

（3）国资委国有资产管理部门。

国有资产管理局（地方叫管理委员会），有一个专门的对口部门来管理国有股权交易，该部门会对批文的处理提出一个审核意见。

以上这些会审部门最终的审核意见都要返回到办公厅（室）。所以，在办批文的过程中，办公厅（室）和这些会审部门都很重要。会审部门的每一条意见对资产是否出售、股权能否顺利转让等都有很大的制约作用。财经高管或财经公关部门一定要了解和知晓，沟通的力度和沟通的技能都要很高。当然，所有专业的和非正式的沟通，都应以法律框架为底线。

12.4.2　沟通流程

企业资本项目涉及会审的，企业需要了解套路，掌握技巧。会审部门的沟通流程如图 12-5 所示。

（1）了解审核部门对材料审核的意见。这样企业才能心中有数而不是被动等待，也才能对症下药。

（2）与批文会审部门要员沟通。项目团队要随时处于备战状态，如果打听到会

审部门不同意项目或对项目有疑问，要尽快与会审部门的要员沟通，了解对方不同意的原因，做出解释。

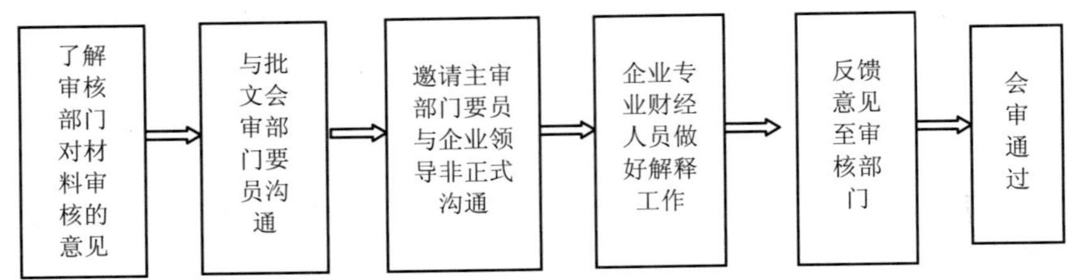

图 12-5　企业资本项目政府会审的沟通简易流程

（3）邀请主审部门要员与企业领导非正式沟通。必要时可以邀请主审部门与企业领导做一次非正式沟通，非正式沟通的形式可以多样。

（4）企业专业财经人员做好解释工作。有的项目涉及到很多专业知识，而会审部门不可能对所有的项目都了解清楚，所以，在双方领导做了非正式沟通之后，需要企业相关专业人员做出解释，这样才有利于对方做出判断。

（5）反馈意见至审核部门。各会审部门做出裁决之后，他们会把意见反馈给审核部门，审核部门再根据各部门的意见做出最后的裁定。

（6）会审通过。这是最后一个环节，所有的部门都达成一致的同意意见后，最后形成批文。

12.4.3　项目团队与领导秘书的沟通

对于企业资本项目，办公厅（室）会把文件汇总以后，按照程序上报到领导那里签字。而文件是通过秘书报上去的，所以企业一定要跟领导的秘书建立一个很好的沟通渠道。要把企业的难处和实际情况向其汇报，这样一来，秘书就会重视你要报批的事情，会提醒领导尽快办理。因此，这里也存在一个流程和技巧的问题。

项目团队与领导的秘书可以进行非正式沟通，以得到有利的帮助和支持。沟通的内容包括企业的实际情况、高管的职业操守、做财经公关的想法和准则等。

12.4.4　企业领导与签字领导非正式沟通

企业领导与负责签字的领导非正式沟通很重要，目的是寻求理解与支持。这个会面往往安排在项目进展到关键的时候。在办理批文的过程中，审核签字的领导会对报上来的材料提出异议，与其让他提出看法叫企业来解释，不如在一开始就先沟通。

这种会面一般是由政府部门领导的秘书来安排的，项目团队一定要以一种非常信任的方式来跟秘书交流，不能藏着、掖着，如果事情开始不说，等到问题浮上水面的时候再说，相当于过河拆桥，这不是优秀的财经公关人员要做的事情，这样的企业也做不长。

另外，在企业领导去沟通前，项目团队要把项目进展情况和项目存在的疑问跟领导沟通，这样他去谈的时候心里才有底。有的公关人员认为一件事情没做完就不需要汇报，或者不敢跟领导汇报，实际上这是错误的。在一些关键问题上，遇到一些障碍，需要提供方案给领导的时候，必须跟领导如实说。

12.4.5　跨地区政府批文审批及会审部门的沟通

企业的资产项目有些是跨地区的，跨地区的特点是涉及到两个地区的政府部门分别要提出意见，有些还有主管上级的，要由主管部门提出意见。所以，这个沟通流程特别复杂，其流程如图 12-6 所示。

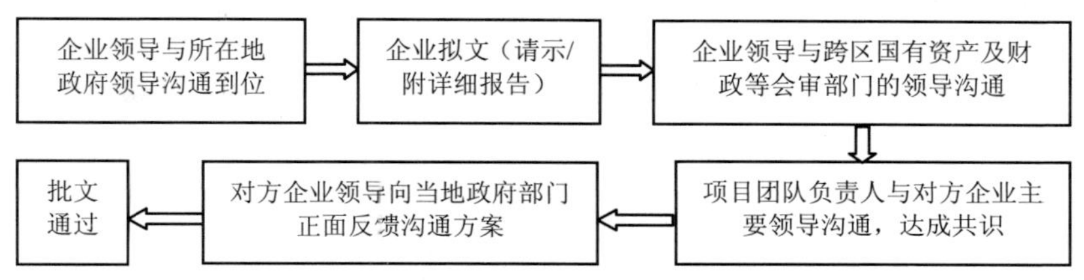

图 12-6　企业资本项目跨区域政府审批（如有）简易流程

（1）企业领导与所在地政府领导沟通到位。

例如，发生资本变化的所涉企业都存在国有资产或股份，企业领导要拜访被并购企业所在地政府领导，并安排所在地政府领导拜访被并购企业，与政府领导达成共识，这些环节都很重要，需要有很高的沟通技巧。

（2）企业拟文（请示/附详细报告）。

两个地区的政府领导达成共识以后，批文的申报程序就开始了，企业两头行动，项目组两地都有人员，拟订批文（请示或附详细报告）。随时保持联系，信息随时沟通和反馈。

（3）企业领导与跨区国有资产及财政等会审部门的领导沟通。

跨地区的并购资本项目涉及的部门多，有时候即使政府领导已经把意见很鲜明地表达出来，也许一些监管部门或者会审部门对这个项目还有看法、有异议，他们从自己监管的角度提出专业性的意见，这也很正常。这时，企业领导甚至收购方的政府领导或许都要再次出动，这就要看企业跟政府如何沟通了。

（4）项目团队负责人与对方企业主要领导沟通，达成共识。

领导谈好之后，接下来企业组织材料，抓紧资产评估及设计相关方案，递送材料，项目团队负责人与并购企业主要领导沟通并达成共识。

（5）对方企业领导向当地政府部门正面反馈沟通方案。

企业双方主要领导达成共识之后，被并购方企业领导一般会向当地政府部门反馈沟通的方案，因为必须征得政府部门领导同意后才能出让资产。

（6）批文通过。

12.5 政府监督、监管部门及其财经公关

12.5.1 政府监督部门

政府有很多监管部门专门对企业的经营活动进行监督。监管部门包括中央派驻地方的监管部门和当地政府派出的监管部门。有些批文可以不经过监管部门审批，但是需要监管部门知晓，得向其汇报。如企业涉及到资本方面的活动，一定不能绕过监管部门，比如沪深上市公司和符合一定条件的新三板挂牌公司就不能绕过当地的监管局或证监局（有的叫挂牌上市公司管理处）。绕过它，会对企业造成影响。

【案例】未履行监督部门程序，项目被拖延

A 企业把资本项目的材料报到市政府，市政府把意见转到省政府，省政府则打电话问监管部门的意见。监管部门说不了解此事，而且有些项目没有按照规定操作，

结果项目被拖延了下来。很多企业为此交了很高的学费，与其来回折腾，不如早送一份材料。

所以，企业在所涉资本项目报送政府的同时，应向监管机构领导汇报，备一份材料。

让政府审批一个项目，涉及到方方面面的事情，要考虑周全，这就是商业沟通，是财经公关的核心技能。对于监管部门，要兼顾各方面的情绪，同时主线要非常清晰，项目才能尽快落实。向监管部门汇报的方式很多，主要有：

（1）并购项目的一些资料要报监管部门知晓；

（2）企业领导与监管部门领导沟通此事；

（3）项目团队要向监管部门的负责人进行专业汇报；

（4）必要时向监管部门提供详细材料。

12.5.2 政府监管部门

政府监管部门包括中央和派驻地方的证券监管部门。对地方企业来说，涉及到中央派驻地方的监管部门，比如具备要求的新三板挂牌企业和所有的沪深上市公司都受到证监会（地方上的证监局）的监管。公司出让资产或与外商合作，发生资产或股权转移的，证监会派驻地方的证监局会对相关交易起到很大的监管作用。另外，对于沪深上市公司来说，负责发行股票的部门也是一个重要的监管机构。

符合条件的新三板挂牌公司和沪深上市公司中负责投资者关系的高级经理或副总裁，与监管部门的沟通会有很多，每年的年报、季报（如需），以及证监系统的一些工作例会、汇报都得去，而且年报和季报必须做专题的汇报，要有一个团队来运作这个事情。

监管部门平时是松散型的监管，但一有项目，它是以项目组的方式进行的。如果企业平时沟通不畅，汇报很少，有事才打电话去找他们，就会比较被动。企业有上升、回落的阶段，企业做得越好的时候，越要保持亲善，要注意和监管机构保持沟通。

12.5.3 国资委

国有资产监督管理委员会（简称国资委）主要负责国家资产管理。国资委代表国家履行出资人职责，依法对企业的国有资产进行监管，指导推进国有企业改革和重组，对中央企业负责人进行任免、考核和奖惩，并对地方国有资产管理进行指导和监督。

对于企业的投资活动，国资委有权依法对其进行监督管理，指导企业建立健全投资决策程序和管理制度，企业必须制定并执行投资决策程序和管理制度，建立健全相应的管理机构，并报国资委备案。

虽然有的企业与国有资产管理部门或国有股权监督部门一年甚至数年不发生一单交易，但在国内这种公共事务和行政审批没有完全放开的情况下，有必要与国资委建立正常的汇报机制，以免出现以后办事特别困难的情况。财经公关的高级管理人员一定要把握好跟这些部门之间的关系。

12.5.4　海关、商检和税务

海关是依据本国（或地区）的法律、行政法规行使进出口监督管理职权的国家行政机关，是对出入国境的一切商品和物品进行监督、检查并照章征收关税的国家机关。商检就是商品检验，它是国际贸易发展的产物，体现不同国家对进出口商品实施品质管制。

企业资产发生变更时，如果涉及到外方，特别是境外的交易，都会由以上这些政府的监管部门出具意见，否则企业的项目根本没法完成。这些程序是非常严密、严谨的，从事财经工作的人员要懂得政府行政的审批过程和步骤。

12.5.5　新三板和沪深交易所

我国目前设有有三个全国性的证券交易场所，即全国股转系统（新三板）、上海证券交易所和深圳证券交易所。新三板针对挂牌公司，沪深交易所针对上市公司，他们对挂牌或上市公司的日常经营行为及各类定期与非定期信息披露有监督和制约的作用。比如，新三板挂牌公司不管是挣钱还是赔钱，年报披露的时间晚一天都不行。有的挂牌公司年报不敢公布，因为内部的审计还没做好，当年的经营效益还没理顺，对公众还不知道怎么披露。所以，财经高管、董事会秘书要有一套沟通方式，要知道年报什么时候出，有哪些问题，哪些难点需要跟股转系统（证交所）、会计师事务所沟通。因为股转系统（证交所）具有监管权，要符合相关制度和要求才能发布。

【案例】存在多个问题未通过，被股转系统审查

某商贸公司，注册资本 1500 万元，主营业务为销售电磁辐射、电离辐射等仪器仪表并提供监测、检测、运行与维护。其财务基本情况如表 12-3 所示。

表 12-3　某商贸公司财务基本情况

项目	2013 年 1—6 月	2012 年	2011 年
营业收入	1950 万元	4200 万元	4400 万元
营业成本	1200 万元	2600 万元	2570 万元
净利润	–13 万元	260 万元	680 万元
经常性现金流净额	–230 万元	99 万元	550 万元

全国股转系统审核未通过，撤销申请依据及原因分析如下。

（1）报告期内公司财务数据存在重大调整，并根据调整结果向纳税部门缴纳税款 200 万元，同时缴纳滞纳金 80 多万元。根据《全国中小企业股份转让系统股票挂牌条件适用基本标准指引（试行）》规定，“重大违法违规情形是指，凡被行政处罚的实施机关给予没收违法所得、没收非法财物以上行政处罚的行为，属于重大违法违规情形，但处罚机关依法认定不属于的除外；被行政处罚的实施机关给予罚款的行为，除主办券商和律师能依法合理说明或处罚机关认定该行为不属于重大违法违规行为的外，都视为重大违法违规情形”。虽然公司少缴税款的事暂时未受到税务机关的处罚，但是补缴税款金额相对较大，在未取得税务机关对该事项的说明之前，认定该公司不存在重大违法违规行为显然没有充分依据。

（2）公司自身仅作为国外某产品在国内的一级代理商，供应商非常集中，商业模式也未见重大创新，总体上看缺乏竞争力。报告期内，收入未见增长，毛利率逐年下降，2013 年上半年亏损。根据《全国股转系统挂牌规则》，拟挂牌企业应当“业务明确，具有持续经营能力”。依据现有资料，尚不足以判断公司具备持续经营能力。

（3）报告期内，公司通过实际控制人控制的香港公司向国外采购产品，出现大量关联交易，关联交易的定价的必要性、公允性无法充分说明，且实际控制人目前尚无注销香港公司的计划，公司治理不健全。

12.6 政府职能主管部门及其财经公关

12.6.1 商务部及其地方机构

商务部，在地方上叫商务厅，商务部有一个部门叫外资审批司（处）。如果企业要跟国外的一些资产进行重组或者国有企业引入战略投资者，资本结构发生变更，吸收境外资本在1%～15%之间的，要报国家或者地方外资审批司。如果外资比例超过15%，要报到北京的商务部。

企业资本项目在申报过程中，凡是涉及到外资成分的，必须经过商务部有关司（局）的审批。而境内公司、企业或自然人以其在境外合法设立或控制的公司名义并购与其有关联关系的境内公司，应报商务部审批。当事人不得以外商投资企业境内投资或其他方式规避前述要求。

此外，国家经济安全、重点行业、中华老字号、驰名商标及股权并购等资本项目，涉及这些方面的外资并购，地方商务机构不可直接审批，应向商务部进行申报。

12.6.2 财政部和地方部门

财政部是负责国有资产审核的。对于国有资产，国有企业应当向同级财政部门或者经同级财政部门授权的主管部门申报、办理产权登记，并由财政部门或者授权部门核发《事业单位国有资产产权登记证》（以下简称《产权登记证》）。各级财政部门应当在资产动态管理信息系统和变更产权登记的基础上，对事业单位国有资产产权登记实行定期检查。

国有企业如进行资产清查，应当向主管部门提出申请，并按照规定程序报同级财政部门批准立项后组织实施，但根据国家专项工作要求或者本级政府工作需要进行的资产清查除外。

国有企业如有出售、出让、转让、对外捐赠、报废、报损国有资产的，应当出具《产权登记证》，并严格履行审批手续，未经批准不得自行处置。

【案例】上市公司政府减持股份

佛山照明是我国著名的一家上市公司，它的光源做得非常好，市场效益大概每股盈利是 7 毛多，这几年的增长率都非常高，但是它的改制却充满了艰辛。

企业的老板为企业做出了很大的贡献，这个企业完全是他一手扶持起来的，但是企业的改制遇到了很多挑战，由于企业和政府之间沟通不顺，以及和相关监管层的沟通也存在问题，所以管理层的 MBO 做得很辛苦，后来又引入国外的飞利浦，引入了 GE，做了很多种方案。

分析：企业要想进行股权改造，必须要有非常好的沟通能力，跟政府形成互动，政府支持企业，企业的股权分置才能完成。所以，企业的高级管理人员一定要认识到改制过程的复杂性，沟通一定要从 CEO 自己开始，要充分投入。

12.6.3　企业管理司与发改委（局）

财政部有两个部门比较重要，分别是企业管理司和发改委（局）。

1．企业管理司

财政部的企业管理司是一个比较重要的部门，负责拟订境外企业和外商投资企业财务管理制度；负责中央财政直接拨付中央企业的亏损补贴、税收返还等支出项目的管理；参与国有企业的租赁、拍卖、兼并、破产、重组等有关政策的研究制订和实施；参与组建企业集团，实行股份制改革，负责审批国有企业的成立、解散、合并、股份购买与出售等。

2．发改委（局）

财政部还有一个部门叫发改委（局）。企业在改制过程中实现重组，有外方带来的管理理念、技术及资本的融合，其中有些是属于发改委管理的。发改委（局）专门有一个部门叫新项目与技术改造司（处），或者叫高新技术与项目司（处），这个部门是对那些重大项目、技术改造的确立条件进行审批的。

所以，凡是涉及国有股权转让的都要与财政部或财政局沟通，其沟通流程与国有资产管理部门的沟通流程大同小异。企业应根据资产项目的特点，选择不同的部门沟通，如涉及国有股权转让，首先上报财政部，财政部进行国有资产评估，经过转让方、被转让方与财政部三方沟通，得出一个结果，财政部批准后方可施行。

【案例】股权属于央企，程序很复杂

某省有一家大型X集团准备进行整体上市，有0.3%的国有股权想出让，这个出让过程非常严谨，因为这个0.3%并不是政府出资的，而是中央企业购买了这个国有企业0.3%的股权，虽然算起来大概就几百万元人民币，但就这几百万元人民币也要报到财政部，因为中央企业资产是国家的，由财政部直接管理这些资产。因此，这个报批过程很复杂，先是由广东省出具意见，然后跟中央企业驻该省的国有企业商量，同意了才能交易。

分析：由于这家企业是中央企业，而不是地方性国企，所以要购买这家企业，在办文的过程中需要付出的财经公关的力量是很大的。既要跟它的主管部门沟通，还要跟省政府和愿意出让的企业本身沟通，所以这个项目团队要由非常优秀的财经人员去做，才可能沟通到位。

12.6.4 行业主管部委办

在中央有很多行业主管部门，如工业和信息化部等。这些部委办负责对其管控的企业的一些重大项目进行审核，或者提供批文的最终决定权，所以叫行业主管的部委办。

从事财经公关的高级管理人员和有关人员需要了解政府办文的基本程序，不同的资本项目将要面对不同的人，如何沟通与公关是要讲究技巧的。

第 13 章

财经公关中投行、机构和各类中介的沟通与操作

13.1 财经公关中的投资银行及其沟通实务

新三板挂牌企业或沪深上市公司及其他涉及资本项目的企业，在项目立项、推进和完成的过程中，涉及很多财经类顾问公司和中介机构，其中的财经公关工作是很重要的。本章将详细解读这部分内容。

13.1.1 投资银行

参与企业资本项目的投资银行，企业与其之间的业务沟通很重要。企业在选择投资银行时需要注重其专业能力和人脉资源，这是基本要求。

投资银行（Investment Bank）是与商业银行相对应的一类金融机构，主要从事证券发行、承销、交易、企业重组、兼并与收购、投资分析、风险投资、项目融资等业务的非银行金融机构，是资本市场上的主要金融中介。投资银行是美国和欧洲大陆的称谓，英国称之为商人银行，在日本则指证券公司。

投资银行的组织形态主要有四种：一是独立性的专业性投资银行，这种类型的机构比较多，遍布世界各地，他们有各自擅长的业务方向，比如美国的高盛、摩根斯坦利；二是商业银行拥有的投资银行，主要是商业银行通过兼并收购其他投资银行，参股或建立附属公司来从事投资银行业务，这种形式在英国、德国等国家非常典型，比如汇丰集团、瑞银集团；三是全能型银行直接经营投资银行业务，这种形式主要出现在欧洲，银行在从事投资银行业务的同时也从事商业银行业务，比如德意志银行；四是一些大型跨国公司兴办的财务公司。

在我国，投资银行的主要代表有中国国际金融有限公司、中信证券等。另外，几乎绝大部分的证券公司都设有投资银行部或相应业务部门。

【案例】香港上市没有选择好投资银行

2008 年内地有一个公司在香港上市，请中英国际投资银行帮其做分销，但是价格却始终上不去。原本该公司希望它的股价是 5 元人民币，但该投资银行认为根据香港目前证券市场的情况，定为 5 元不一定卖得动，承销的时候有些机构不会要，那么上市就失败了，二级市场也不一定有更多的人去认购。经过讨价还价，最后股价定为 3.5 元，还没有达到别的投资银行许诺给该公司的价格水平。

希财网整理了 2015 年中国投资银行的排行榜，主要从投资分析、风险投资、项目融资等综合情况来考量，进入排行榜的投资银行一共有 13 家，包括中金公司、招商证券、 国信证券、海通证券、国元证券、广发证券、光大证券、华泰证券、东海证券、中信证券、东方证券、长江证券和国泰君安证券。对企业来说，这里需留意如下两类投资银行。

（1）熟悉政府、监管机构运作及人脉的投资银行或券商。这类机构有重要的人脉等资源，了解本土，是国内包括新三板挂牌企业或上市企业首选的投资银行或券商。

（2）熟悉行业业务与国际运作的投资银行。对于某些有拓展国际业务的企业来说，更愿意选择具有国际视野、又有很强专业水准的投资银行。这些投资银行既懂全球操作，又有资本运作的能力。

这两种投资银行都是目前国内拟进行资本运作的企业必须要重视的两个财经公关对象。对于专业能力与人脉俱佳的投资银行，应该采取什么样的沟通方式，下面将分别介绍。

13.1.2 挂牌企业或上市公司与投资银行的沟通

在新三板挂牌或在沪深股市上市，都需要投资银行（为新三板服务的投资银行一般都是主办券商，其不仅承担各类投资银行的业务与工作，还对企业有督导与持续督导的义务）帮企业做方案、定价格、承销或分销股份，帮企业融资、分配利益。这些内容都是挂牌企业或上市公司和投资银行沟通的主要对象。

就沪深上市公司来说，按照沪深交易所目前的规则，投资银行在把股票的“大头”敲定后，需要拿出一部分放到二级市场。由于投资银行与企业存在讨价还价的利益和合作关系，该怎么去沟通，才能既满足其利益，还能让投资银行帮助企业实现融资利益的最大化，就在于团队要以充分的数据并参照国际通行的惯例去引导投资银行，帮助企业达到相应的投资价值。

13.1.3 挂牌定价与主办券商的沟通

企业登陆新三板，其股票定价和企业选择的股票转让方式有关。新三板挂牌企业的股票目前可以选择的只有做市转让方式和协议转让方式。协议转让价格是买卖双方协议得到的，价格可能会天差地别，比如协议转让给公司员工、高级管理人员等，这时价格可能会比较便宜。做市转让时，做市商（券商）连续报出其做市证券的买价和卖价，若投资者的限价申报满足成交条件，则做市商在其报价数量范围内按其报价履行与投资者的成交义务。

不论是协议买卖，还是做市转让，企业一般都需要参考甚至尊重主办券商及其他参与做市的券商的意见，这就需要综合考虑市盈率、企业所属行业、经营状况和财务数据等因素，其中各类财务的沟通很复杂。

【案例】某公司制订的挂牌新三板的财经公关合同

________有限公司

与________有限公司

关于

赴全国中小企业股份转让系统挂牌
专项财经公关顾问协议书

2015 年　　月　　日

甲方（委托方）：________________有限公司（为依法成立及存续的有限责任公司，含改制后拟挂牌股份有限公司）

乙方（受托方）：________________有限公司

根据《中华人民共和国合同法》及相关法律法规的有关规定，甲方为赴全国中小企业股份转让系统挂牌工作需要，特聘请乙方作为甲方此次申请挂牌项目的财经公关顾问。经双方协商一致，同意签订以下协议，共同遵照执行：

第一条　委托事项

1. 甲方有意向赴全国中小企业股份转让系统（以下简称股转系统）挂牌，特聘请乙方作为甲方的财经公关顾问，运作甲方在股转系统挂牌财经公关专项事宜。

2. 乙方接受甲方的聘请，委派______担任甲方财经公关顾问项目的执行人，为甲方提供财经公关顾问服务，依法维护甲方的合法权益。

第二条　财经公关顾问的工作范围

乙方作为甲方的财经公关顾问，为甲方在股转系统挂牌前规范公司治理、业务发展、财务管理、合法合规等事项及筹备甲方向股转系统申请挂牌，提供财经公关服务。乙方有偿提供以下服务：

1. 孵化准备阶段

（1）代办工商登记。

（2）定期组织由主办券商（可联合律师事务所、会计师事务所等中介机构）举办的针对拟挂牌企业的专项辅导会议。

（3）达到挂牌条件后，安排启动申请挂牌流程。

2. 改制设立阶段

（1）协同甲方与其他中介机构共同制定合适的挂牌上市的策略。

（2）协同甲方与其他中介机构共同制定改制方案并提供咨询意见。

（3）审查甲方与其他中介机构签订的相关协议，对存在问题的相关条款、内容提供咨询意见。

（4）对甲方规范关联交易、同业竞争，并提供咨询意见。

（5）解答甲方提出的关于股份公司设立及挂牌等方面的问题。

（6）其他根据具体清况需要出具相应的咨询意见或建议。

3. 挂牌申请阶段

（1）解答甲方关于股份报价转让的实质条件和申报程序等方面的咨询。

（2）协助解决和处理证券主管部门对本次发行提出的相关要求与问题。

（3）双方根据本次挂牌备案具体情况商定修改、增加的服务内容。

第三条 顾问服务流程及费用结算

1. 双方经协商后确定，财经公关顾问总费用为：____元人民币（RMB 元），分____期支付。其中：

（1）第一期______元，甲方应于本协议签订之日起 3 个工作日内向乙方支付。

（2）第二期______元，甲方应于________________之日支付。

（3）第三期______元，甲方应于________________之日支付。

户名：_____________有限公司

开户行：_____________

账号：_____________

在甲方首期付款之前，乙方没有义务向甲方提供服务。

2. 经各中介机构初步调查，并根据甲方规范运行后的财务报表及其他各方面情况，认为甲方已接近或符合挂牌相关条件的，乙方应及时建议甲方启动申请股转系统挂牌流程。乙方同时应根据主办券商挂牌立项的要求，安排甲方填报相关信息采集表并提供相关企业资料，并与其他各中介机构签订合同。

3. 若因暂时不符合主办券商立项条件，甲方愿意规范整改以达到立项条件的，则乙方应及时安排甲方与其他各中介机构签订合同，并支付相应款项。甲方应在中介机构辅导下力争尽快达到挂牌立项条件。

4. 因甲方内部存在重大不可逾越的挂牌障碍无法达到股转系统挂牌要求，或整改规范成本过高甲方不愿意承受的，则乙方应扣除工作费用后，向甲方退还前述首付款。工作费用根据各中介机构对企业初步调查所耗费的实际工作量情况收取，最高不超过 5 万元人民币。

5. 如果甲方委托乙方代为向政府申请补助，甲方需开立专用一般账户，印信及支票交乙方保管，甲方应配合乙方向相关的政府机构申请补贴。补贴领取后，由乙方负责安排相应款项的分配，定向用于支付各中介机构的中介费。款项分配完毕后，多余部分由乙方返还甲方，不足部分由甲方向各中介机构继续支付。乙方在完成相关补贴款项的分配后应当向甲方移交相关用于领取政府补贴的专用一般账户及其相关印信。

6. 在甲方挂牌成功后，如因相关政策变更、调整等原因导致政府补贴取消、暂停，或补贴不足以支付上述全部中介机构相关费用的，则甲方仍应根据其与相关中介机构签署的合同金额支付除根据本协议已支付款项之外的剩余款项。

7. 如甲方在股转系统挂牌前因相关法律法规或政策发生变化而导致挂牌方案调整或变更的，甲方仍应优先委托乙方继续开展与挂牌相关的财经公关服务。

8. 上述条款中甲方支付给各中介机构的费用由各中介机构分别收取并单独出具发票。

9. 由于甲方不支付或不足额支付上述条款中的中介费用，导致中介机构延迟或停止相关服务造成的时间延误及违约由甲方承担全部责任。

10. 办案费用：乙方派出专业人员在办理委托事项中所发生的费用（包括但不限于差旅费用、政府收费等）并不包含在上述公关费内，应由甲方另行承担，由甲方预付或凭收据及时实报实销。

第四条　商业秘密的保护

鉴于上述双方正在进行会谈或合作，需要取得对方的相关业务和技术数据。为此，甲乙双方做以下保密约定：

1. 甲乙双方互为保密数据的提供方和接受方，相互负有保密义务、承担保密责任。

2. 甲乙双方中任何一方未经对方书面同意，不得向第三方（包括新闻界人士）公开和披露任何保密资料。

3. 如果合作项目不再继续进行或其中一方因故退出此项目，经一方提出书面要求，另一方应当在五个工作日内销毁或向对方返还其占有的全部保密资料连同全部副本。

4. 双方确认：乙方向甲方提供的企业上市的商业渠道，属于重要的商业秘密，归乙方所有，甲方负有为乙方保密的义务。甲方不得利用乙方商业渠道进行除挂牌交易外的其他无关活动。本协议期限届满或双方终止本协议效力后，甲方或甲方推荐的单位需要利用乙方的商业渠道进行与本次挂牌交易无关的其他挂牌或交易时，必须和乙方另行签订合同，否则视为甲方违约，则甲方必须向乙方支付违约金人民币叁百万元。

第五条　联系人

甲方指定__________为本协议履行的联系人，决定本协议履行过程中的一切事项。

乙方指定________为本协议履行的联系人，决定本协议履行过程中的一切事项。

第六条　不干预责任

乙方不参与甲方的一切经营活动，也不承担甲方的所有法律责任与经济责任。

甲乙双方均知晓甲方与第三方（包括但不限于券商、律师、会计师、评估师等）所签署的合作协议的真实性，但由此顾问协议所涉及的甲方与第三方（包括但不限于券商、律师、会计师、评估师等）的经济关系及连带责任关系，均与乙方无关。

第七条　协议有效期

1. 本协议自甲乙双方共同签字盖章之日起生效。

2. 本协议至甲方于全国中小企业股份转让系统挂牌后，并履行完成本协议规定权利义务、结清费用后终止。

3. 本协议一式贰份，双方各执一份，具有同等法律效力。

4. 本协议受中华人民共和国法律管辖。对因本协议或本协议各方的权利和义务而发生的或与之有关的任何纠纷和争议，本协议双方均同意向有管辖权的人民法院起诉。

双方签署及盖章：

甲　　方：	乙　方：
公司地址：	地　址：
联系电话：	开户行：
传　　真：	账　号：
邮　　编：	电　话：
负 责 人：	负责人：
签约日期：2015 年　月　日	签约日期：2015 年　月　日

13.1.4　沪深上市企业定价、审批等的沟通

对于沪深上市公司来说，其股份定价比新三板挂牌企业股份定价复杂得多。目前，上市公司股票发行定价是要经过中国证监委所属部门发审委员会核准的。定价前先由投资银行给企业定方案，会根据企业的经营状况、资产情况和财务状况，根据上市公司的要求确定一个价格；再由企业与监管层沟通，得到监管层的认可后，让投资银行再做方案。这样上市的方案就非常有效果，能够确定一个比较好的发行价格。所以，企业要想提高价格，就要跟监管层充分沟通，然后反馈给投资银行，

投资银行再做方案。

企业与投资银行、发行监管部门的沟通包括三点：公司的前景、公司持续的盈利能力和公司的团队价值。具备这三点，就可以继续保护中小股东的利益，能够为中小股东带来未来的增长价值，才容易在证监会发行审核委员会会议上通过。

13.2 新三板定增与券商、监管机构的财经公关

由于本书主要针对新三板挂牌企业，所以这里详细讲解一下这个问题。对于新三板挂牌企业的定向发行事宜，主要有以下几个方面需要注意，需要进行财务公关性沟通。

13.2.1 股东人数 200 人界限

股东人数未超过 200 人的新三板挂牌公司申请其股票公开转让，中国证监会豁免核准，由全国中小企业股份转让系统进行审查。股东人数定向发行后累计超过 200 人或者股东人数超过 200 人的挂牌公司需要向中国证监会申请核准。

13.2.2 定向发行时点

1. 挂牌的同时可以进行定向发行

允许挂牌企业在挂牌时进行定向股权融资，以增强新三板的融资功能，缩小了与主板、创业板融资功能的差距；同时，由于增加了挂牌时的股份供给，可以解决未来做市商库存股份来源问题。

挂牌企业应根据自身对资金的需求来决定是否进行股权融资，避免股份大比例稀释的情况出现。

2. 挂牌后的储架发行

挂牌公司申请定向发行股票，可申请一次核准，分期发行，即公司从核准日起应当在 3 个月内首期发行，剩余数量应当在 12 个月内发行完毕。超过核准文件限定

的有效期未发行的，需重新经中国证监会核准后方可发行，首期发行数量应当不少于总发行数量的 50%。

储架发行可在一次核准的情况下为挂牌公司一年内的融资留出空间。

13.2.3　定增对象及其锁定期

定增对象及其锁定期需注意以下几点。

（1）定向发行对象除现有股东外，合计不得超过 35 人，新规将放宽限制。

（2）定向发行对象锁定期，控股股东及实际控制人、高级管理人员等定增股份的转让等都有一定的规定，这些规定比上市公司的规定宽松很多。

（3）原股东有优先认购权。

13.2.4　发行价格与数量

（1）发行价格。

挂牌公司可以采取定价发行或者询价发行方式，发行价格没有法律要求。如采取定价发行方式，发行价格多为挂牌公司和投资者沟通协商确定而成。

（2）发行数量。

挂牌公司可根据资金需求量、发行价格、发行后持股比例等合理确定发行数量。

【案例】新三板首单询价式定增“花落”行悦信息

2014 年 11 月 27 日，新三板挂牌公司行悦信息发布了定增询价结果及定价公告，公司最终确定以 3.9 元/股价格定增 1500 万股，共募集资金 5850 万元，用于拓展迅猛增长的业务。这是新三板公司首次以询价方式确定定增价格，而且意向认购金额超过了拟定增总额数倍。

行悦信息主营业务为酒店客房数字多媒体系统平台产品的研发、销售和提供经济型连锁酒店客房数字多媒体系统和数字多媒体信息解决方案，以丰富酒店客房娱乐终端功能。在该公司的合作伙伴里，不乏如家、莫泰、7 天等知名经济型连锁酒店集团，已构建起国内最大的经济型连锁酒店电视互动平台，为商旅人士提供酒店周边餐饮、娱乐、旅游、购物相关的信息服务。目前，行悦信息设备已经覆盖6万间酒店客房，年覆盖人次2000多万。

公司登陆新三板后，迎来了重要的发展节点，那就是2014年上半年启动了挂牌后第一次定增，成功引入了著名PE上海文化产业基金，由于该基金的管理机构是海通创意资本，因此海通证券顺理成章地成为公司做市商，这对于公司能进入首批新三板做市企业名单至关重要。

8月25日做市商落地之后，在东方证券、海通证券的大力“做市”下，行悦信息成交额及价格都明显攀升，成为新三板“明星股”，引起了众多机构关注。当时公司做市时给两个做市商的价格为2.5元/股，短短三个月，几乎翻了一番。

13.2.5 做市商参与定增与注意

1．股票挂牌时拟采取做市

股票挂牌时拟采取做市转让方式的，需注意以下几点。

（1）两家以上做市商同意为申请挂牌公司股票提供做市报价服务，且其中一家做市商为推荐该股票挂牌的主办券商或该主办券商的母（子）公司。

（2）做市商合计取得不低于申请挂牌公司总股本5%或100万股（以孰低为准），且每家做市商不低于10万股的做市库存股票。

（3）全国股转系统规定的其他条件。

2．挂牌后变更为做市

挂牌后挂牌公司拟申请股票交易方式变更为做市转让方式的，需注意以下几点。

（1）两家以上做市商同意为该股票提供做市报价服务，并且每家做市商已取得不低于10万股的做市库存股票。

（2）全国股份转让系统公司规定的其他条件。此种情况下，做市商不要求为主办券商或主办券商的母（子）公司。

新三板挂牌企业定向发行的程序、注意事项很多，有些涉及证监会核准的情况，这些都需要企业与主办券商、参与做市的其他券商与全国股转系统公司及证监会的相关部门进行很好的协调和沟通，特别是对自身企业有深入了解的主办券商，这里面的财经公关方面的沟通是很重要的，也是很讲究方式、策略的。

【案例】新三板现首单退出做市企业

2015 年 10 月，招商证券股份有限公司（以下简称招商证券）发布关于退出为青岛海容商用冷链股份有限公司股票提供做市报价服务的公告，公告称：

经全国中小企业股份转让系统责任公司同意，自 2015 年 10 月 30 日起，招商证券股份有限公司将退出为青岛海容商用冷链股份有限公司提供做市报价服务。

经过前期严谨的调研和内部决策程序，招商证券 2014 年 12 月 26 日开始为海容冷链公司股票提供做市报价服务，做市期间招商证券认真履行做市义务，对提高海容冷链股票交易活跃度、发现公司价值发挥了积极作用。

近期海容冷链公布通过首次公开发行股票并上市辅导验收的提示性公告，由于外部决策和内部投资策略等原因，招商证券决定退出为海容冷链公司股票提供做市报价服务。

招商证券看好在全国中小企业股份转让系统挂牌企业的未来发展前景，相信做市商能够更好地发挥市场交易组织者和流动性提供者的功能。招商证券将加大做市业务投入，为更多的优秀企业提供做市报价服务。

13.3　财经公关中会计师事务所、律师事务所及其沟通实务

13.3.1　会计师事务所及其选择

会计师事务所是指依法独立承担注册会计师业务的中介服务机构，是由有一定会计专业水平、经考核取得证书的会计师如我国的注册会计师组成的、受当事人委托承办有关审计、会计、咨询、税务等方面业务的组织。我国对从事证券相关业务的会计师事务所和注册会计师实行许可证管理制度。会计师事务所这几年在我国发展非常快，一些优秀的会计师事务所为很多企业（包括新三板挂牌企业和沪深上市企业）做了财务审计方面的事情。

选择会计师事务所很重要，选择得不好，公众特别是投资者和股东会对审计报

告的真实性产生质疑，有时还要进行复核，这对企业来说是要付出成本的。所以，在选择会计师事务所时，要选择一个政府认可、投资者认可、企业认可的事务所。

13.3.2 会计师事务所的财经沟通

会计师事务所代表的是第三方中介机构，审计等工作是独立的，所以他们给公司出具的审计报告是从公正、客观的角度为出发点的。当然，期间存在定性与定量的问题，很多定量的问题如财务数据不能变，但是定性方面还是存在一定的空间的。另外，做财经公关的人要影响自己的领导，让他必须遵守会计师事务所的基本规则，适当的时候变通一下报告里那些描述性的语言，但数据肯定是不能有假的。

基于此，企业与会计师事务所的深入沟通是很有必要的，其中需要注意的事项如表 13-1 所示。

表 13-1 新三板等市场挂牌或上市企业会计师事务所财经沟通的注意事项

1	双方的专业沟通水平	企业团队中要有专业方面的沟通人员。企业当期的项目、目前遇到的困难，以及公司可持续发展的一些问题等可以和对方交换意见
2	开放、透明的财务管理沟通	企业要给事务所提供透明、开放的财务管理资料，不能把一大堆资料丢给会计师去审
3	坦诚、对等的介绍和沟通	在遵守《公司法》、审计法规和财务报告本身的规范要求的前提下，从事财经工作的企业高级管理人员在跟会计师事务所沟通时一定要坦诚而对等，这样对方才会站在企业的角度为企业考虑，在其报表里使用的描述性语言才可能更加有利于企业。沟通可能会换来更多的空间，企业要充分利用
4	企业困难如亏损等实情的沟通	企业经营状况不好时，不要指望审计报告能帮企业翻转过来，只要能给企业提供一些中肯的信息即可，因为专业投资者看审计报告一般关注反映是否实事求是。企业与会计师事务所进行财务沟通，并不是让其把一个快要破产的企业写成一个非常优秀的企业，而是在原则范围内灵活变通。有些企业投入新项目、业务转型等，前景看好；企业的总裁和团队前瞻性强、敬业，有职业化精神；但目前企业遇到了一些困难，有实际的亏损。这种综合性的审计报告往往能够带给公众投资者和专业投资者一些真实的信号，即企业虽然有困难，但只是暂时的，前景看好，机会肯定存在。所以，企业出现这类情况，需要在法律框架下，与事务所充分沟通。这种沟通可能使会计师出具一份比较开放的、既有定量又有定性的审计综合报告，这是企业唯一能做的
5	与事务所和证券交易场所双边沟通	比如新三板挂牌企业年报情况不好，会计师事务所跟企业沟通不是很顺畅，会计师事务所保留意见。股转系统规定到时间年报必须披露，这时企业可以去跟股转系统沟通，跟会计师事务所沟通，先出未经审计的年报，然后再跟会计师事务所沟通，事务所有可能出一个保留性的审计报告，也有可能会把企业的情况全部讲出来，这里面专业性的沟通起了很大的作用

13.3.3　律师事务所及其选择

律师事务所是律师执行职务进行业务活动的工作机构，在组织上受司法行政机关和律师协会的监督和管理。它在规定的专业活动范围内，接受中外当事人的委托，提供各种法律服务。律师事务是为企业出具法律意见书的，能否出好法律意见书，取决于律师和企业的沟通，取决于律师事务所的公信力及其和监管层的沟通。

这里的公信力即律师事务所的影响力与号召力，既体现律师事务所的权威性、服务程度和专业程度，也是投资者等民众对律师事务所的评价，反映了民众对律师事务所的满意度和信任度。

1. 政府认可的律师事务所

法律意见书的好坏、政府是不是认可，沟通在里面起的作用很大。有的时候政府是不跟律师事务所沟通的，只跟企业沟通。因为主体是企业，项目是企业报上来的，所以企业在这里面要有很好的沟通能力。

2. 审批部门认可的律师事务所

有公信力的律师事务所，包括政府监管部门认可的国际、国内律师事务所，以及政府审批部门认可的律师事务所，企业要把监管层和律师事务所之间的关系协调好。

13.3.4　律师事务所的财经沟通

对于律师事务所，企业的财经沟通要注意以下两点。

（1）把监管层的信息及时反馈给律师事务所。对于那些涉及到国有股权转让、监管层审批的项目，有时律师事务所出具的意见书监管层不认可、通不过，这是什么原因呢？这里面存在一个信息不对等与沟通的问题，也就是律师事务所对企业的判断与监管层的意思有出入，信息不对等，中间缺少一个联系的桥梁。因此，一些聪明的企业在让律师出意见函、意见书之前，会事先跟监管层沟通，了解监管层对项目的基本态度之后，再反馈到律师事务所，这样很快便能解决问题。因此，把握监管层准确的信息对律师出具能通得过的法律意见书意义重大。

（2）律师提供令审批部门信服的法律意见书。上面已经讲到，企业项目负责人通过将监管层的意思准确反馈到律师事务所后，律师会把监管层的意见全部考虑进来，先做一个初稿，让企业去跟监管层沟通。有时这中间要反复好几次，最后才能出具一个合格的法律意见书。

13.4 财经公关中非营利性机构和第三方机构及其沟通实务

13.4.1 权威性的非营利性机构（NPO）

20 世纪 80 年代以来，人们在各种场合越来越多地提及非政府组织（NGO）与非营利组织（NPO），把非政府组织与非营利组织看做在公共管理领域作用日益重要的新兴组织形式。2014 年 12 月 22 日，全国人大常委会审议境外非政府组织管理法草案。2015 年 7 月 27 日，我国首次支持境外 NGO 依法来华发展。权威性的非营利性机构由于是第三方，所以比较公平、公正，不仅体现信息披露和研究原则的开放性，更能够吸收世界上优秀的经营管理方法，极大提升政府与公益组织的链接度和公众信赖度。现在，在沿海及经济发达的一些地区，已有一些非营利性机构，有的是从国外来的，也有一些是国内的，他们对经济方面的促进作用很明显。

非营利性机构有三种，如表 13-2 所示。

表 13-2 非盈利性权威机构种类

1	金融与投资界公认的研究机构	像牛津大学的远东经济评论、英国金融时报、FT，另外还有英国的路透集团，已经形成了很成熟的 NGO 体系，其业务范围包括资讯的收集、分析和购买等
2	国际与行业公认的一些评级机构	如三大评级公司——美国标准普尔公司、穆迪投资服务公司和惠誉国际信用评级有限公司，他们对于一些财经项目的评级，可以给投资者起到定心丸的作用。一个企业评级的高低，决定了投资者认购股权的多少
3	有政府背景的一些非营利性研究机构	比如华尔街的金龙、美国的兰德机构，它们是政府出资的，但又面对资本市场，面对经济领域。这种研究机构对政府部门的影响比较大，很多政府决策是依据这些部门的研究数据，所以企业要跟这些部门处理好关系

13.4.2　权威性的非营利性机构的财经沟通

权威性的非营利性机构虽然不代表政府，但它代表独立的第三方，他们提供的商业数据包括一些信息披露，往往会令一些专业机构很感兴趣，在一些重要的事件方面会影响到一些关键人物，所以权威性的非营利性机构又发挥着第三方咨询的作用。所以，在企业未来发展过程中，这类机构的作用是间接性的，但是有时又是很重要的。对待权威性的非营利性机构，企业一定要有一个专门的团队来操作。

（1）提供公司开放性的资料。对待权威性的非营利性机构，提供开放性的资料是很重要的。只要不涉及到商业机密或一些回避制度，企业尽可能地给这类机构提供需要的资料，这样会在一些方面展示企业的优势，能够获得很好的交流。

（2）要找懂行的人跟其对口交流。按国际惯例，权威性的非营利性机构的来访，有些是想看看企业的现场运营情况，有些是想找企业的专业人士交流，还有的是想跟企业领导见面，这些要求要尽可能地满足。企业一定要找懂行的人与其交流，这个人要对企业经营及各个方面十分了解。这样非盈利性机构写出的报告有时候对企业潜在投资者甚至境外的投资者及上下游客户都能起到一定的影响。

13.4.3　第三方中立性权威机构及选择

这里的第三方中立性权威机构是政府认可的，在我国有三种。

（1）政府的一些金融办公室，即各省、市的金融办。它主要是规范和协调金融系统里的一些重大项目。这个机构是权威的，代表政府。

（2）政府机构的政策研究室。这些机构用于满足政府对行业信息与研究资料的搜集。比如，国务院发展研究中心下面有很多的研究所，包括企业研究所、电子研究所、邮电研究所等，这些研究所是政府出资建立的，它们面向市场，通过市场获取资讯，为政府提供服务。还有中国企业联合会，以及各个省、市的行业研究中心等，这些机构的研究报告很有用。像国务院发展研究中心下面的企业研究所可以帮企业做项目，企业要付费。尽管是第三方权威机构，因受政府指导，代表政府来收集行业和企业的一些意见，所以是权威的。企业不要认为这个机构跟企业的资本活动相距甚远，有的时候这些机构出具的政策性意见、资讯对企业很重要，对领导也有很大的影响。

（3）国际认证机构。如道琼斯指数、日本东京指数这样一些国际性机构，这些都是政府认可的。

第三方的权威机构在企业的资本活动中所起的作用也是很大的。

13.4.4 第三方中立性权威机构的财经沟通

企业与第三方中立性权威机构的财经沟通要注意以下两点。

（1）按要求提供信息与研究资料。有些权威研究机构在做完项目后会把政府关于企业的一些最新想法透露给企业；还有一些信息属于稀缺资源，这样企业就可以根据这些信息做项目调整，所以这些机构非常重要。

（2）加强公司经营情况汇报及信息反馈。在对待有政府背景的权威研究机构上，应该随时汇报，并且反映一些企业亟待解决的问题，由这些研究机构帮企业出谋划策。有些权威机构虽然在企业前期的一些问题上不能提供解决方案，但是对企业发展当中存在的一些带有长期性、战略性的问题，比如政策扶持，可以提供一些报告给管理层，以引起注意。

13.5 财经公关中授信商业银行、媒体及其沟通实务

13.5.1 商业银行授信

我国的企业在银行借贷方面大概有两种情况，一种是产品有市场，但负债率很高，完全靠银行借贷过日子，效益不是很好，这些企业跟当地政府关系好，也有一些人脉，所以银行总是支持它，特别是国有企业表现得特别明显；另一种是经营比较好的企业，是品牌企业、优势企业，银行也给它放款。

在银行这个环节有三个财经公关对象，第一个是信贷管理部门，第二个是风险管理部门，第三个就是分管的行长。

（1）银行信贷管理部门。企业要发展，银行是一个很重要的资源库，企业必须面对银行的一些职能部门，比如信贷管理部门，这是企业领导必须要去拜访的部门。

（2）银行风险管理部门。银行内部有一个风险控制系统，它负责对放贷的项目

进行评级审核。跟企业签 100 亿元的授信，还是签 50 亿元的授信，其中有多少是商业票据，有多少是现金，有多少是营运资金，风险部门都要出具意见。所以，银行的风险部门企业也要去沟通。

（3）分管领导。企业领导要跟分管的行长见面沟通。

13.5.2　信用担保与授信流程

信用担保是指企业在向银行融通资金过程中，根据合同约定，由依法设立的担保机构以保证的方式为债务人提供担保，在债务人不能依约履行债务时，由担保机构承担合同约定的偿还责任，从而保障银行债权实现的一种金融支持方式。信用担保的本质是保障和提升价值实现的人格化的社会物质关系。信用担保属于第三方担保，其基本功能是保障债权实现、促进资金融通和其他生产要素的流通。

信用担保在很多国内大企业中普遍流行，只要这个企业有产品市场，有市场份额，产品的后劲也比较足，就不怕担保。还有一些企业国际化做得比较好，这时，它原有的资本金不足，固定资产有限，而且按照银行的规定，抵押的资产不能重复抵押，这时就可以靠信用。

商业银行企业项目授信的简易流程如图 13-1 所示。

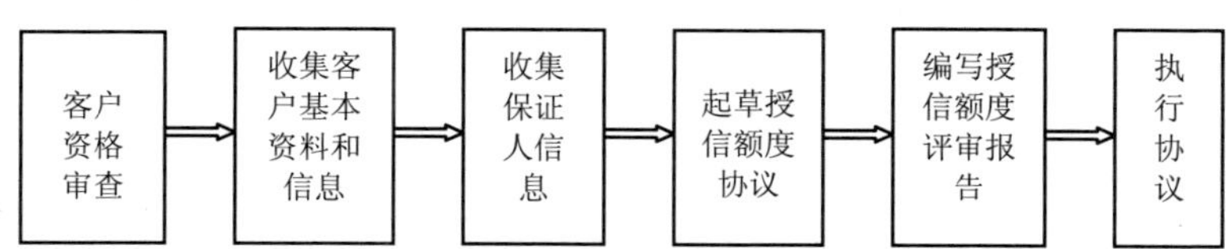

图 13-1　商业银行企业项目授信的简易流程

1. 业务发起阶段

银行业务部门的客户经理接受客户授信额度申请，开展资信调查。在此阶段，公司业务部门将执行以下程序。

（1）按照银行客户评级及准入标准进行客户资格审查。

（2）收集客户基本资料和信息，包括关于授信额度报批的请示、办理年检手续的营业执照、贷款证、近三年的财务报表。

（3）收集保证人的营业执照、近三年的财务报表、抵押（质押）物的清单、价值评估文件、物权权属证明文件、上报单位对抵押（质押）物的核查报告。

（4）起草授信额度协议。如借款人（或保证人、抵押人、质押人）为外商投资企业或股份制企业，应出具含相关内容的董事会决议（由法定人数董事会成员签名）和授权书。

（5）编写授信额度评审报告。

2. 执行协议阶段

授信额度评审报告经风险管理部门批准后，授信额度进入执行阶段。

13.5.3 授信沟通

资产的抵押、企业领导和银行最高领导的沟通、财务团队理性化解风险的推介，这三点奠定了企业与商业银行沟通的基调。

（1）信用担保的沟通。企业能否贷到“信用担保”，取决于企业的市场口碑、与政府的关系和在行业中的地位。很多企业贷不到“信用担保”，这里面存在较多的沟通问题，当然，企业的实力也很重要。

（2）企业领导和分管的行长沟通。企业团队与银行信贷部门、风险部门反复沟通大体有一个框架后，企业领导必须去跟分管的行长或副行长沟通。企业领导沟通的重点包括企业降低风险的计划，以及拿到这个“信用担保”后，企业怎样降低风险、理财的团队怎样、什么时候还款、整个产品的上市周期有多长。

（3）企业高级管理人员对银行授信使用水平的沟通。当银行风险部门出具信用等级后，企业的财务高级管理人员对银行授信的使用水平及还款计划的例行介绍是必不可少的。负责财务的高级管理人员必须带一个团队去银行跟他们专门讲解授信后的安排，讲解如何保证还款计划可以实现。这是负责财务的高级管理人员必须要做的。

13.5.4 媒体及财务沟通

媒体在企业资本项目中是一个很重要的角色。媒体通常包括专业媒体和大众媒体，下面简单介绍一下。

（1）政府权威信息发布媒体。比如，中央电视台的《新闻联播》发布国家管理层的一些重大信息，《人民日报》负责发布国家重大的政策性的导向，新华社播发重大的国家政治、经济信息等。作为企业财经公关的高级管理人员，一定要关注这些重要媒体的消息。

（2）行业公认的权威信息发布媒体。比如，新三板挂牌企业或上市公司离不开的《中国证券报》和《上海证券报》，以及全国股转系统官网、上海证券交易所官网和深证证券交易所官网。这些载体发布的企业信息比较有权威性，公众也很认可。

（3）公众及投资者认可的信息发布新媒体。随着互联网、新经济的出现，更多的资讯是通过互联网向全球播报的，公众与投资者认可的一些新信息的发布平台，如财经资讯互联网方面，有网易、新浪、财经博客；博客、微博、微信这些形式现在也更多地被公众、投资者所认可。一些新经济人士通过这种网络的方式来获得新三板挂牌企业或沪深上市公司及投资者的一些信息。

因此，企业财经公关人员或高级管理人员要熟悉通过哪些媒体可以获得资讯，获得企业未来从事资本活动有用的媒体知识。

14

第 14 章

财经公关涉及的 20 类资本项目略解

14.1　触发企业改制的3类资本项目

14.1.1　触发改制概述

对于新三板挂牌企业或沪深上市公司等企业来说，资本项目运作起来都很复杂，就以所涉项目触发控股权为例，股权一变动，就涉及到准备材料、评估、资产交易等，还涉及诸如土地、资产、股东变更等很多批文；又如划拨土地，之前政府没有收钱，那么企业在做股份制改造的时候，这些都要明码标价，标价必须要相关的机构来配合、遵循市场与各种因素，企业自己不能单独做，涉及到国有资产的，要国有资产部门的参与，涉及到监管的，要监管机构出具意见。凡此种种，都要完善手续，否则工商执照就办不下来。

这些资本项目，每个流程、每个环节都需要财经公关，相关的沟通企业需要高度重视，一定要从领导开始，充分投入。本章将企业常见的资本项目进行归纳，主要涉及改制、并购、融资、重组等内容。这些资本项目流程与环节中的财经公关的具体操作与实务已经分别在其他相关章节做了比较详细的解读，这里只将这些资本项目本身进行必要的诠释与解读。

企业改制过程中的资本项目这里主要谈三种，即管理层收购、引入战略投资者和国资推出或减持（如有），重点讲解前两种。

14.1.2　管理层收购

管理层收购（Management Buy-Outs，即 MBO）是指公司的经理层利用借贷所融资本或股权交易收购本公司的一种行为，从而引起公司所有权、控制权、剩余索取权、资产等变化，以改变公司所有制结构，实现管理者以所有者和经营者合一的身份主导重组公司，进而获得产权预期收益的一种收购行为。管理层收购可以激励内部人员的积极性、降低代理成本、改善企业经营状况。

MBO 作为一种崭新的并购技术，并非适用于所有的企业类型。在实际应用中，企业需要综合考虑自身的行业属性、历史沿革、发展现状和市场前景等因素，全面评估收购的可行性，以保证收购的顺利进行和收购后企业的成功运作。成功实施 MBO 的企业具有的特征如表 14-1 所示。

表 14-1　成功实施 MBO 的企业主要具备的特征

1	竞争性行业	对于具有垄断性和资源性的行业，如能源、交通、电气等这些关系国计民生、关系着一个地区乃至国家的经济命脉的行业，并不适用 MBO。相对的，竞争性行业，如教育、医疗、商业、保险等行业更适用于 MBO 的应用，这样更有利于企业成本降低、市场反应与决策速度加快，在激烈的市场竞争中脱颖而出
2	大股东支持	管理层收购所服务的企业，大股东的支持成为 MBO 成功运作的前提，尤其涉及收购国有股份时，这种支持更显关键。相对的，若管理层的收购行为未获支持，将直接增加收购的成本，延缓收购进程
3	管理层对企业发展做出贡献	在 MBO 实践中，很少有管理层与第三方竞价收购的现象，这大多是因为出让方已与管理层在事前达成默契，而这种默契的基础是管理层多年来为企业的发展做出了巨大贡献。为保证企业经营的连续和稳定，在股权出让时优先考虑管理层作为受让方，而且在转让价格上也或多或少地体现了对管理层既往业绩与贡献的承认
4	经营现金流稳定	MBO 作为一类杠杆收购，意味着管理层需要依靠借贷手段筹措收购所需的绝大部分资金，也就意味着 MBO 之后的较长时间内，管理层需要承担较大的还本付息的压力。这就要求 MBO 的标的企业或管理层能够掌控其他经济资源，在整个还本付息期间提供相对稳定的现金流量，以保证收购资金的顺利偿付

另外，企业在进行 MBO 时还需要考虑未来几年的资本支出压力、财务杠杆的运作空间，以及管理效率进一步提升的可能性。综合各方面因素后，企业设计出 MBO 实施方案，其中个性化方案与实施环节的细化对 MBO 的成功更关键。

【案例】新三板挂牌企业帝联科技 MBO 案例

上海帝联信息科技股份有限公司（简称“帝联科技”）在 2012 年 12 月实施管理层收购（MBO）。北京电信通将其持有的帝联科技 1800 万股股份全部转让给峰捷科技，帝联科技实际控制人由杨学平、陈玉茹变更为康凯。变更前，康凯为帝联科技的总经理，变更后职位未变。变更后，帝联科技实现管理层与所有者的统一，产生了良好的激励效果。

MBO 完成后，帝联科技管理层在 2013 年年底制定了公司发展规划：以 CDN 全内容加速产品为帝联的拳头产品，持续扩大其业务规模，2014 年及未来多年内企业的发展方向加大 CDN 技术服务收入比重。

由于 CDN 行业扩张迅速，公司规模进一步扩大，公司营业收入在 2013 年和 2014 年分别增长 18.83%和 12.89%。营业利润和净利润在 2013 年分别增长 205.10%和 567.75%，在 2014 年分别增长 130.91%和 97.19%。可以看出，经过这次 MBO 后，帝联科技加快发展，其经营状况大大改善。

在本次案例中，康凯虽然并非大股东，但他通过 MBO 取得了公司的控制权进而实现管理者和所有者的统一。而对于作为管理者的大股东而言，也可以通过 MBO 进一步提高自己的控股股份，掌控公司的控股权，从而实现管理者和所有者的统一。

14.1.3 引入战略投资者

战略投资者是指具有资金、技术、管理、市场、人才优势，能够促进产业结构升级，增强企业核心竞争力和创新能力，拓展企业产品市场占有率，致力于长期投资合作，谋求获得长期利益回报和企业可持续发展的境内外大企业、大集团。

企业重组以后必须引入一些战略投资者。战略投资者有的是内资的，有的是外资的。投资者看中的是企业未来的发展方向和利润收益。一个企业如果发展前景较好，团队和领导的专业水平俱佳，就会吸引一些战略投资者。

战略投资者通过注入雄厚资金带来现代化的管理方式，促使某个行业或产业的总体运行产生质的飞跃。战略投资者更致力于通过产业整合的手段，改善产业结构，增强产业的竞争力，以获取长期的利益回报和企业的可持续发展。

【案例】麒润文化（831680）通过发行引入战略投资者

上海麒润文化传播股份有限公司成立于 2004 年 12 月 10 日，公司设立时的注册资本为 200 万元。麒润有限整体变更为股份公司经上海市工商行政管理局核准，公司取得上海市工商行政管理局于 2014 年 7 月 31 日颁发的注册号为 310114001195716 的《营业执照》，公司的股份结构如下：

2015 年 1 月 15 日，麒润文化在新三板挂牌。挂牌时公司的实际控制人为何天华、王璇夫妇。何天华持有公司 300 万股的股份、占公司股份总数的 50%，王璇持有公司 15 万股的股份、占公司股份总数的 2.5%，何天华夫妇共计持有公司 52.5% 的股份。4 月 10 日，公司公告《2015 年度第一次股票发行方案》。根据方案，公司拟通过本次股票发行引入战略投资者，而本次股票发行只针对 1 名新增的自然人投资者黄炬培，其拟以现金认购 1000 万股。本次发行价格为每股人民币 3.24 元，融资额共计 3240 万元。黄炬培与麒润文化及其主要股东之间不存在关联关系。黄炬培对此出具了书面承诺。4 月 15 日，公司控股股东及实际控制人何天华因个人资金周转需要与公司第二大股东上海大磐投资管理有限公司（以下简称“大磐投资”）签署股权转让协议书，根据协议安排，何天华将通过协议转让的方式向大磐投资转让其持有的麒润文化 200 万股股份（占协议签署时公司股份总数的 30%）。

股份转让款分两期支付：自协议签署之日起三个工作日内，大磐投资向何天华支付首期股份转让款 428 万元；2015 年 4 月 30 日前，大磐投资向何天华支付剩余股份转让款 428 万元。

自协议签署之日起七个工作日内，何天华辞去公司董事长、总经理、法定代表人职务，并向中证登办理本次转让所涉及的公司 200 万股股份质押登记，作为何天华履行协议之担保。自何天华辞去公司董事长、总经理职务届满 6 个月之日起五个工作日内，何天华将其所持公司 100 万股股份（占协议签署时公司股份总数的 15%）转让给大磐投资，并向中证登办理相关股份质押解除及股份转让变更登记。

自公司在全国股份转让系统挂牌满一年（2016 年 1 月 14 日）后五个工作日内，何天华将其所持公司 100 万股（占协议签署时公司股份总数的 15%）股份转让给大磐投资，并向中证登办理相关股份质押解除及股份转让变更登记。

另外，有些企业原来是国资控股，现在国资要退出，或者要减持股份，这都属于改制。

14.1.4 谨慎面对战略投资者

引入战略投资者涉及资产出让时，一开始管理层就应该把事情考虑清楚，免得以后产生矛盾。这一点，据资料显示，印度企业是在全球做得较好的，他们的法律文本厚达上百页，把很多细节都写进去。我国的企业还习惯于那种比较粗放型的契约，或者靠诚信、靠人格、靠操守去遵守，但这些东西跟契约并不是一回事，比如 2008 年娃哈哈集团与达能公司合作与分离这个事件，就反映了我国企业在粗放型经营当中遇到的问题，说明我国企业本身法制意识淡薄，所以提醒更多的企业从一开始就要注重合约精神。

【案例】战略合作引入的失败

2008 年达能与哇哈哈事件闹得沸沸扬扬，原因是法国达能公司欲强行以 40 亿元人民币的低价并购杭州娃哈哈集团有限公司总资产达 56 亿元、2006 年利润达 10.4 亿元的其他非合资公司 51%的股权。宗庆后为此忧心忡忡，因为收购一旦实现，中方将丧失对娃哈哈的绝对控股权。宗庆后在这场“娃哈哈保卫战”中一直执着坚持的中方主动权将化为泡影。

1996 年，娃哈哈集团与法国达能公司、香港百富勤公司共同出资建立了 5 家公司，生产以“娃哈哈”为商标的包括纯净水、八宝粥等在内的产品。当时，娃哈哈持股 49%，达能与百富勤合占 51%。亚洲金融风暴之后，香港百富勤将股权卖给达能，使达能跃升到 51%的控股地位。当时，达能在提出将“娃哈哈”商标权转让给与其合资公司未果后，双方改签了一份商标使用合同。其中一款称“中方将来可以使用（娃哈哈）商标在其他产品的生产和销售上，而这些产品项目已提交给娃哈哈与其合营企业的董事会进行考虑”，即“提交合资公司董事会考虑”是中方使用娃哈哈商标的前提。也正是这个条款，引发了 2008 年的强行收购风波。

当年娃哈哈品牌在创立初期，需要太多的管理理念，也需要一些境外的资本，所以把一部分股份卖给了达能。这实际上跟中国很多企业做法很相似，企业一般在初期时，无论是管理、经验还是资金都不足，在市场上要杀出一条血路很不容易，由于一方掌握了本土的资源，另一方有外资的管理和市场营销的模式，所以当时双方的结合很好。但是现在，当年的一些契约已经约束不了企业了，企业走不下去了，只能分道扬镳，要么进行新的合作。

14.2　企业并购事件中的5类资本项目

并购是兼并和收购的合称。一般来说，兼并是指一家企业以现金、证券或其他形式购买取得其他企业的产权，使其他企业丧失法人资格或改变法人实体，并取得对这些企业决策控制权的经济行为。而收购通常来说是指企业用现金、债券或股票购买或用其他形式购买另一家企业的部分或全部资产或股权，以获得该企业的控制权。在兼并过程中，兼并双方最后合为一体，或是其中一家企业吸收别的企业后自己存留或是共同注销另新生一家企业；而收购一般只是为了取得目标公司的控制权，不会导致对方法人资格的注销。

兼并与收购的比较如表 14-2 所示。本节主要以新三板为例来阐述诸多概念。

表 14-2　兼并与收购的比较

相同点	一是基本动因相似，都是增强企业实力的外部扩张策略或途径；二是都以企业产权为交易对象，都是企业资本经营的基本方式
不同点	一是兼并中被合并企业作为法人实体不复存在，而收购中被收购企业可仍以法人实体存在，其产权可以是部分转让；二是兼并后，兼并企业成为被兼并企业新的所有者和债权债务的承担者，是资产、债权、债务的同时转换，而在收购中，收购企业是被收购企业的新股东，以收购出资的股本为限承担被收购企业的风险；三是兼并多发生在被兼并企业财务状况不佳、生产经营停滞或半停滞之时，兼并后一般需调整其生产经营、重新组合其资产，而收购一般发生在企业正常生产经营状态下，产权流动比较平和

14.2.1　上市公司收购挂牌企业

新三板挂牌公司可以被沪深上市公司等战略投资者收购，顺利完成产业资本和金融资本的退出，实现股东的财富效应。

【案例】雷科防务（002413）收购奇维科技（430608）

2016 年 5 月 24 日，新三板公司奇维科技（430608）因被上市公司雷科防务（002413）以 8.95 亿元的价格收购 100%股权，从新三板退市。

2015 年 11 月，奇维科技与雷科防务签订《发行股份及支付现金购买资产框架协议》，雷科防务拟向奇维科技全体股东发行股份及支付现金购买奇维科技 100%的股权，交易价格为 8.95 亿元。同月，奇维科技宣布筹划重大事项停牌。

为配合完成雷科防务购买公司 100%股权的交易，奇维科技 2016 年 2 月 25 日股东大会决议向股转系统提出终止挂牌申请。5 月 20 日，公司终止挂牌事项获得股转系统同意。

资料显示，奇维科技是一家民营军工企业，公司旗下电子信息产品主要应用于国防军工领域。雷科防务主要从事冰箱、空调用蒸发器等产品的生产销售，2014 年开始跨界布局军工电子信息、导航雷达等军工领域。奇维科技 2015 年、2014 年营业收入分别为 7467.7 万元、5470.27 万元，净利润分别为 1358.34 万元、585.32 万元。

14.2.2 纵向并购

纵向并购是指生产过程或经营环节相互衔接、密切联系的企业之间，或者具有纵向协作关系的专业化企业之间的并购。纵向并购的企业之间不是直接的竞争关系，而是供应商和需求商之间的关系。此类并购的优点是拉长产业链，降低关联采购成本，或通过市场交易行为内部化，有助于减少市场风险，节省交易费用，同时易于设置进入壁垒。此类并购的缺点是企业生存发展受市场因素影响较大，容易导致“小而全、大而全”的重复建设。纵向并购理论的核心问题是资产设备的特定性，即企业某个资产对市场的依赖程度。

资产有以下三种特性：

（1）资产本身的特定性，如特殊设计只能加工某种原料的设备；

（2）资产选址的特定性，为节省运输费用，设备一般坐落在原料附近，一旦建成，移动的费用就会很高；

（3）人力资产的特定性，对于一家企业来说，它的雇员就是它的资产。如果工作的性质只需要低技术劳动，无需专门训练，那么这些人力资产就无特定性而言。但如果一个雇员在这个企业工作，积累了对企业运行的丰富经验，那么这个人力资产的特定性就很高。

上述三种资产特定性的任何一种都能促使企业进行纵向并购。

【案例】南瓷股份（835332）纵向并购

2016 年 2 月 4 日南瓷股份公告称，公司拟出资 2700 万元收购江苏优拿大环保科技有限公司 100%股权，收购完成后，江苏优拿大环保科技有限公司成为公司的全资子公司。标的公司主营船舶尾气处理装置的研发、销售及技术服务。

本次收购基于公司业务发展需要，在现有业务的基础上进行垂直产业链整合并积极开展新业务，提升公司经营实力的同时为公司扩大经营战略布局。标的公司对公司拓宽业务能力、对公司业绩增长和战略布局都带来积极的正面影响。

14.2.3　横向并购

横向并购对企业发展的价值在于弥补了企业资产配置的不足，由于规模效应而使生产成本降低，提高了市场份额，从而大大增强了企业的竞争力和盈利能力。这种并购方式的优点是企业可以获取自己不具备的优势资产，削减成本，扩大市场份额，是进入新的市场领域的一种快捷方式。横向并购可以发挥经营管理上的协同效应，便于在更大的范围内进行专业分工，采用先进的技术，形成集约化经营，产生规模效益。其缺点是容易破坏自由竞争，形成高度垄断的局面。近年来，由于全球性的行业重组浪潮，结合我国各行业实际发展需要，加上我国国家政策及法律对横向重组的一定支持，行业横向并购的发展十分迅速。

横向兼并对行业结构的影响主要表现在以下三个方面。

（1）减少竞争者的数量，改善行业结构。当行业竞争者数量较多而且处于势均力敌的情况下时，行业内所有企业由于激烈的竞争，只能保持最低的利润水平。通过兼并，可以使行业相对集中，行业由一家或几家控制时，能有效地降低竞争激烈程度，使行业内所有企业保持较高利润率。

（2）解决了行业整体生产能力扩大速度和市场扩大速度不一致的矛盾。在规模经济支配下，企业不得不大量增加生产能力才能提高生产率，这种生产能力的增加和市场需要及其增长的速度往往是不一致的，从而破坏供求平衡关系，使行业面临生产能力过剩和价格战的危险。通过兼并，可将行业内的生产能力相对集中，企业既能实现规模经济的要求，又能避免生产能力的盲目增加。

（3）兼并降低了行业的退出障碍。某些行业的资产具有高度的专业性，并且固定资产占较大比例，使这些行业中的企业很难退出这个经营领域，只能顽强地维持下去，致使行业内过剩的生产能力无法减少，整个行业平均利润保持在较低的水平。通过兼并和被兼并，行业可以调整其内部结构，将低效和老化的生产设备淘汰，解决退出障碍过高的问题，达到稳定供求关系、稳定价格的目的。

【案例】百合网（834214）并购世纪佳缘

2016 年 2 月 7 日晚间，新三板挂牌企业百合网（834214）发布公告，宣布将以 2.4 亿美元至 2.5 亿美元的价格收购世纪佳缘发行在外的全部 ADS 和普通股，收购完成后世纪佳缘将实现私有化并从美国纳斯达克退市。

2011 年 5 月 11 日，登陆美国纳斯达克全球精选市场的世纪佳缘被称为此前中概股退市回国潮的排头兵，作为世纪佳缘股东的恒润投资对外透露宣称，世纪佳缘自 2015 年 3 月起便收到多个投标公司的私有化邀约，但因为价格等方面未达成一致，世纪佳缘的私有化进程一直停滞不前。

作为国内两家领先的婚恋网站，百合网（834214）与世纪佳缘主营业务均为 O2O 的婚恋交友平台，竞争一直处于白热化状态。数据显示，2015 年互联网婚恋交友服务提供商收入规模排名中，世纪佳缘、百合网（834214）、友缘股份、珍爱网几家企业的市场份额分别是 27.6%、15.3%、14.9%和 14.2%。因此，此次两个巨头合并被业内认为或将带来整个互联网婚恋市场格局的大洗牌。

此前在百合网（834214）的公开转让说明书中，将近三年的负利润让不少人质疑百合网（834214）未来的发展前景，业内人士却看好百合网（834214）未来在行业内一系列的规划布局，此次并购世纪佳缘，或将为企业带来“相互吸收长处、整合资源、提高效率”的新局面。

14.2.4　混合并购重组

混合并购是指一家企业对那些与自己生产的产品不同性质和种类的企业进行的并购行为，其中目标公司与并购企业既不是同一行业，又没有纵向关系。也就是说，并购企业与被并购企业分别处于不同的产业部门、不同的市场，且这些产业部门的产品没有密切的替代关系，并购双方企业也没有显著的投入产出关系。

通过混合并购，一家企业可以不在某一个产品或服务的生产上实行专业化，而是可以生产一系列不同的产品和服务，从而实现多元化经营战略。所以，混合并购往往会导致多元化经营。多元化经营指的是一家企业同时介入基本互不关联的产业部门，生产经营若干类互无关联的产品，在若干个基本互无关联的市场上与相应的专业化对手展开竞争。

混合并购的作用有以下几点：

（1）有助于降低经营风险；

（2）可以降低企业进入新的经营领域的困难；

（3）增加了进入新行业的成功率；

（4）有助于企业实行战略转移；

（5）有助于企业实现其技术战略。

【案例】朗顿教育（831505）混合并购两家公司

2015 年 6 月 13 日，新三板挂牌企业朗顿教育公告称，拟以 7500 万元收购尊天文化 100%股权和费伦基石 100%股权，收购后上海尊天文化传播有限公司和费伦基石企业发展有限公司将成为朗顿教育的全资子公司，支付对价方式为现金。

意义：朗顿教育在国际财务管理师方面处于领先地位，其在新三板的教育行业业绩也名列前茅，2015 年以来，新三板教育行业共发生 5 起并购事件，涉及金额累计 2.34 亿元，而朗顿教育一口气并购尊天文化和费伦基石，全面铺路教育行业的上下游。

前景：朗顿教育主要从事财务管理师有关培训和考试工作，而此次收购尊天文化和费伦基石，有利于整合上游资源和扩大市场规模，因为尊天文化和费伦基石在财务管理的教育方面各有不同的优势。费伦基石旗下的全资子公司华夏基石为国际财务管理协会中国总部、国际商业美术设计师协会中国总部，尊天文化具有华东地区国际财务管理师（IFM）项目及华东地区国际商业美术师（ICAD）项目的独家授权。这些优势都是朗顿教育收购两家公司的主要目的，所以收购后朗顿教育的利润和市场规模将进一步扩大，加快整合行业的优质资源。

14.2.5 借壳并购

借壳并购是指借新三板挂牌企业的“壳”进行并购重组或置入资产实现资源重组（某些间接实现挂牌）或间接上市。前者新三板挂牌借壳案例较多。后者如 2015 年在新三板挂牌的九鼎投资通过收购上交所的上市公司中江地（600053）的母公司，从而间接控股上市公司，后经过资产置入形式被植入资产成功实现借壳上市的目的。

【案例】莱富特佰（430081）或成借壳并购

2015 年 6 月 10 日莱富特佰（430081）公司发布《收购报告书》，称合力财富（收购人，莱富特佰第三大股东；其实际控制人燕宁持有其 97.42%的出资额）与百度网讯于 2015 年 6 月 8 日签署了《股份转让协议》，约定百度网讯将其持有莱富特佰 51%的股份，合计 1020 万股转让给合力财富。股权转让价为 2.5 元/股（总价为人民币 2550 万元）。合力财富收购资金来源于其自有资金及实际控制人燕宁借款。本次股权转让后，合力财富持有公司 61.4%的股份，公司控制股东由百度网讯变更为合力财富。合力财富的实际控制人为燕宁，持有合力财富 97.42%的出资额，担任合力财富的执行事务合伙人。公司的实际控制人变更为燕宁女士。

莱富特佰公司成立于 2007 年 11 月，于 2011 年 3 月在新三板挂牌，旗下拥有汽车垂直类网站——汽车点评网，主要提供汽车资讯服务。依据莱富特佰 2014 年年度报告，百度网讯持股数量为 10 200 000 股，持股比例为 51%，为公司控股股东，自然人李彦宏持有百度网讯 99.5%的股份，为莱富特佰公司实际控制人。合力财富（有限合伙）持股数量为 2 080 000 股，持股比例为 10.4%。

2015 年 8 月 7 日，莱富特佰公布《股票发行方案》。根据方案，本次股票发行募集资金主要用于补充公司流动资金。本次股票的发行对象为五八有限公司，认购股数为 4666.6667 万股，发行价格为 2.14285713 元/股，认购金额为 1 亿元。本次发行完成后，公司的股本变为 6666.6667 万股，其中五八有限持有公司的股份比例为 70%，成为公司的控股股东，能够实际控制公司。据五八有限及其关联公司的基本情况显示，五八有限的控股股东五八信息运营的 58 同城新车业务与公司业务存在一定程度的同业竞争。方案称，五八信息将根据未来实际情况，适时解决同业竞争的问题。

新三板挂牌企业或沪深上市公司等企业的海外并购，可以划归到上述四种主要模式之中。

14.3 企业融资事件中的6类资本项目

14.3.1 融资概念及类别

1. 企业融资的原因

企业融资是指由现有企业筹集资金并完成项目的投资建设及保证企业日常或升级经营持续运行。融资是企业财务活动的起点，筹集生产经营或项目建设所需资金，为企业的生存、发展、盈利创造条件。企业在融资的前后都不出现新的独立法人。从广义上讲，融资也就是货币资金的融通，是当事人通过各种方式到金融市场上筹措或贷放资金的行为。而从狭义上讲，融资即是一个企业的资金筹集的行为与过程，也就是公司根据自身的生产经营状况、资金拥有的状况，以及公司未来经营发展的需要，通过科学的预测和决策，采用一定的方式，从一定的渠道向公司的投资者和债权人筹集资金，组织资金的供应，以保证公司正常生产需要、经营管理活动需要的理财行为。

一般而言，企业融资的原因有以下几点：

（1）为设立、创建公司而筹集资本金；

（2）满足公司发展，诸如扩大生产经营规模、更新设备和进行技术改造、合理调整企业的生产经营结构、不断提高各种人员的素质等需要；

（3）公司偿还债务，企业为获取杠杆收益往往进行负债经营，以满足偿还到期债务的需要；

（4）调整公司各种资本的构成及其比例关系等资本结构，这些不同比例的机构是由公司采用各种筹资方式及其不同的组合而形成的；

（5）适应外部环境变化，外部环境对公司筹集资金有着重要的影响，外部环境的每一个变化都会影响公司的生产和经营，进而影响筹资及活动。

2. 融资类别

企业融资按照有无金融中介分为两种方式：直接融资和间接融资。

直接融资是指不经过任何金融中介机构，而由资金短缺的单位直接与资金盈余的单位协商进行借贷，或通过有价证券及合资等方式进行的资金融通，如企业债券、股票、合资合作经营、企业内部融资等。间接融资是指通过金融机构为媒介进行的融资活动，如银行信贷、非银行金融机构信贷、委托贷款、融资租赁、项目融资贷款等。直接融资方式的优点是资金流动比较迅速，成本低，受法律限制少。直接融资方式的缺点是对交易双方筹资与投资技能要求高，而且有的要求双方会面才能成交。

相对于直接融资，间接融资则通过金融中介机构，可以充分利用规模经济，降低成本，分散风险，实现多元化负债。但直接融资又是发展现代化大企业、筹措资金必不可少的手段，故两种融资方式不能偏废。

3. 融资方式

企业的融资方式分为股权融资和债务融资，下面分别介绍。

（1）股权融资。

股权融资是指资金不通过金融中介机构，借助股票这个载体直接从资金盈余部门流向资金短缺部门，资金供给者作为所有者享有对企业控制权的融资方式。它具有长期性、不可逆性、无负担性等特征。

（2）债务融资。

债务融资是指企业通过举债筹措资金，资金供给者作为债权人享有到期收回本金的融资方式。相对于股权融资，它具有短期性、可逆性、负担性等特征。

14.3.2　股票发行上市（IPO）

这个主要是针对沪深 A 股拟上市公司来说的，这里列出来讲述，一是因为未来新三板一些公司会涉及转板事宜；二是上市公司 IPO 与企业新三板挂牌同时定向增发（业界有“小 IPO”之称）很相似，只是新三板履行程序等相对简单些。

股票上市是指已经发行的股票经证券交易所批准后，在交易所公开挂牌交易的法律行为。股票上市是连接股票发行和股票交易的纽带。企业发行股票的直接目的是筹集资金。在我国，股票公开发行后即获得上市资格。

股票之所以要上市，是因为上市可以给公司带来如下好处。

（1）可以推动企业以市场为导向，建立完善、规范的经营管理机制，完善公司治理结构，不断提高运行质量。

（2）上市后股票价格的变动，形成对公司业绩的一种市场评价机制。那些业绩优良、成长性好的公司的股价一直保持在较高的水平上，使公司能以较低的成本筹集大量资本，进入资本快速、连续扩张的通道，不断扩大经营规模，进一步培育和发展公司的竞争优势和竞争实力，增强公司的发展潜力和发展后劲。

总之，股票上市，表明投资者对公司经营管理、发展前景等给予了积极的评价。同时，公司证券的交易等信息通过中介、媒介不断向社会发布，扩大了公司的知名度，提高了公司的市场地位和影响力，有助于公司树立产品品牌形象，扩大市场销售量，提高公司的业务扩张能力。

14.3.3　股票新三板挂牌

新三板即全国中小企业股份转让系统（简称“全国转让系统”），是继上海证券交易所、深圳证券交易所之后由国务院批准设立的第三家证券交易场所，是中国证监会统一监管下的全国性证券交易场所。新三板挂牌是指股票通过一定的程序登陆全国股转系统进行交易、转让等市场行为，其详细内容笔者已在《新三板资本裂变①：分层挂牌与借壳转板》、《新三板掘金 800 问》和《新三板实战 500 例》中详细解读，读者可参考，这里只简单回顾一下挂牌过程：

新三板挂牌需要的中介机构是证券公司、会计师事务所、律师事务所、评估公司，由主办券商牵头。券商、会计师、律师对企业进行初步尽职调查，看是否存在不符合挂牌条件的地方，符合后出具挂牌建议书。确立合作关系以后，中介机构就正式进场尽调，确立改制基准日，会计师出改制审计报告，评估公司出评估报告，公司由有限责任公司整体变更设立股份有限公司，然后券商出公开转让说明书、会计师出申报审计报告、律师出法律意见书，由券商负责向全国中小企业股份转让系统公司申报挂牌，股转公司会对材料进行审核，提出反馈意见，券商负责组织公司和其他中介机构对反馈意见进行回复，然后股转公司通过审核，就可以挂牌了。

14.3.4 定向增发

非公开发行即向特定投资者发行，也叫定向增发，实际上就是海外常见的私募，也就是把剩下没有转换成股票的资产变成股票。定向增发为上市（挂牌）公司输送资金，尽量减少小股民的投资风险。定向增发指向的是特定机构，其目的往往是为了引入该机构的特定能力，如管理、渠道等。定向增发的对象可以是老股东，也可以是新的投资者。总之，定向增发完成之后，公司的股权结构往往会发生较大变化，甚至发生控股权变更的情况。

定向增发是发行方和认购方协商的结果，认购人一般只限于少数有资金的机构或个人。定向增发极有可能给上市公司的业绩增长带来立竿见影的效果，有利于引进战略投资者，为公司的长期发展打下坚实的基础；定向增发也改变了以往增发或配股所带来的股价压力格局，这是因为定向增发有点类似于“私募”，不会增加对二级市场的资金需求，更不会改变二级市场存量资金格局。另外，因为定向增发的价格往往较二级市场价格有一定溢价，这也有利于增加二级市场投资者的持股信心。

新三板定向增发，又称新三板定向发行，是指申请挂牌公司、挂牌公司向特定对象发行股票的行为，其作为新三板股权融资的主要功能，对解决新三板挂牌企业发展过程中的资金瓶颈发挥了极为重要的作用。具体特点如表 14-3 所示。

表 14-3　新三板挂牌企业定向增发融资的特点

1	挂牌的同时可以进行定向发行	企业在申请新三板挂牌的同时可以进行定向融资。这个规定缩小了新三板与主板、创业板融资功能的差距；同时，由于增加了挂牌时的股份供给，可以解决未来做市商库存股份来源问题。当然，拟挂牌企业可以根据自身对资金的需求来决定是否进行股权融资，避免了股份大比例稀释的情况出现

续表

2	储价发行	储价发行是指一次核准、多次发行的再融资制度。该制度主要适用于定向增资需要经中国证监会核准的情形，可以减少行政审批次数，提高融资效率，赋予挂牌公司更大的自主发行融资权利。《非上市公众公司监督管理办法》第 41 条规定："公司申请定向发行股票，可申请一次核准，分期发行。自中国证监会予以核准之日起，公司应当在 3 个月内首期发行，剩余数量应当在 12 个月内发行完毕。超过核准文件限定的有效期未发行的，需重新经中国证监会核准后方可发行，首期发行数量应当不少于总发行数量的 50%，剩余各期发行的数量由公司自行确定，每期发行后 5 个工作日内将发行情况报中国证监会备案。"储价发行制度可在一次核准的情况下为挂牌公司一年内的融资留出空间
3	小额融资豁免	公众公司向特定对象发行股票后股东累计不超过 200 人的，或者公众公司在 12 个月内发行股票累计融资额低于公司净资产 20%的，豁免向中国证监会申请核准，但发行对象应当符合《非上市公众公司监督管理办法》第 36 条的规定，并在每次发行后 5 个工作日内将发行情况报中国证监会备案
4	定向增资无限售期要求	除非定向增发对象自愿做出关于股份限售方面的特别约定，否则新三板定向增发的股票无限售期要求，股东可随时转让。无限售期要求的股东不包括公司的董事、监事、高级管理人员所持新增股份，其所持新增股份应按照《公司法》第 142 条的规定进行限售：公司董事、监事、高级管理人员应当向公司申报所持有的本公司的股份及其变动情况，在任职期间每年转让的股份不得超过其所持有本公司股份总数的 25%；所持本公司股份子公司股票上市交易之日起一年内不得转让。上述人员离职后半年内，不得转让其所持有的本公司股份
5	定向增发对象	人数不得超过 35 人（根据 2015 年 11 月监管层文件精神，这个规定将被打破）

14.3.5　企业债券发行

企业债券通常又称为公司债券，是企业依照法定程序发行，约定在一定期限内还本付息的债券。公司债券的发行主体是股份公司，但也可以是非股份公司的企业发行债券。所以，一般归类时，公司债券和企业发行的债券合在一起，可直接成为公司（企业）债券。企业债券是公司依照法定程序发行、约定在一定期限还本付息的有价证券。

相对而言，发行债券所筹集的资金期限较长，资金使用自由而且购买债券的投资人无权干涉企业的经营决策，现有股东对公司的所有权不变，从这个角度看，发行债券在一定程度上弥补了股票筹资和向银行借款的不足。因此，发行债券是许多企业非常愿意选择的一种筹资方式。但是，债券筹资也有其不足之处，主要是由于公司债券投资的风险性较大，发行成本一般高于银行贷款，还本付息对公司构成较重的财务负担。

这里特别谈一谈中小企业私募债（适合新三板挂牌企业），其属于私募债的发行，不设行政许可，发行前由承销商将发行材料向证券交易所备案。中小企业私募债的投资者将实行严格的投资者适当性管理。在风险控制措施方面，将采取严格的市场约束，要求券商在承销过程中进行核查，发行人按照发行契约进行信息披露，承担相应的信息披露责任。同时，投资方和融资方在契约上比较灵活，可以自主协商条款，也可参照海外的经验，如采取提取一定资金作为偿债资金、限制分红等条款。券商在开展中小企业私募债时，首要工作是培养客户资源。

中小企业私募债的好处有如下几点：

（1）便捷高效；

（2）发行审核采取备案制，审批周期更快；

（3）资金用途相对灵活，期限较银行贷款长，一般为两年；

（4）综合融资成本比信托资金和民间借贷低，部分地区还能获得政策贴息。

14.3.6 增资扩股

增资扩股是指企业向社会募集股份、发行股票、新股东投资入股或原股东增加投资扩大股权，从而增加企业的资本金。增资扩股在新三板挂牌企业或沪深上市企业中是一种很普遍的资本运营活动。

股权重组一般不需要经清算程序，其债权、债务关系在股权重组后继续有效。对于有限责任公司来说，增资扩股一般指企业增加注册资本，增加的部分由新股东认购或新股东与老股东共同认购，企业的经济实力增强，并可以用增加的注册资本投资于必要的项目。

14.3.7 配股

配股是新三板挂牌公司或沪深上市公司根据公司发展需要，依照有关法律规定和相应的程序，向原股东进一步发行新股、筹集资金的行为。投资者在执行配股缴款前需清楚地了解上市公司发布的配股说明书。投资者在配股的股权登记日那天收市清算后仍持有该支股票，则自动享有配股权利，无需办理登记手续。中登公司（中国登记结算公司）会自动登记应有的所有登记在册的股东的配股权限。

挂牌或上市公司原股东享有配股优先权，可自由选择是否参与配股。若选择参与，则必须在上市公司发布配股公告中配股缴款期内参加配股，若过期不操作，即为放弃配股权利，不能补缴配股款参与配股。

14.4　企业重组事件中的6类资本项目

14.4.1　重组概念

资产重组是指企业改组时将原企业的资产和负债进行合理划分和结构调整，经过合并、分立等方式，将企业资产和组织重新组合和设置。狭义的资产重组仅指对企业的资产和负债的划分和重组，广义的资产重组还包括企业机构和人员的设置与重组、业务机构和管理体制的调整。目前所指的资产重组一般都是指广义的资产重组。

资产重组分为内部重组和外部重组。内部重组是指企业（或资产所有者）将其内部资产按优化组合的原则，进行的重新调整和配置，以期充分发挥现有资产的部分和整体效益，从而为经营者或所有者带来最大的经济效益。在这个重组过程中，仅是企业内部管理机制和资产配置发生变化，资产的所有权不发生转移，属于企业内部经营和管理行为，因此，不与他人产生任何法律关系上的权利义务关系。

外部重组是企业或企业之间通过资产的买卖（收购、兼并）、互换等形式，剥离不良资产、配置优良资产，使现有资产的效益得以充分发挥，从而获取最大的经济效益。这种形式的资产重组，企业买进或卖出部分资产，或者企业丧失独立主体资格，其实只是资产的所有权在不同的法律主体之间发生转移，因此，此种形式的资产转移的法律实质就是资产买卖。

资产重组是指企业资产的拥有者、控制者与企业外部的经济主体进行的对企业资产的分布状态进行重新组合、调整、配置的过程，或对设在企业资产上的权利进行重新配置的过程。具体可分为收购兼并、股权转让、资产剥离及所拥有股权的出售、资产置换和其他共五类。

14.4.2 收购兼并与股权转让

1. 收购兼并

在我国，收购兼并主要是指新三板挂牌公司或沪深上市公司收购其他企业股权或资产、兼并其他企业，或采取定向扩股合并其他企业，是挂牌或上市公司作为利益主体进行主动对外扩张的行为。

这与我国挂牌或上市公司的大宗股权转让概念不同。“股权转让”是在挂牌或上市公司的股东层面上完成的，而收购兼并则是在挂牌或上市公司的企业层面上进行的。兼并收购是我国挂牌或上市公司资产重组当中使用最广泛的一种重组方式。

2. 股权转让

股权转让是挂牌或上市公司资产重组的另一个重要方式。在我国，股权转让主要是指挂牌或上市公司的大宗股权转让，包括股权有偿转让、二级市场收购、行政无偿划拨和通过收购控股股东等形式。挂牌或上市公司大宗股权转让后一般出现公司股东甚至董事会和经理层的变动，从而引入新的管理方式，调整原有公司业务，实现公司经营管理及业务的升级。

14.4.3 剥离、出售与置换

1. 资产剥离及所拥有股权的出售

资产剥离及所拥有股权的出售是挂牌或上市公司资产重组的一个重要方式，主要是指挂牌或上市公司将其本身的一部分出售给目标公司而由此获得收益的行为。根据出售标的的差异，可划分为实物资产剥离和股权出售。资产剥离及所拥有股权的出售作为减少挂牌或上市公司经营负担、改变上市公司经营方向的有力措施，经常被加以使用。在我国挂牌或上市公司中，相当一部分企业上市初期改制不彻底，带有大量的非经营性资产，为以后的资产剥离活动埋下了伏笔。

2. 资产置换

资产置换是上市公司资产重组的一个重要方式。在我国，资产置换主要是指挂牌或上市公司控股股东以优质资产或现金置换挂牌或上市公司的存量呆滞资产，或以主营业务资产置换非主营业务资产等行为。资产置换被认为是各类资产重组方式当中效果最快、最明显的一种方式，经常被加以使用。挂牌或上市公司资产置换行为非常普遍。

14.4.4 其他

除了股权转让、兼并收购、资产置换、资产剥离等基本方式以外，根据资产重组的定义，我国还出现过以下几种重组方式：国有股回购、债务重组、托管、公司分拆、租赁等。

其中，值得一提的是“壳”重组和 MBO 不是单独的资产重组方式，因为这两种方式都是“股权转让”重组的一种结果。配股（包括实物配股）不是资产重组的一种方式，因为配股过程中，产权没有出现变化。虽然在增发股份的过程中产权发生了变化，但根据约定俗成，把增发股份当做一种融资行为，而不当做资产重组行为。挂牌或上市公司投资参股当中的新设投资属于挂牌或上市公司的投资行为，而对已有企业的投资参股则是“兼并收购”的一种。

从主导主体的角度来划分，在我国，资产重组也可分为以下三种方式。

（1）政府主导型。我国有很多政府主导型的重组。凡是关系到国计民生的或者由国家国资委管辖的大企业，都是政府亲自出面谈，包括投、融资的过程。比如，中国移动跟国外的一些资本联合，没有经过中央同意肯定是不行的。

（2）控股公司或支配股东主导型。在我国资本市场上市的公司中有很多大股东，或者叫第一大股东。大股东会提出要跟哪些产品结合，在技术上面有哪些支撑，跟市场上有发展前景的哪些企业融合。管理层要按着股东的意思去做，这叫控股或者支配股东主导型。这是目前企业做得比较多的一种，它完全是根据市场的方式和企业可持续发展的方式去重组。当然，这个控股公司如果是国有的，或者政府在里面是一股独大，当然要跟政府沟通。

（3）外部优势公司主导型。优势公司就是企业本身有一个很强的后台公司，这个后台公司在推动公司的发展。后台公司提出重组计划，企业就按照这个方式去做。对于国内企业来说，更多的是国有法人股的协议转让，这也是目前很多企业要做的方式。几年前很多企业没有搞股权分置，更多的是法人股、国有股。现在法人股、国有股很多都已经实现全流通，但是政府那块没有卖掉，所以只能游说政府同意按外方的意思，通过二级市场实施公司重组，引入新的管理理念，建立经济型公司的治理模式。所有的外方公司到中国来都希望通过交易来完成重组，如果不能到二级市场上去流通，外方是不乐意的，因为外方想通过自由市场来达到增值的目的，它们提供管理理念，提供好的产品和技术，提供好的市场，提供好的投资者关系，提供开放的公众信息，当然想让更多的投资者买入股票，让股价涨起来。

14.4.5 结构重组

结构重组是属于企业自己内部的行为，指的是重新设计调整组织、产品的结构或布局，如部门、分（子）公司的调整、合并或裁撤；根据市场做一些产品的调整和布局等，是对企业或集团内部架构的重新安排以适应公司新的战略需要。

资产重组的案例很多，这里列举一个新三板的机构重组案例。

【案例】拓展美国市场设立子孙公司的重组（永裕竹业 831996）

浙江永裕竹业股份有限公司（永裕竹业 831996）2016 年 1 月 21 日公告：公司于近日在美国华盛顿州设立了全资子公司 YOYU USA Inc.（“永裕美国公司”），注册地址为 4100 4th Avenue South，Seattle，WA 98134，注册资本为 180 万美元。公司尚未缴付上述出资。本公司拟通过 YOYU USA Inc 出资 180 万美元，美国合作伙伴 David Keegan 和 Hugh Gallagher 合计出资 20 万美元共同在美国华盛顿州西雅图成立有限责任公司（目前尚未签署正式的合营协议，孙公司基本情况仍无法确定，以最终注册登记为准）。

为在北美地区拓展新的销售渠道，扩大公司海外市场占有率，公司在美国华盛顿州设立了全资子公司。美国全资子公司 YOYU USA Inc.成立后，将与美国合作伙伴 David Keegan 和 Hugh Gallagher 共同出资在美国华盛顿州西雅图成立一家有限责任公司（“合营公司”），专门从事针对北美地区的竹地板产品销售。其中，永裕美国公司拟以现金出资 180 万美元，David Keegan 和 Hugh Gallagher 合计以现金出资 20 万美元。公司与 David Keegan 和 Hugh Gallagher 已签署了《合作条款清单》。本项目的合作，由公司提供产品的优势及资金的优势，美国合作伙伴 David Keegan 和

Hugh Gallagher 提供丰富销售经验及美国销售渠道的优势，以期共同做大北美市场。合营公司成立后，将以合计不超过 150 万美元的金额向注册于华盛顿州的 Aboeda，Inc.及其关联方 BambooHardwoods Co.，Ltd.收购其所拥有“BHW”品牌及相关知识产权和部分库存资产。

本次投资是从公司整体发展战略出发所做出的决策，设立全资子公司及合资孙公司可能存在一定的市场风险、经营风险和管理风险。公司将完善各项内控制度，明确经营策略和风险管理，组建良好的经营团队，以不断适应业务要求及市场变化，积极防范和应对上述风险。

第 15 章

15

新三板等企业路演概述、操作与注意等实务

15.1　新三板等企业资本运作项目路演概述

15.1.1　路演概念

1．概念

路演（road show），顾名思义，就是在马（大）路上进行的演示活动。早期华尔街股票经纪人在兜售手中的债券时，为了说服别人，总要站在街头宣传证券的升值空间并声嘶力竭的叫卖。后来，虽然有了交易大厅、有了先进的电子交易手段，但路演的习惯还是保留了下来，而且路演已经成为国际上广泛采用的股票发行推介方式。

所以，路演最初是指证券发行商通过投资银行家或者支付承诺商的帮助，在初级市场上发行证券前针对机构投资者进行的推介活动，是在投资、融资双方充分交流的条件下促进股票成功发行的重要推介、宣传手段，促进投资者与股票发行人之间的沟通和交流，以保证股票的顺利发行，并有助于提高股票潜在的价值。

后来，路演被广泛地运用于企业、组织的商业、公益等产品和项目的推介活动中，指在公共场所进行演说、演示产品、推介理念，以及向他人推广自己的公司、团体、产品、想法的一种方式。

不过，本书只谈与证券发行、企业融资等资本运营类的路演，不涉及商业或公益项目路演，对象主要针对的是新三板挂牌企业等公众公司或拟挂牌的中小微企业。

2. 投资人的寻找途径

依据信任距离的远近，通常将创业者（企业）寻找投资人的路径分成了 9 条（如图 15-1 所示）：

（1）志向相同的创业者（Founder）；

（2）父母及亲属（Family）；

（3）校友等朋友圈子（Friends）；

（4）熟人引荐；

（5）专业的第三方平台；

（6）线下活动；

（7）专场路演；

（8）网上公开的联系方式；

（9）投资人名录。

所以，路演是企业或创业者寻找投资人的路径之一，而且是很重要的途径。因为其他途径要么合适的投资人有限（甚至没有），要么就是效果不理想。

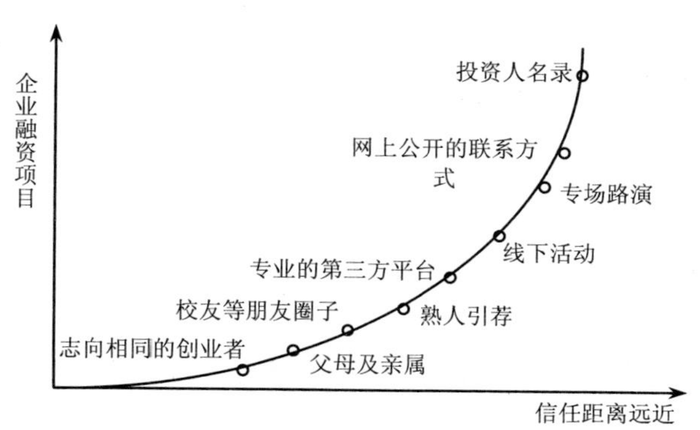

图 15-1　公众公司资本融资项目寻找投资人的信任度

15.1.2　路演的分类、形式与参与者

1. 分类

（1）从形式上来分，路演可分为线上项目路演和线下项目路演。线下项目路演主要通过活动专场对投资人进行面对面的演讲和交流；线上项目路演主要是通过在线视频、微信群或QQ群等互联网方式对项目进行演示和讲解。

（2）从区域上来分，可分为国内路演与海外路演。

2. 形式

路演的主要形式是举行推介会（有时含午餐酒会）。

在推介会上，公司向投资者就公司的业绩、产品、发展方向等进行详细介绍，充分阐述新三板挂牌企业或沪深上市公司的投资价值，让准投资者们深入了解具体情况，并回答机构投资者关心的问题。

随着网络技术的发展，这种传统的路演同时搬到了互联网上。线上路演现已成为新三板挂牌企业或沪深上市公司展示自我的重要平台和推广股票发行的重要方式。

3. 参与者

路演的参与者，公司一方为路演团队，投资者一方为受到邀请的机构投资者、分析师和基金管理人等，一般情况下媒体是被禁止参加的。

15.1.3　路演的目的与好处

1. 项目路演的目的

对于新三板挂牌企业等公众公司的股票发行项目来说，股票发行人和承销商要根据路演的情况来实现以下目的。

（1）企业管理层广泛接触投资者，可以介绍公司的投资亮点，以及业务、财务等方面的经营状况和未来的发展战略。

（2）查明投资者需求情况，由此决定发行量、发行价和发行时机，保证重点销售。

（3）使投资者了解发行人的情况，做出价格判断；利用销售计划，形成投资者之间的竞争，最大限度地提高价格评估。

（4）面对投资者对于风险、盈利的顾虑，管理层需要加以澄清，或提出具体措施以消除潜在的忧虑，为发行人与投资者保持关系打下基础。

2．项目路演的好处

（1）可以同时让多个投资人很认真地倾听企业的讲解和说明，同时还可以有一个思考和交流的过程，使投资者真正读懂企业，从而做出更准确的判断。通常情况下，投资家每天看到的计划书和接触的项目很多，甚至有的投资家一天阅读上百份项目计划书，所以筛选项目往往只能凭借一些市场份额、盈利水平等硬性指标，很难了解项目的精彩之处，很多优质的企业都是因此而与投资擦肩而过。

（2）路演就是可以让投资家在安静的环境里，在企业家声情并茂的展示下，真正读懂企业的项目，从而做出更准确的判断。特别对于一些技术性强的项目，更能减少出现投资家看不懂和不理解项目的弊端。企业可以通过自己的精辟讲解和投资家之间的交流，快速对接自己的项目，减少在融资路上走弯路。

15.1.4　路演的要求与条件

1．要求

（1）“路演”采取自愿报名、审核通过的机制。

（2）“路演”实现创业、股票发行等项目与投资者的零距离直面对话、平等交流、专业切磋，促进项目与投资者充分沟通和加深了解，最终推动融资进程。

（3）路演最好由 8～10 个项目和 8～10 个投资机构代表组成。确保每个项目都能进行较充分的展示，并与投资者进行深入的沟通。

（4）路演全程谢绝无关人员参观；

（5）路演主办方及所有参会人员均须承诺，除非得到本人许可，对项目商业秘密和路演个人资料进行严格保密，不能将项目路演的任何内容用于商业目的。

2．条件

（1）项目团队人数大于等于 2 人；

（2）项目成功运作 1 年以上；

（3）项目必须有内容可供演示；

（4）项目必须有完整的商业计划及其历史财务资料；

（5）项目必须拥有独特商业模式和商业价值；

（6）项目必须有明确的融资需求和融资标的范围。

15.2 新三板等企业路演的思路、准备工作与注意

15.2.1 思路概况

（1）企业是否需要融资。

（2）企业需要什么方式的融资，是股权、债权，天使、风投还是战略投资者？

（3）企业做好引进投资的准备了吗？主要涉及企业的发展阶段，是否做好了心理准备，是否做好了相应的技术、业务、管理、人才等方面的准备。

新三板挂牌企业等公众公司路演内容框架如图 15-2 所示。

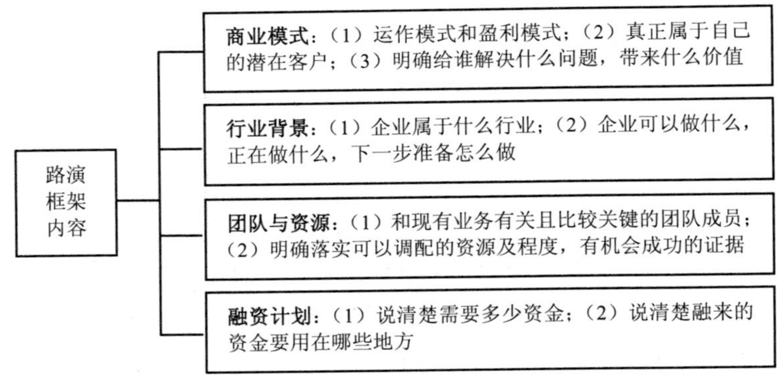

图 15-2 公众公司项目路演内容框架

15.2.2 行业背景与商业模式

1. 关于企业的商业模式

（1）最好一句话能说清楚：简单运作模式和盈利模式是怎样的。

（2）定位真正属于自己的潜在客户：现有或潜在的市场有多大、竞争对手都有谁、目标客户是谁等。

（3）明确给谁解决什么问题、带来什么价值。

2. 关于行业背景

（1）企业属于什么行业（国家政策及主流宣导几乎可以不讲）。

（2）企业可以做什么，核心竞争力在哪里，正在做什么，下一步准备怎么做。

15.2.3　团队资源与融资计划

1. 关于团队和资源

（1）和现有业务有关且比较关键的团队成员，有多少说多少；

（2）明确落实可以调配的资源及程度，有机会成功的证据，不是企业的资源或不确定的资源可以不讲。

2. 关于融资计划

（1）说清楚需要多少资金，越细越好。

（2）说清楚融来的资金要用在哪些地方，越细越好。

15.2.4　资料、服务与注意

路演所需的资料和服务内容（并非必须）如下：

（1）专业、精美的企业推介画册，中/英文（如需）；

（2）招股说明书，中/英文（如需）；

（3）研究报告（产品技术分析/市场分析/募集资金可行性分析报告）；

（4）项目公司文件封套，中/英文（如需）；

（5）幻灯片和幻灯彩册，中/英文（如需）；

（6）企业推广视频，中/英文（如需），礼品、文件礼品袋等。

（7）路演推介还将提供推介会、新闻发布会（如有必要）、酒会的场租（如有必要），会场布置及其所需器材、展板、图片、背景牌和横条、度牌、同声翻译器材等的租赁和制作，以及演讲者的名牌、名片、名套、胸花等。

这里需要强调如下三个方面的注意事项及问题。

1. 文件准备

主讲人是路演演讲的重中之重，需注意以下几点：

（1）幻灯片（中/英文）最好简短、清晰、准确，要经过律师审阅，不能有超出项目要求（如招股书）范围的内容；

（2）主讲人与辅讲人的讲解要分工明确，事先充分排练，遇到超出准备范围的问题，不要慌张，应随机应变、灵活机动。

（3）会议前主讲人（含辅讲人）应了解投资者的简要历史、规模、投资风格、持股比例，以及基金经理本人的一些背景情况（教育经历、职业经历、投资喜好）等，尽量减少主讲人（含辅讲人）走进会场时对未知的恐惧。必须注意细节，比如统一着装、不要有不雅的小动作（尤其是在大型午餐会、新闻发布会这样的场合），路演期间尽可能抓紧一切时间休息好。

2. 路演的时间选择

（1）时间安排要充分考虑公共假期、市场上其他竞争性项目的时间表、各金融中心城市同期是否有大型投资者会议，合理安排长途飞行在周末等，目的是尽可能地使投资者来参加会议。

（2）会议和小组会（包括但不限于一般的小组会、早餐会、午餐会）的比例合理。尤其是大型午餐会，如果场地太大而来者甚少，场面会很难看。

（3）确保投资者会见主讲人（含辅讲人）之前适当做功课，至少对行业情况、公司情况、项目情况有所了解。

3. 后勤安排

（1）确保机票、酒店、车辆的预订获得确认。预订的酒店尽量离会场近一些。

（2）会议绝对不可以迟到，如果遇到突发事件或者路上交通出了问题，应该立即和投资者沟通预计能到达的时间，不要让投资者坐等，迟到后要向投资者真诚地表达歉意。

（3）带足名片、相关宣传资料及必要的礼品、纪念品等会务用品。

【案例】新三板路演企业获认可，成功定增 1.12 亿元

据 2016 年 3 月 17 日全景网报道，新三板挂牌企业奥迪威（832491）于 2015 年 12 月 16 日举行了路演推介，2016 年 3 月 16 日，奥迪威对外公告称完成定增，时隔三个月，成功募集资金 1.12 亿元人民币。

奥迪威发布公告称，公司成功发行股票 800 万股，14 元/股，募集资金 1.12 亿元。其中有限售条件 112 500 股，无限售条件 7 887 500 股，无限售条件股份将于 2016 年 3 月 18 日在全国中小企业股份转让系统挂牌并公开转让。

2015 年 12 月 16 日，奥迪威董事长张曙光携众高管出席“XXX 新三板挂牌企业路演第 7 期国信专场”。路演当日，张曙光表示，公司已公告正式启动定增，本次募集资金主要为确保公司未来发展战略和经营目标的实现，进一步拓展公司业务，提升公司的盈利能力和抗风险能力，加大对外投资力度，促进公司持续、稳定、快速的发展。

15.3　新三板等企业线上路演的特点、作用与操作

随着互联网的普及、发展及技术的广泛应用，线上路演发挥着越来越重要的作用，对新三板挂牌或拟挂牌企业来说，这种形式已经成为一种重要的路演模式。

15.3.1　线上路演的概念

线上路演（Net Roadshow）是指证券发行人和网民通过互联网进行互动交流的活动。通过实时、开放、交互的网上交流，一方面可以使证券发行人进一步展示所发行证券的价值，加深投资者的认知程度，并从中了解投资人的投资意向，对投资者进行答疑解惑；另一方面使各类投资者了解企业的内在价值和市场定位，了解企业高级管理人员的素质，从而更加准确地判断公司的投资价值。

线上路演是实现新股发行公司和中小投资者沟通的有效途径，并起到舆论监督、强化信息披露、增加新股发行透明度的作用。

15.3.2 线上路演的特点

（1）通过线上路演，利用一次性的路演活动就可全方位地展现企业，在很大程度上降低了发行人的时间成本。传统地面路演，发行人要在全国各地甚至海外巡回路演，这期间，一般情况下股票发行人一天要安排很多场推介会，工作量很大，效率降低。

（2）线上路演中，企业可将大量公司资料存放在数据库中，供人们随时查阅，便于公众反复浏览、研读，加深了解。在传统的地面路演推介会中，证券发行商发放大量纸质材料，不便携带和保存，而且每次路演的时间较短，不利于大众深入了解商家的情况。

（3）在线上路演中，可以利用网上调查系统，设计调查表格让投资者填写，通过自动统计调查结果，供发行人和承销商进行及时和科学的评估、判断。在传统地面路演中，发行人和承销商要根据巡回路演后的结果来决定发行价和发行规模，但人工计算评估准确度低、速度较慢、耗时较长。

15.3.3 线上路演的功能

对于新三板挂牌企业等中小微企业来说，线上路演的功能如表 15-1 所示。

表 15-1 新三板挂牌企业等中小微企业线上路演的功能

1	线上线下实时同步	网下安排地面会场，邀嘉宾参会；网上则利用视频传输技术设计虚拟会场，代表凭密码进入参会（如 QQ 群、微信圈等形式），公司与投资者进行实时交流，可实现与地面会场相同的效果
2	远程异地联动交流	演讲者的发言可以同时传播到各个地面会场和网上虚拟会场，可实现跨地区、跨国界的联动、交流
3	场景随意切换	主持人可根据会议议程安排，切换各会场场景，随意指定不同地点参会者进行提问
4	互动功能	对于线上路演，地面会场代表可以通过视频画面提问，网上代表可以通过文字提问，路演嘉宾的回答可实现视频、语音与文字同步传输，即时实现。线上路演具有使企业与投资者自由互动交流的独特优势，这是地面路演不具备的
5	信息开放与共享	投资人的问题如得到解答，通过网络传输可使其成为所有投资人共享的信息资源
6	形象展示	借助网络传播，以图片、文字、视频形式，立体再现公司的企业综合形象

15.3.4 线上路演的作用

（1）对于公司来说，从年报、中报上网披露到增发股份招股说明书上网披露，再到线上路演，更多的公司信息将及时、充分地公布。线上路演将在完善公司信息披露方面发挥更重要的作用，构成规范信息披露体系的重要组成部分，可以起到促使企业提高规范运作的意识、更加注重中小股东利益的作用，在中小投资者中树立公司的良好形象。

（2）对投资者来说，以往，投资者尤其是中小散户只能被动地接受企业招股说明书中的内容，而通过线上路演这种形式，投资者可以通过互联网与发行人和主承销商进行实时互动交流，通过网上交流对招股说明书中的不明之处向发行人及券商项目负责人做进一步的了解、咨询；投资者还可以通过线上路演提出质疑、提出建议，直接了解发行企业的基本情况、发行企业管理层的素质、未来发展规划等自己所需要的信息，使投、融资双方获取的信息相对均衡，从而帮助投资者准确判断发行股票的投资价值，为做出正确的投资决策打下基础。所以，线上路演为投资者与新股发行公司之间架起了沟通的桥梁，同时也反映了投资者的心声，强化了信息披露，促进了对中小投资者利益的保护。

（3）对于主承销商来说，从过往新三板挂牌企业或上市公司发行的线上路演来看，投资者的问题主要是围绕发行价与发行情况、公司的财务情况、公司募集资金投入项目的情况等。网民的意见有助于主承销商了解市场、把握市场需求，而且随着发行的近一步市场化，可能还将对新股的定价提供一定的参考。

（4）对监管部门来说，线上路演反映了投资者的心声，也反映了公司方方面面的问题，监管部门可以从中发现一些蛛丝马迹的线索，加强对公司的监管。所以，线上路演可以提高整个发行的透明度，把发行纳入整个市场的监督检验之中。

15.3.5 线上路演的程序

1. 流程

一般来说，新三板挂牌企业等公众公司发行股票、债券的线上路演的流程可简单分为以下几个步骤（可根据具体项目等增减相关内容）：

（1）选择路演网络形式；
（2）发布路演公告；
（3）展示背景材料；
（4）设计问卷调查；
（5）进行现场推介；
（6）整理路演内容。

2．程序

新三板挂牌或拟挂牌公司线上路演项目的简要程序如表 15-2 所示。

表 15-2　线上路演的简要程序

事　项	时　间	备　注
主持人介绍参与路演的发行方代表（董事长或总裁）及主承销商代表（项目负责人）	5 分钟	时间长短根据项目情况、参会投资者等具体安排
发行方代表致辞	5 分钟	
主承销商代表致辞	10 分钟	
发行方高管及主承销商代表通过网络回答投资者的问题	30 分钟～3 小时不等	
发行方代表致感谢辞	5 分钟	
线上路演结束	共计 1～4 小时不等	

【案例】路演违规与监督

2014 年 5 月 23 日下午，证监会发行部组织相关券商开会，针对即将发行的新股发行方案调整、路演推介等事宜进行沟通。

其中，针对路演推介，证监会相关负责人表示，未来律师要对券商的路演过程进行鉴证，包括路演过程和推介资料，对推介资料是否超过招股说明书范围要发表明确意见。网下路演可以选择不做，但如果进行网下路演必须注重合规性。

会上还举例某券商在承销 XX 项目的过程中，路演资料中有关发行人的信息超出了招股说明书披露的内容。

15.4　新三板等企业反向路演、预路演与境外路演

15.4.1　反向路演

反向路演就是将投资者请到公司的管理现场或生产现场进行参观，相对于“走出去”的项目路演，这种“请进来”的模式称为反向路演。新三板挂牌企业或沪深上市公司邀请国内各大投资机构的专业人士，通过现场实地考察，与公司管理层直面对话，主动与投资者进行“亲密接触”。这种双向沟通能够减少因信息不对称给公司所带来的负面影响，营造公司和投资者之间的良性互动关系，实现公司和投资者双赢。

反向路演如果安排得当，可以与重要的机构投资者建立起良好的沟通渠道，有助于争取其对项目（如股票、债券发行）的支持。此外，由于重要的机构投资者通常是大型投资基金，其内部决策程序复杂、时间较长，安排反向路演与管理层见面，有助于推动其尽早启动内部投资决策程序。

一般来说，制造业的反向路演较为常见，通常会安排投资者参观工厂或矿山等有形的生产设施和设备。但需注意，过早安排反向路演会因为时机尚未成熟，距项目正式融资启动时间较长，对投资决策的直接推动作用有限；而且，过早进行反向路演可能会被证券交易场所（如股转系统或沪深交易所）视为信息选择性披露，因此存在一定法律风险。

15.4.2　预路演

预路演主要针对的是股票、债券发行等的询价工作。对于新三板挂牌企业或沪深上市公司等公众公司来说，预路演就是项目推销前的市场调查，具体程序由销售（承销）人员和分析人员拜访一些特定的投资者，通常为大型的专业机构投资者，对他们进行广泛的市场调查，听取投资者对于发行价格的意见及看法，了解市场的整体需求，并据此确定一个价格区间的过程。预路演的形式主要包括一对一推介、一对多推介等。

为了保证预路演的效果，必须从地域、行业等多方面考虑抽样的多样性，否则

询价结论就会比较主观，不能准确地反映出市场供求关系。预路演的目的是充分发挥市场机制的价格发现功能，合理确定股票的发行价格。主承销商和发行人根据预路演的结果，协商确定价格区间，网下法人投资者以此区间作为申报依据，最终根据法人投资者的申报结果确定发行价格。也就是发行价格完全由市场决定。

另外，对于沪深股市正上市的企业的股票发行，根据中国证监会2014年修订的《证券发行与承销管理办法》的规定，首次公开发行股票应通过向在中国证券业协会注册的机构投资者中选定的部分投资者询价的方式来确定价格区间和最终价格。其中，“公开发行股票数量在4亿股（含）以下的，有效报价投资者的数量不少于10家；公开发行股票数量在4亿股以上的，有效报价投资者的数量不少于20家。剔除最高报价部分后有效报价投资者数量不足的，应当中止发行”。

询价分为初步询价和累计投标询价两部分。初步询价阶段是向询价对象进行预路演推介，最终根据其报价区间确定发行价格区间。累计投标询价阶段要向所有的合格机构进行正式路演推介，最终根据申购簿记结果确定最终发行价格。确定发行价格之后，发行人可进行线上路演。

15.4.3 境外路演

新三板挂牌企业或沪深上市公司等公众公司在境外发行股票、债券等，或者内地企业拟在海外上市，就要进行境外路演。路演一般历时两周，通过一对一的会议，以及各种规模的团体推介活动，如大型午餐会、小型早餐会等，同遍布全球的重要机构投资者进行交流，推介公司的投资项目，解答投资者的疑问，实现投资需求最大化的目标。

在海外股票市场，股票发行人和承销商要根据路演的情况来决定发行量、发行价和发行时机。所以，从路演的效果往往能够看到股票发行的成败。其中，在累计投标询价阶段，发行人要向所有的合格机构进行正式路演推介，最终根据申购簿记结果确定最终发行价格。

【案例】中海油首次海外路演

中海油首次海外融资时，在境外路演过程中投资者对公司反应冷淡，公司虽然宣布缩减规模并降低招股价，但市场仍然没有起色，加上有关部门的意见分歧，招股计划只好放弃，转而等待下一个机会。所以，从路演的效果往往能够看到股票发行的成败。

公司的境外路演需根据公司的发行规模，组建路演队伍。一般来说，队伍不宜过于庞大，需要组织一到两个团队。根据过往企业海外路演项目经验，每个团队的核心成员为 4～5 人；可视情况需要，每队配备若干综合能力较强的支持人员。

15.5 新三板路演PPT及投资者关注的关键问题

15.5.1 PPT 内容简况

新三板挂牌企业等公众公司，项目路演 PPT 一般包括如下内容（仅参考，因项目不同有所不同）：

（1）公司（项目）基本情况；

（2）股东（发起人）结构；

（3）近三年（如有）经营状况、财务状况；

（4）主要核心产品（服务）及新产品（服务）介绍；

（5）目前的行业状况、竞争及预测；

（6）技术来源和商业模式；

（7）核心管理团队介绍；

（8）未来 3～5 年的经营计划及营收预测；

（9）融资计划及用途；

（10）公司路演有关活动、文件的照片、音频或视频文件。

15.5.2 企业及项目概况、产品或服务的应用

1. 企业及项目概况

（1）公司属于哪个行业。

（2）行业与项目前景如何。
（3）路演的目的是什么（例如公司需要融资的规模）。
（4）公司曾从哪些投资者处成功融资，融资的规模是多少。
（5）公司经历了哪些发展的重要阶段？

2. 产品或服务的应用

（1）公司产品或服务是为了解决哪些问题（商机）。
（2）描述公司解决的问题。
（3）数量化公司所解决问题的程度。
（4）为什么这些问题会存在。
（5）为什么之前没有人尝试解决这些问题。
（6）存在哪些壁垒。
（7）为什么公司针对这些问题开发产品或服务。
（8）在解决这些问题时公司有什么优势。

15.5.3 团队、技术或解决方案

1. 团队

（1）列出主要管理人员及其相关的工作履历。
（2）突显公司曾经的工作伙伴及工作联系的历史。
（3）突显公司曾经的创业或行业经验。
（4）强调公司可以作为杠杆（潜在客户、收购者）的成功经验或关系。
（5）强调曾在 VC、PE 或上市企业工作过的员工的工作经历。

2. 技术或解决方案

（1）公司技术研发处于哪个阶段。
（2）可加上公司产品的照片或演示图。
（3）如可行，可加上公司软件产品的屏幕截图。
（4）公司技术实施前后需要的基础设施。

（5）通过图像或图表展示公司技术或产品的运作原理。
（6）介绍公司主要产品（如某产品可使虚拟环境在不同国家中应用）。
（7）阐述为什么公司产品或技术是一项进步和提高。
（8）公司技术是否具有防御性。

15.5.4 市场预测、竞争与进入市场

1. 市场规模预测

（1）公司产品或服务的市场规模有多大。
（2）能否量化公司市场规模的大小。
（3）可使用自下而上的分析方法。
（4）如果市场预测中使用了引用（数据、分析、政策等），请写出来源。

2. 市场竞争

（1）谁是公司主要的竞争对手。
（2）竞争对手如何看待公司产品或服务所解决的问题或需求。
（3）公司产品在哪些方面更有优势。
（4）公司竞争对手处在哪一个阶段（研发上落后于公司或已经建立市场）。
（5）竞争对手未来的发展方向。
（6）公司获得的专利有哪些。

3. 如何进入市场

（1）公司如何寻找与接触客户。
（2）公司有哪些分销战略。
（3）公司有哪些销售渠道。
（4）公司期望获得哪些关键的合作伙伴。
（5）公司打算如何宣传自己的产品和服务。

15.5.5 财务预测及融资需求

1. 财务状况及预测

（1）提供公司当年和之前年份的财务信息。

（2）提供未来 5 年的财务预测信息。

（3）提供收入、成本、毛利的信息。

（4）总结公司将如何执行公司商业计划。

2. 阶段和融资需求

（1）公司处于哪个发展阶段。

（2）公司目前已经获得的融资规模。

（3）公司之前获得融资的投资者是谁。

（4）公司目前通过了哪些融资，取得了什么成绩。

（5）公司本次期望的融资规模是多少。

（6）公司将通过本次融资取得怎样的商业里程碑。

（7）融资的时间长短（如 24 个月可获利）。

16

第 16 章

新三板路演阶段操作细节及其市场乱象与监管

16.1 新三板等企业路演前期工作的操作详解

新三板挂牌企业等公众公司的股票、债券发行等路演操作可分为前期、中期和后期三个阶段。本节讲解前期操作的内容、细节及注意。

16.1.1 项目团队、沟通与场所

1. 路演工作小组

路演团队通常包括董事长、总经理、首席执行官、首席财务官和其他主要管理层成员。公司还应成立路演工作领导小组，挑选责任心强、品貌端庄、工作稳定的员工参与。重要的是，路演团队必须能够充分代表业务优势，并有效地回答投资者提出的问题。路演项目工作组人员构成如表 16-1 所示。

表 16-1　XX 公司股票发行（或其他）路演项目工作组人员构成

总负责		第一组		第二组		第三组	
总指挥	副总指挥	组长	组员	组长	组员	组长	组员

2. 沟通及所需效果

（1）路演详细的时间（包括会前、会中与会后的路演进度表）、具体场地与议程安排。

（2）场地具体由谁负责联系、落实，向当地城管部门报批。

（3）现场可能发生的费用预算并落实。

（4）现场分工，包括总指挥、组长、组员及其他工作人员履职。

（5）演绎人员（主讲人、辅讲人、主持人等）及工作确认。

（6）现场所需道具确认。

（7）活动如遇突发事件如何处理等。

（8）确认当地现场活动接洽人、投资人等人员及其联系方式。

3. 场地考察与所需效果

（1）事先应与当地资源人群或客户取得联系，为考察做好充分的准备。

（2）相机、节目单、灯光、音响配置单及相关考察所需物料准备。

（3）考察过程应拍照（全景、局部、特殊区域、布展时的困难区域等），采集现场数据（场地大小、舞台数据、现场可用其他物料数据等）。

（4）场地电源、电源线、灯光、音响、舞台设备等一定要处理好。

（5）演绎人员参会问题一定要处理好。

（6）确定现场周围是否有可利用的包括运输、现场服务员等资源。

（7）如有必要，可根据考察结果绘制出平面效果图、现场效果图，并与企业客户（指投行或财经公关公司等承担的被服务企业的路演）或路演项目负责人确认。

（8）考察后汇总场地资源清单，对演绎人员、场地、设备资源等进行整理、确认、存档、待用。

16.1.2　物料及设备

1. 物料准备及所需效果

（1）所有活动制作物均需确认小样、尺寸、数量等，如是第三方（券商等投行或财经公关公司）举办的路演，还需企业客服确认。

（2）制作物按制作清单及时下单并严格验收，至少提前两天完成。

（3）需购买的各类物料应提前列好清单，提前两天采购到位，并严格按要求验收。

（4）准备路演所需资料，中/英文对照（如需），必须责任到人，具体包括以下几种：

① 邀请函；

② 企业推介画册；

③ 项目说明书（如招股说明书）；

④ 可行性研究报告（产品技术分析、市场分析、募集资金可行性分析等）；

⑤ 文件封套；

⑥ PPT 和 PPT 彩册；

⑦ 公司推广视频；

⑧ 礼品；

⑨ 文件礼品袋等。

（5）提供新闻发布会、项目仪式、酒会的场所，场租、会场布置及其所需器材、展板、图片、背景牌和横条、座牌、同声翻译器材等的租赁和制作，以及演讲者的名牌、名片、胸花等。

2. 设备及所需效果

（1）提前准备好灯光音响设备，保证舞台效果，数量、规格、使用时间都要确认。

（2）对于灯光师、音响师要落实，按活动要求及时到位。

（3）确认现场灯光、音响、舞台等进场布置时间、调试时间、使用时间、撤展时间等。

16.1.3 演绎、活动及分工

1. 活动流程确认

（1）事前要将活动流程最后确认，包括节目内容、游戏内容、串词、进场布展时间等。

（2）所有工作人员、演绎人员何时到位，流程彩排时间确认。

2. 演绎人员确认需达到的效果

（1）演绎人员及要求确认，包括人数、着装、出场时间等。

（2）主持人进行节目流程及串词确认。

（3）所有演绎人员、串词、表演都应与现场格调相配。

3. 路演项目推进表、人员分工表、费用预算表

（1）制作路演项目推进表，并按推进表严格执行，表中要包括时间（日期）、项目内容、执行人、执行情况和备注等信息。

（2）事前根据公司人员情况，制作合理的人员分工表，并进行会议培训。

（3）事前制作路演执行费用预算表，将现场可能发生的费用进行预估，并提交财务，申请预支费用。

16.1.4 事前考核

根据上述三项内容中的每一个细分内容进行定性（执行情况）和定量（考评得分）考评，最后汇总至本次路演活动的总体考核之中。

16.2 新三板等企业路演中期主要工作及操作注意

16.2.1 分工及要求

1. 分工与落实

（1）打印现场分工表、布展平面图、布展效果图、活动流程，并就人员分工、

现场布展进行培训、落实。

（2）召开活动前动员会，就活动中可能遇到的问题、困难进行讨论，提出可行性解决预案。

（3）对活动中应注意的细节问题进行会前培训，对希望达成的目标进行说明、分解。

2．岗位要求

（1）做好本职工作，各司其职。

（2）工作人员不得随意走动、离岗和闲聊。

（3）各区域负责人对现场物料出现问题要及早处理，把问题消除在萌芽状态，做到眼明、心细。

（4）舞台区工作人员负责活动流程、演绎人员到位、互动游戏等工作，确保串词流畅、音乐到位、游戏道具和奖品到位。

（5）巡场工作人员负责现场物料安全、完整等工作。

（6）拍照工作人员按报销要求清晰拍摄现场活动及制作物照片。

（7）现场负责人做好活动总控，与城管协调、与场地协调、与客户协调、与演绎人员协调、确保灯光音响到位，使活动顺利进行。

（8）其他工作人员负责发放杂物并回收，如应急灯、手拍等可回收利用物品。

（9）费用管理人员负责对现场发生的费用进行记录管理，保证费用明细准确。

16.2.2　后勤及管理

1．运输与交通

（1）根据物料数量大小，提前联系好合适车辆，谈好时间、路线、费用。

（2）安排工作人员专门负责清点物料，并负责物料运输，需要时要跟车押车。

（3）如去外地，提前安排好工作人员及演绎人员的交通工具类别和到达时间。

（4）负责运输的人员应提前联系好回程运输车辆。

2．费用管理

（1）费用管理人员要严格控制费用开支，按计划支出费用，降低成本。

（2）对费用支出明细做好记录，以备日后总结。

（3）对费用支出要索取正规发票，如无正规发票应开取收据并加盖公章。

3. 报销资料准备

（1）负责人按执行手册报销要求拍摄照片（如需）。

（2）拍摄的照片包括全场制作物、活动全景、活动局部、活动气氛、活动亮点、活动不足，要能体现现场活动内容，每个场景至少有三个不同角度的照片。

（3）拍摄的照片要清晰，并标注日期和时间，活动结束后要保管好照片。

（4）现场负责人负责对现场发生的代垫付类费用的确认、单据凭证的整理、促销员工资的签收和发放，以及现场所有因客户而发生代垫付类费用的报销资料如场地费、城管费、公关费、现场人工费、物料保管修补费和追加的制作物费用、运费等进行整理。

（5）做好现场费用签字等确认工作。

16.2.3 路演现场 10 大注意事项

（1）事先对路演听众有所了解。从听众出发，以讲演稿和 PPT 为蓝本，不能按照固有的方式讲解，重点围绕听众最想听到的关键点进行阐述。

（2）路演时最好由对公司或项目有全方位认识和理解的高级管理人员、项目负责人或专业人士主讲，创业型企业或小微企业融资项目最好由 CEO 主讲。

（3）路演时切勿念 PPT，面对听众时，视线要与听众做交流，而不是屏幕。项目 PPT 的制作以简洁明了的图片、数据、柱状图为首要内容，辅助配以一些简短的总结性话语，重点部分（商业模式、盈利方式、财务预测、市场竞争）应突出。

（4）实事求是，不要含糊或者夸大其词。路演不是好高骛远、一味地“画大饼”，而是诚恳、真实地说出企业目前的现状，不回避问题和缺点：目前做了哪些事，有怎样的技术能力，现在的产品和运营状况是怎样的，资源支持如何，遇到了哪些问题等。

（5）路演讲解时，先展示对项目的激情，然后讲解实实在在的想法和做法，即想法、做法，再要钱（Hearts、Minds、Wallets）。

（6）突出项目优势，讲清楚如何赚钱。优势包括核心团队、商业模式、技术门槛、市场渠道等，不要过分强调企业的技术与产品，因为项目的成功是包括团队与商业模式在内的众多因素作用的结果，有时商业模式和团队能起到根本的作用。

（7）化繁为简，学会用通俗易懂的语言。路演讲解时，切忌堆砌大量枯燥的专业术语和数据，要能在有限的时间里讲清楚，让第一次听的人也能听明白，有逻辑且生动类比。

（8）行业内人员总比投资者懂得更多。讲解时不要过分专注于技术而忽略市场。了解市场具体的细节：竞争对手是谁，竞争对手经营了多少年，他们的产品是什么，他们的经营模式是什么、利润率是多少等。

（9）自信而不自大。要想说服别人首先要说服自己，学会尊重对方，千万不要认为自己很厉害，听不进去反面意见。

（10）保持一颗平常心去面对结果。不要为那些不理解、不喜欢、不相信你想法的听众而苦恼；不要情绪化、患得患失。

【案例】新三板挂牌或拟挂牌企业集中路演邀请函

活动介绍：

此次路演活动旨在为新三板拟挂牌企业、已挂牌企业和投资者之间搭建一个相互交流的平台。我们已经邀请 10 个顶级投资机构代表对现场路演活动中的项目进行投资评价，使企业与投资者之间搭建一个能够充分交流的平台，完善不足，助力企业发展壮大，同时也为投资者筛选一批优秀企业。

活动地点：北京 XXX 大酒店 XX 厅（地址：北京市朝阳区 XXXX）。注：三人同行可申请专车接送。

活动时间：2015 年 3 月 24 日下午 14:00

路演项目简介：

（1）江西省 YBT 信息科技股份有限公司（一月份已上报股转中心）自成立以来专注于中国医疗信息化行业最具吸引力的新兴市场——区域医疗信息解决方案建设，公司立足江西，面向全国，积极开拓区域医疗信息解决方案和移动医疗两大市场。公司的愿景是利用区域卫生信息平台、移动医疗卫生信息平台、可穿戴智能硬件设备及移动医疗设备三大互补业务，将公司打造成为全国最具竞争力的互联网医疗综合服务商。目前，公司积极从传统的软件服务商向互联网医疗综合服务商的战略转型。

（2）北京 SRX 科技有限公司（拟挂牌）是海淀区软件认证企业，多年从事金融行业和能源行业的管理系统研发。该公司是致力于软件项目开发、信息系统咨询顾问服务、计算机系统设计与集成服务的高科技企业。公司一直跟踪和研究国内外最成熟和领先的软件开发引擎及平台技术，在此过程中积累了丰富的开发设计和项目经验。公司在银行金融、保险等领域积累了丰富的行业经验，具备全面的 IT 专业服务能力，为客户提供研究及开发、应用软件开发和维护、质量保证和测试、基础设施外包及业务流程外包等专业服务，帮助客户实现投资收益最大化，并使之能够更专注于自身的核心业务。

（3）北京 AXT 机电设备有限公司（拟挂牌）是专门从事机械式立体停车设备设计开发、生产制造、安装调试及售后服务的高科技民营企业。通过技术规模自动化生产线，实现了产品模块标准化生产，具备年产 5000 多个泊位的生产能力。公司获得国家质检总局颁发的机械式立体停车设备生产制造资格证书和北京市质量技术监督局颁发的机械式立体停车设备安装改造维修资格证书。公司是北京市工商联静态交通业商会理事单位，同时也是中国重机协会停车设备工作委员会会员。公司还拥有一支专业的安装施工队伍来保证公司产品的顺利安装调试、运行及售后服务。

（4）北京 HY 科技股份有限公司（已挂牌）为中关村科技园区高新技术企业、软件企业，是北京市“守信企业”。2007 年 6 月 15 日在深交所挂牌成为新三板企业，证券名称 ：恒业世纪，证券代码：430014。公司创建于 1996 年，经过 20 年不懈努力，从专业生产消防广播电话的配套生产型企业，发展成为集研发、制造、销售、技术服务及系统集成为一体的综合企业。现注册资金 5000 余万元，销售收入过亿元。

路演议程：

14:00—14:15 来宾签到

14:15—14:20 主持人开场

14:20—14:30 嘉宾介绍

14:30—16:30 新三板拟挂牌项目路演（每个项目 10 分钟，随后投资者将对项目进行两分钟点评和提问）

16:30—17:00 茶歇、自由交流，活动结束

活动联系人：罗 XX

电话：XXXXXXXX

邮箱：XXXXXX

微信：XXXX（手机号可加，备注24日路演报名）
主办单位：XX证券

16.3　新三板等企业路演后期工作操作与考核详解

16.3.1　物料清点与回收

如果是巡回路演的项目，有些物料还将多次使用，所以物料清点和回收工作需注意以下几点：

（1）活动结束后工作人员各司其职，负责各自区域物料的清点和回收；

（2）物料回收要做好记录，并在物料上标明物料名称、数量、是否完整、说明等信息；

（3）对于存放于第三方仓库的物料，应与第三方就物料清单核对并签字确认；

（4）物料回收后做好物料的保管，喷绘资料要折叠平整、画面要干净，道具要防磨损，写真和木制道具要防雨防潮，杂物类要整理回收入箱；

（5）活动结束前负责车辆的人员要提前联系好物料运输车辆，并让车辆按时到位；

（6）物料在运输装卸过程中也应加以保护，降低损耗。

16.3.2　费用确认、报销及材料整理

（1）活动执行完后按要求对活动照片、费用签收单、路演执行验收等资料进行整理打印。

（2）对发生费用需确认签字的要提前与项目负责人或与企业客户（第三方举办）确认费用，并保留字据作为报销凭证，及时核对发生的费用。

（3）代垫付类费用除需代垫付签收单外，还需代垫付类费用发票或与企业客户的现场协议（第三方举办）。

（4）现场发生的城管、工商、场地舞台等一切相关费用都应一并与场地费整体报销。

16.3.3 路演活动总结

（1）每场活动（特别是那些巡回路演的项目）结束后都要及时（建议两个工作日）对活动所发生的费用进行公司内部报销，并做费用报销表一并上交。

（2）如果有要求，负责人应做活动费用总结表，与报销表一并上交。

（3）活动结束后及时（建议三个工作日内）提交活动总结 PPT，对活动执行的亮点与不足进行总结，并结合现场图片形象说明。

（4）召开活动总结会议，对活动执行中好的方面与不足进行总结，并分别对各执行人进行综合考评。

16.3.4 路演考核

为了提高工作效率与效果，提升员工的执行能力，路演考核是很有必要的，特别是对于那些大型的项目和需要长达数周或更长时间的路演项目，考核更显重要。考核可分为路演前期、路演中期与路演后期三个阶段（如项目很小一并考核也可）分别进行。这里提供路演后期考核表，如表 16-2 所示，以作参考（主要是将本节内容放进考核表格中以履行考核程序）。

表 16-2 XXX 项目路演后期工作考核表

类别	执行内容描述	责任人	执行情况	考评得分	奖惩指标		
					指挥	组长	组员
物料清点回收	（1）活动结束后工作人员各司其职，负责各自区域物料的清点和回收； （2）物料回收要做好记录，并在物料上标明物料名称、数量、是否完整、说明等信息； （3）对于存放于第三方仓库的物料，应与第三方就物料清单核对并签字确认； （4）物料回收后做好物料的保管，喷绘资料要折叠平整、画面要干净，道具要防磨损，写真和木制道具要防雨防潮，杂物类要整理回收入箱； （5）活动结束前负责车辆的人员要提前联系好物料运输车辆，并让车辆按时到位； （6）物料在运输装卸过程中也应加以保护，降低损耗						

续表

类别	执行内容描述	责任人	执行情况	考评得分	奖惩指标		
					指挥	组长	组员
费用确认、报销及材料整理	（1）活动执行完后按要求对活动照片、费用签收单、路演执行验收等资料进行整理打印。 （2）对发生费用需确认签字的要提前与项目负责人或与企业客户（第三方举办）确认费用，并保留字据作为报销凭证，及时核对发生的费用。 （3）代垫付类费用除需代垫付签收单外，还需代垫付类费用发票或与企业客户的现场协议（第三方举办）。 （4）现场发生的城管、工商、场地舞台等一切相关费用都应一并与场地费整体报销						
路演活动总结	（1）每场活动（特别是那些巡回路演的项目）结束后都要及时（建议两个工作日）对活动所发生的费用进行公司内部报销，并做费用报销表一并上交。 （2）如果有要求，负责人应做活动费用总结表，与报销表一并上交。 （3）活动结束后及时（建议三个工作日内）提交活动总结 PPT，对活动执行的亮点与不足进行总结，并结合现场图片形象说明。 （4）召开活动总结会议，对活动执行中好的方面与不足进行总结，并分别对各执行人进行综合考评						
备注							

16.4　新三板路演乱象及其监管层发声与何去何从

16.4.1　新三板路演乱象起底

2015 年年初，新三板行情大好，只要有定增项目，投资机构便会蜂拥而至。然而，从 2015 年下半年开始，新三板交易低迷，企业定增频频遇冷，破发现象随时发生。

挂牌企业亟待资金，投资机构又渴求真正的好项目。在此背景下，各路路演平台如雨后春笋，意在为企业和投资者搭建投、融资平台，仅北京地区每日就有数场路演上演。

1. 平台如过江之鲫

融资是新三板的核心功能，新三板企业数量众多，但投资者却较少，在市场行情萎靡不振的情况下，如何获得区区几十万投资者的关注，就需要有展示与交流的平台，而设立平台的门槛并不高。2015 年伊始，各路路演平台如同“过江之鲫”顺势而生。目前新三板市场上，券商、投资机构、中介机构都会组织线下路演，还有微信群，一些 APP 会举行线上路演，路演平台很多，信息非常杂乱。

在移动互联网大行其道的当下，微信正在成为新三板企业信息传播巨大的秀场。有大量微信群和微信公众号都在开展路演活动，发布挂牌企业的融资信息。在一个微信路演群中，每周都会有企业定期进行网络路演。通常，微信群中主要的成员是各类投资机构人士，包括大大小小的私募、公募专户及券商资管。路演形式为在微信群里发布企业基本情况的文件，还会由企业的董事会秘书或是董事长以语音的形式在微信群中进行路演。待挂牌企业完成路演之后，投资机构可以随时针对企业发问，同时感兴趣的机构可以添加企业有关负责人的微信，进行进一步沟通。

除了微信群之外，一些网站也充当着企业路演平台及定增信息发布渠道的角色。

2. 大杂烩及欺诈现象

一些路演平台仅是将报名的几家企业像“大杂烩”一样聚集在一起，到场的投资者未经筛选，对企业及所在行业甚至毫不了解。一些企业参加过几次路演后，反馈效果不是太好。

更有甚者，一些路演平台会选择尚未做市的企业，例如把与企业商定 5 元/股的价格，抬高到 7 元/股卖给投资者，从中赚取差价。不仅如此，甚至有些平台还允许企业在路演台上，把营收写作净利润等。

某些业内人士认为，现场路演具备一定优势，投资者在调研企业时肯定会观察言行举止，比如回答问题是否会犹豫等。路演群仅是补充性质，肯定不会成为主流。

16.4.2 证监会首次发声新三板定增路演

2016 年 1 月底，证监会新闻发言人张晓军表示，新三板挂牌公司应严格遵守法律法规，规范履行信息披露义务，公开披露的信息应第一时间在全国股转系统指定平台发布，不得通过任何场外信息平台公开发布定向发行信息。

这是证监会首次、也是监管层第二次表态全国中小企业股份转让系统是挂牌公司股票公开转让（含发布挂牌公司股票买卖意向信息）的唯一合法平台，其他任何市场机构不得组织该类交易行为和股票买卖意向信息的发布。

另外，主办券商等中介机构应督导挂牌公司规范履行信息披露义务，不得通过场外信息平台等网络形式，向不特定对象发布定向发行信息或在不特定对象中寻找定向发行潜在认购者。这个表态也被认为监管层首次关注到新三板企业定增信息发布渠道的问题。

16.4.3　路演信息违规传播嫌疑

事实上，通过微信群或 QQ 群等渠道发布定增信息，确实存在向不特定对象发布定向发行信息或在不特定对象中寻找定向发行潜在认购者的情况。

1. 定增公开化

一些微信群、QQ 群和网络交易平台虽然没有直接完成交易和募集资金，但是有打擦边球的嫌疑。一个路演微信群可能“拉”进来四五百人，不认识你也把你“拉”进来，实际上就是公开违反了法律规定。

2. 投资者适当性难以把控

通过微信群、QQ 群等形式寻找投资者，投资者适当性也无法把握。新三板虽然对挂牌企业不设置财务指标门槛，但是对投资者有比较高的门槛。个人投资者必须有价值 500 万元以上的金融资产，并且有两年以上的证券投资经验，或者接受过财经专业训练。这样的要求是为了保证新三板投资者拥有基本的风险识别能力。

3. 欺诈等风险聚集

目前行业里很多机构打着新三板的幌子兜售原始股，或者把企业片面地夸大，做很多不符合预期的承诺，尤其是跟垫资开户的机构联合起来，这对风险把握能力不是很强或者对市场不了解的投资者会有较大的风险。

16.4.4 路演与“度”的把握

尽管不少人抱怨新三板路演乱象丛生，但是，也有不少企业通过路演平台成功对接投资者。某些经常参加路演的新三板挂牌公司反馈，路演对企业定增肯定有帮助，而线上路演则更方便与其他地区的投资者接触。不过，企业在宣传的初期效果会比较好，但随着路演增多，也到了瓶颈期，比如会发现见到的投资者都大同小异。

目前新三板企业近 8000 家，企业如何脱颖而出，把自己展现给投资者很重要。在新三板投资者看来，路演的价值更多在于宣传。

企业参加路演也并非越多越好，要把握好“度”。路演可能会占用董事长或董事会秘书过多的时间，其次会让投资者产生“怎么哪里都能看到”的感觉，对项目是否优质产生质疑。另外，如果企业领导只注重路演，不抓业务，这样的公司也会难以为继的。

16.4.5 路演该怎么做

就目前而言，现在有很多自媒体组织的路演，其组织能力，尤其是筛选项目的能力差强人意。企业需要专业性较强的机构开展路演活动，要在众多平台中引起关注，展示出特色，从而寻找高净值客户群以便更高效地融资等。路演平台最好能预先筛选企业，提高路演企业的质量。

首先资源要足够多，最好有一个明确的主题。路演时最好有企业董事会秘书或者财务人员参与。除了现场交流，会后的资料共享也非常重要。对投资者来说，对于纷繁杂乱的路演信息，希望有 APP 可以把路演消息都集中起来，并且提供企业的相关信息与行情，方便了解与投资。

由于新三板企业数量众多，单个路演平台涵盖所有企业显然难以实现。未来路演会逐渐专业化、细分化。除了线上、线下路演，还会出现带有地域特征、行业特征、媒体特征等的路演平台。而对于企业，更多的是希望能更“省事”，通过路演更有效率地找到更多高净值投资者，如一些大的路演平台，在大平台路演一次，效果相当于去别的小平台路演四五次。

16.4.6　政策及规范何去何从

新三板市场中除了微信群和一些极不规范的网站之外，还存有一些以提供专业路演服务为主的路演平台。因为新三板企业自身的渠道资源有限，所以他们非常需要这样的平台帮其提高融资沟通的效率。

但由于目前新三板上的主要融资手段是定增，因此这些路演平台不可避免地要提供企业定增的信息，那么这些平台发布的信息是否也会被算做通过场外信息平台呢？目前为止，监管层并没有讲清楚什么样形式的场外信息平台算是违规。另外，除了没有明确界定之外，监管层也没公布对违反要求机构的惩罚措施。

当然，按照证监会发言人的意思，场外信息平台等网络形式，微信群肯定也算在内。还有一些网站也在其平台上发布定增信息，这类严格来说也算是所谓的以网络形式传播信息的场外信息平台。

截至本书出版为止，监管层依然未出台明确的规定以规范新三板路演。

电子工业出版社好书分享

《分级基金与投资策略》

刘明军 郑志勇 编著

ISBN 978-7-121-27110-6

2015年10月出版

定价：49.80元

理论实践相结合，深入浅出讲解分级基金投资策略与技巧！

业内两位专家执笔，理论实践相结合，深入浅出讲解分级基金投资策略与技巧！书中特别提供20多页彩图，详细图解分级基金那些事儿！

分级基金以相对标准化产品的形式，既提供了较低杠杆的指数化投资途径，也提供了固定收益投资途径，为投资者带来了更丰富多样的投资机会，对投资者有利，对市场有利。本书较为系统地介绍了分级基金母基金、分级A和分级B的收益和风险特点、投资方式等，值得推荐给关注分级基金的各方面读者。

反侵权盗版声明

举报电话：（010）88254396；（010）88258888

传　　真：（010）88254397

E-mail：　dbqq@phei.com.cn

通信地址：北京市海淀区万寿路 173 信箱

　　　　　电子工业出版社总编办公室

邮　　编：100036